NORVÉGIEN

VOCABULAIRE

POUR L'AUTOFORMATION

FRANÇAIS
NORVÉGIEN

Les mots les plus utiles
Pour enrichir votre vocabulaire et aiguiser
vos compétences linguistiques

9000 mots

Vocabulaire Français-Norvégien pour l'autoformation. 9000 mots
Dictionnaire thématique

Par Andrey Taranov

Les dictionnaires T&P Books ont pour but de vous aider à apprendre, à mémoriser et à réviser votre vocabulaire en langue étrangère. Ce dictionnaire thématique couvre tous les grands domaines du quotidien: l'économie, les sciences, la culture, etc ...

Acquérir du vocabulaire avec les dictionnaires thématiques T&P Books vous offre les avantages suivants:

- Les données d'origine sont regroupées de manière cohérente, ce qui vous permet une mémorisation lexicale optimale
- La présentation conjointe de mots ayant la même racine vous permet de mémoriser des groupes sémantiques entiers (plutôt que des mots isolés)
- Les sous-groupes sémantiques vous permettent d'associer les mots entre eux de manière logique, ce qui facilite votre consolidation du vocabulaire
- Votre maîtrise de la langue peut être évaluée en fonction du nombre de mots acquis

T&P Books Publishing
www.tpbooks.com

ISBN: 978-1-78492-035-7

Ce livre existe également en format électronique.
Pour plus d'informations, veuillez consulter notre site: www.tpbooks.com ou rendez-vous sur ceux des grandes librairies en ligne.

VOCABULAIRE NORVÉGIEN POUR L'AUTOFORMATION
Dictionnaire thématique

Les dictionnaires T&P Books ont pour but de vous aider à apprendre, à mémoriser et à réviser votre vocabulaire en langue étrangère. Ce lexique présente, de façon thématique, plus de 9000 mots les plus fréquents de la langue.

- Ce livre comporte les mots les plus couramment utilisés
- Son usage est recommandé en complément de l'étude de toute autre méthode de langue
- Il répond à la fois aux besoins des débutants et à ceux des étudiants en langues étrangères de niveau avancé
- Il est idéal pour un usage quotidien, des séances de révision ponctuelles et des tests d'auto-évaluation
- Il vous permet de tester votre niveau de vocabulaire

Spécificités de ce dictionnaire thématique:

- Les mots sont présentés de manière sémantique, et non alphabétique
- Ils sont répartis en trois colonnes pour faciliter la révision et l'auto-évaluation
- Les groupes sémantiques sont divisés en sous-groupes pour favoriser l'apprentissage
- Ce lexique donne une transcription simple et pratique de chaque mot en langue étrangère

Ce dictionnaire comporte 256 thèmes, dont:

les notions fondamentales, les nombres, les couleurs, les mois et les saisons, les unités de mesure, les vêtements et les accessoires, les aliments et la nutrition, le restaurant, la famille et les liens de parenté, le caractère et la personnalité, les sentiments et les émotions, les maladies, la ville et la cité, le tourisme, le shopping, l'argent, la maison, le foyer, le bureau, la vie de bureau, l'import-export, le marketing, la recherche d'emploi, les sports, l'éducation, l'informatique, l'Internet, les outils, la nature, les différents pays du monde, les nationalités, et bien d'autres encore ...

TABLE DES MATIÈRES

Guide de prononciation	11
Abréviations	13

CONCEPTS DE BASE	15
Concepts de base. Partie 1	15

1. Les pronoms	15
2. Adresser des vœux. Se dire bonjour. Se dire au revoir	15
3. Comment s'adresser à quelqu'un	16
4. Les nombres cardinaux. Partie 1	16
5. Les nombres cardinaux. Partie 2	17
6. Les nombres ordinaux	18
7. Nombres. Fractions	18
8. Les nombres. Opérations mathématiques	18
9. Les nombres. Divers	18
10. Les verbes les plus importants. Partie 1	19
11. Les verbes les plus importants. Partie 2	20
12. Les verbes les plus importants. Partie 3	21
13. Les verbes les plus importants. Partie 4	22
14. Les couleurs	23
15. Les questions	23
16. Les prépositions	24
17. Les mots-outils. Les adverbes. Partie 1	24
18. Les mots-outils. Les adverbes. Partie 2	26

Concepts de base. Partie 2	28

19. Les jours de la semaine	28
20. Les heures. Le jour et la nuit	28
21. Les mois. Les saisons	29
22. La notion de temps. Divers	31
23. Les contraires	32
24. Les lignes et les formes	33
25. Les unités de mesure	34
26. Les récipients	35
27. Les matériaux	36
28. Les métaux	37

L'HOMME	38
L'homme. Le corps humain	38

29. L'homme. Notions fondamentales	38
30. L'anatomie humaine	38

31. La tête 39
32. Le corps humain 40

Les vêtements & les accessoires 41

33. Les vêtements d'extérieur 41
34. Les vêtements 41
35. Les sous-vêtements 42
36. Les chapeaux 42
37. Les chaussures 42
38. Le textile. Les tissus 43
39. Les accessoires personnels 43
40. Les vêtements. Divers 44
41. L'hygiène corporelle. Les cosmétiques 44
42. Les bijoux. La bijouterie 45
43. Les montres. Les horloges 46

Les aliments. L'alimentation 47

44. Les aliments 47
45. Les boissons 48
46. Les légumes 49
47. Les fruits. Les noix 50
48. Le pain. Les confiseries 51
49. Les plats cuisinés 51
50. Les épices 52
51. Les repas 53
52. Le dressage de la table 54
53. Le restaurant 54

La famille. Les parents. Les amis 55

54. Les données personnelles. Les formulaires 55
55. La famille. Les liens de parenté 55
56. Les amis. Les collègues 56
57. L'homme. La femme 57
58. L'age 57
59. Les enfants. Les adolescents 58
60. Les couples mariés. La vie de famille 59

Le caractère. Les émotions 60

61. Les sentiments. Les émotions 60
62. Le caractère. La personnalité 61
63. Le sommeil. Les rêves 62
64. L'humour. Le rire. La joie 63
65. Dialoguer et communiquer. Partie 1 63
66. Dialoguer et communiquer. Partie 2 64
67. Dialoguer et communiquer. Partie 3 66
68. L'accord. Le refus 66
69. La réussite. La chance. L'échec 67
70. Les disputes. Les émotions négatives 68

La médecine 70

71. Les maladies 70
72. Les symptômes. Le traitement. Partie 1 71
73. Les symptômes. Le traitement. Partie 2 72
74. Les symptômes. Le traitement. Partie 3 73
75. Les médecins 74
76. Les médicaments. Les accessoires 74
77. Le tabac et ses produits dérivés 75

L'HABITAT HUMAIN 76
La ville 76

78. La ville. La vie urbaine 76
79. Les institutions urbaines 77
80. Les enseignes. Les panneaux 78
81. Les transports en commun 79
82. Le tourisme 80
83. Le shopping 81
84. L'argent 82
85. La poste. Les services postaux 83

Le logement. La maison. Le foyer 84

86. La maison. Le logis 84
87. La maison. L'entrée. L'ascenseur 85
88. La maison. L'électricité 85
89. La maison. La porte. La serrure 85
90. La maison de campagne 86
91. La villa et le manoir 86
92. Le château. Le palais 87
93. L'appartement 87
94. L'appartement. Le ménage 88
95. Les meubles. L'intérieur 88
96. La literie 89
97. La cuisine 89
98. La salle de bains 90
99. Les appareils électroménagers 91
100. Les travaux de réparation et de rénovation 91
101. La plomberie 92
102. L'incendie 92

LES ACTIVITÉS HUMAINS 94
Le travail. Les affaires. Partie 1 94

103. Le bureau. La vie de bureau 94
104. Les processus d'affaires. Partie 1 95
105. Les processus d'affaires. Partie 2 96
106. L'usine. La production 97
107. Le contrat. L'accord 98
108. L'importation. L'exportation 99

109. La finance   99
110. La commercialisation. Le marketing   100
111. La publicité   101
112. Les opérations bancaires   101
113. Le téléphone. La conversation téléphonique   102
114. Le téléphone portable   103
115. La papeterie   103
116. Les différents types de documents   103
117. Les types d'activités économiques   105

Le travail. Les affaires. Partie 2   107

118. Les foires et les salons   107
119. Les médias de masse   108
120. L'agriculture   109
121. Le BTP et la construction   110
122. La recherche scientifique et les chercheurs   111

Les professions. Les métiers   112

123. La recherche d'emploi. Le licenciement   112
124. Les hommes d'affaires   112
125. Les métiers des services   113
126. Les professions militaires et leurs grades   114
127. Les fonctionnaires. Les prêtres   115
128. Les professions agricoles   115
129. Les professions artistiques   116
130. Les différents métiers   116
131. Les occupations. Le statut social   118

Le sport   119

132. Les types de sports. Les sportifs   119
133. Les types de sports. Divers   120
134. La salle de sport   120
135. Le hockey sur glace   121
136. Le football   121
137. Le ski alpin   123
138. Le tennis. Le golf   123
139. Les échecs   124
140. La boxe   124
141. Le sport. Divers   125

L'éducation   127

142. L'éducation   127
143. L'enseignement supérieur   128
144. Les disciplines scientifiques   129
145. Le système d'écriture et l'orthographe   129
146. Les langues étrangères   130

147. Les personnages de contes de fées   131
148. Les signes du zodiaque   132

L'art   133

149. Le théâtre   133
150. Le cinéma   134
151. La peinture   135
152. La littérature et la poésie   136
153. Le cirque   136
154. La musique   137

Les loisirs. Les voyages   139

155. Les voyages. Les excursions   139
156. L'hôtel   139
157. Le livre. La lecture   140
158. La chasse. La pêche   142
159. Les jeux. Le billard   142
160. Les jeux de cartes   143
161. Le casino. La roulette   143
162. Les loisirs. Les jeux   144
163. La photographie   144
164. La plage. La baignade   145

LE MATÉRIEL TECHNIQUE. LES TRANSPORTS   147
Le matériel technique   147

165. L'informatique   147
166. L'Internet. Le courrier électronique   148
167. L'électricité   149
168. Les outils   149

Les transports   152

169. L'avion   152
170. Le train   153
171. Le bateau   154
172. L'aéroport   155
173. Le vélo. La moto   156

La voiture   157

174. Les différents types de voiture   157
175. La voiture. La carrosserie   157
176. La voiture. L'habitacle   158
177. La voiture. Le moteur   159
178. La voiture. La réparation   160
179. La voiture. La route   161
180. Les panneaux de signalisation   162

LES GENS. LES ÉVÉNEMENTS 163
Les grands événements de la vie 163

181. Les fêtes et les événements 163
182. L'enterrement. Le deuil 104
183. La guerre. Les soldats 164
184. La guerre. Partie 1 166
185. La guerre. Partie 2 167
186. Les armes 168
187. Les hommes préhistoriques 170
188. Le Moyen Âge 171
189. Les dirigeants. Les responsables. Les autorités 172
190. L'itinéraire. La direction. Le chemin 173
191. Les crimes. Les criminels. Partie 1 174
192. Les crimes. Les criminels. Partie 2 175
193. La police. La justice. Partie 1 176
194. La police. La justice. Partie 2 177

LA NATURE 179
La Terre. Partie 1 179

195. L'espace cosmique 179
196. La Terre 180
197. Les quatre parties du monde 181
198. Les océans et les mers 181
199. Les noms des mers et des océans 182
200. Les montagnes 183
201. Les noms des chaînes de montagne 184
202. Les fleuves 184
203. Les noms des fleuves 185
204. La forêt 185
205. Les ressources naturelles 186

La Terre. Partie 2 188

206. Le temps 188
207. Les intempéries. Les catastrophes naturelles 189
208. Les bruits. Les sons 189
209. L'hiver 190

La faune 192

210. Les mammifères. Les prédateurs 192
211. Les animaux sauvages 192
212. Les animaux domestiques 193
213. Le chien. Les races 194
214. Les cris des animaux 195
215. Les jeunes animaux 195
216. Les oiseaux 196
217. Les oiseaux. Le chant, les cris 197
218. Les poissons. Les animaux marins 197
219. Les amphibiens. Les reptiles 198

220.	Les insectes	199
221.	Les parties du corps des animaux	199
222.	Les mouvements des animaux	200
223.	Les habitats des animaux	201
224.	Les soins aux animaux	201
225.	Les animaux. Divers	202
226.	Les chevaux	202

La flore   204

227.	Les arbres	204
228.	Les arbustes	204
229.	Les champignons	205
230.	Les fruits. Les baies	205
231.	Les fleurs. Les plantes	206
232.	Les céréales	207
233.	Les légumes	208

LA GÉOGRAPHIE RÉGIONALE   209
Les pays du monde. Les nationalités   209

234.	L'Europe de l'Ouest	209
235.	L'Europe Centrale et l'Europe de l'Est	211
236.	Les pays de l'ex-U.R.S.S.	212
237.	L'Asie	213
238.	L'Amérique du Nord	215
239.	L'Amérique Centrale et l'Amérique du Sud	215
240.	L'Afrique	216
241.	L'Australie et Océanie	217
242.	Les grandes villes	217
243.	La politique. Le gouvernement. Partie 1	218
244.	La politique. Le gouvernement. Partie 2	220
245.	Les différents pays du monde. Divers	221
246.	Les groupes religieux. Les confessions	221
247.	Les principales religions. Le clergé	223
248.	La foi. Le Christianisme. L'Islam	223

DIVERS   226

249.	Quelques mots et formules utiles	226
250.	Les adjectifs. Partie 1	227
251.	Les adjectifs. Partie 2	229

LES 500 VERBES LES PLUS UTILISÉS   232

252.	Les verbes les plus courants (de A à C)	232
253.	Les verbes les plus courants (de D à E)	234
254.	Les verbes les plus courants (de F à N)	236
255.	Les verbes les plus courants (de O à R)	238
256.	Les verbes les plus courants (de S à V)	240

lkER

GUIDE DE PRONONCIATION

Lettre	Exemple en norvégien	Alphabet phonétique T&P	Exemple en français
Aa	plass	[ɑ], [ɑ:]	classe
Bb	bøtte, albue	[b]	bureau
Cc [1]	centimeter	[s]	syndicat
Cc [2]	Canada	[k]	bocal
Dd	radius	[d]	document
Ee	rett	[e:]	aller
Ee [3]	begå	[ɛ]	faire
Ff	fattig	[f]	formule
Gg [4]	golf	[g]	gris
Gg [5]	gyllen	[j]	maillot
Gg [6]	regnbue	[ŋ]	parking
Hh	hektar	[h]	anglais - behind, finnois - raha
Ii	kilometer	[ı], [i]	citerne
Kk	konge	[k]	bocal
Kk [7]	kirke	[h]	anglais - behind, finnois - raha
Jj	fjerde	[j]	maillot
kj	bikkje	[h]	anglais - behind, finnois - raha
Ll	halvår	[l]	vélo
Mm	middag	[m]	minéral
Nn	november	[n]	ananas
ng	id_langt	[ŋ]	parking
Oo [8]	honning	[ɔ]	robinet
Oo [9]	fot, krone	[u]	boulevard
Pp	plomme	[p]	panama
Qq	sequoia	[k]	bocal
Rr	sverge	[r]	racine, rouge
Ss	appelsin	[s]	syndicat
sk [10]	skikk, skyte	[ʃ]	chariot
Tt	stør, torsk	[t]	tennis
Uu	brudd	[y]	Portugal
Vv	kraftverk	[v]	rivière
Ww	webside	[v]	rivière
Xx	mexicaner	[ks]	taxi
Yy	nytte	[ı], [i]	citerne
Zz [11]	New Zealand	[s]	dessin, tsar
Ææ	vær, stær	[æ]	maire
Øø	ørn, gjø	[ø]	peu profond
Åå	gås, værhår	[o:]	tableau

Remarques

[1] devant **e, i**
[2] dans les autres cas
[3] non accentué
[4] devant **a, o, u, å**
[5] devant **i** et **y**
[6] dans la combinaison **gn**
[7] devant **i** et **y**
[8] devant deux consonnes
[9] devant une consonne
[10] devant **i** et **y**
[11] uniquement dans les mots d'origine étrangère

ABRÉVIATIONS
employées dans ce livre

Abréviations en français

adj	-	adjective
adv	-	adverbe
anim.	-	animé
conj	-	conjonction
dénombr.	-	dénombrable
etc.	-	et cetera
f	-	nom féminin
f pl	-	féminin pluriel
fam.	-	familiar
fem.	-	féminin
form.	-	formal
inanim.	-	inanimé
indénombr.	-	indénombrable
m	-	nom masculin
m pl	-	masculin pluriel
m, f	-	masculin, féminin
masc.	-	masculin
math	-	mathematics
mil.	-	militaire
pl	-	pluriel
prep	-	préposition
pron	-	pronom
qch	-	quelque chose
qn	-	quelqu'un
sing.	-	singulier
v aux	-	verbe auxiliaire
v imp	-	verbe impersonnel
vi	-	verbe intransitif
vi, vt	-	verbe intransitif, transitif
vp	-	verbe pronominal
vt	-	verbe transitif

Abréviations en norvégien

f	-	nom féminin
f pl	-	féminin pluriel
m	-	nom masculin
m pl	-	masculin pluriel

m/f	-	masculin, neutre
m/f pl	-	masculin/féminin pluriel
m/f/n	-	masculin/féminin/neutre
m/n	-	masculin, féminin
n	-	neutre
n pl	-	neutre pluriel
pl	-	pluriel

CONCEPTS DE BASE

Concepts de base. Partie 1

1. Les pronoms

je	jeg	['jæj]
tu	du	[dʉ]
il	han	['hɑn]
elle	hun	['hʉn]
ça	det, den	['de], ['den]
nous	vi	['vi]
vous	dere	['derə]
ils, elles	de	['de]

2. Adresser des vœux. Se dire bonjour. Se dire au revoir

Bonjour! (fam.)	Hei!	['hæj]
Bonjour! (form.)	Hallo! God dag!	[hɑ'lʉ], [gʉ 'dɑ]
Bonjour! (le matin)	God morn!	[gʉ 'mɔːɳ]
Bonjour! (après-midi)	God dag!	[gʉ'dɑ]
Bonsoir!	God kveld!	[gʉ 'kvɛl]
dire bonjour	å hilse	[ɔ 'hilsə]
Salut!	Hei!	['hæj]
salut (m)	hilsen (m)	['hilsən]
saluer (vt)	å hilse	[ɔ 'hilsə]
Comment allez-vous?	Hvordan står det til?	['vʉːɖɑn stoːr de til]
Comment ça va?	Hvordan går det?	['vʉːɖɑn gor de]
Quoi de neuf?	Hva nytt?	[vɑ 'nʏt]
Au revoir! (form.)	Ha det bra!	[hɑ de 'brɑ]
Au revoir! (fam.)	Ha det!	[hɑ 'de]
À bientôt!	Vi ses!	[vi sɛs]
Adieu!	Farvel!	[fɑr'vɛl]
dire au revoir	å si farvel	[ɔ 'si fɑr'vɛl]
Salut! (À bientôt!)	Ha det!	[hɑ 'de]
Merci!	Takk!	['tɑk]
Merci beaucoup!	Tusen takk!	['tʉsen tɑk]
Je vous en prie	Bare hyggelig	['bɑrə 'hʏgeli]
Il n'y a pas de quoi	Ikke noe å takke for!	['ikə 'nʉe ɔ 'tɑkə fɔr]
Pas de quoi	Ingen årsak!	['iŋən 'oːʂɑk]
Excuse-moi!	Unnskyld, ...	['ʉnˌʂyl ...]
Excusez-moi!	Unnskyld meg, ...	['ʉnˌʂyl me ...]

excuser (vt)	å unnskylde	[ɔ 'ʉnˌsylə]
s'excuser (vp)	å unnskylde seg	[ɔ 'ʉnˌsylə sæj]
Mes excuses	Jeg ber om unnskyldning	[jæj ber ɔm 'ʉnˌsyldnin]
Pardonnez-moi!	Unnskyld!	['ʉnˌsyl]
pardonner (vt)	å tilgi	[ɔ 'tilˌji]
C'est pas grave	Ikke noe problem	['ikə 'nʉe prʉ'blem]
s'il vous plaît	vær så snill	['vær ʂɔ 'snil]
N'oubliez pas!	Ikke glem!	['ikə 'glem]
Bien sûr!	Selvfølgelig!	[sɛl'følgəli]
Bien sûr que non!	Selvfølgelig ikke!	[sɛl'følgəli 'ikə]
D'accord!	OK! Enig!	[ɔ'kɛj], ['ɛni]
Ça suffit!	Det er nok!	[de ær 'nɔk]

3. Comment s'adresser à quelqu'un

Excusez-moi!	Unnskyld, …	['ʉnˌsyl …]
monsieur	Herr	['hær]
madame	Fru	['frʉ]
madame (mademoiselle)	Frøken	['frøkən]
jeune homme	unge mann	['ʉŋə ˌmɑn]
petit garçon	guttunge	['gʉtˌʉŋə]
petite fille	frøken	['frøkən]

4. Les nombres cardinaux. Partie 1

zéro	null	['nʉl]
un	en	['en]
deux	to	['tʊ]
trois	tre	['tre]
quatre	fire	['fire]
cinq	fem	['fɛm]
six	seks	['sɛks]
sept	sju	['ʂʉ]
huit	åtte	['ɔtə]
neuf	ni	['ni]
dix	ti	['ti]
onze	elleve	['ɛlvə]
douze	tolv	['tɔl]
treize	tretten	['trɛtən]
quatorze	fjorten	['fjɔːtən]
quinze	femten	['fɛmtən]
seize	seksten	['sæjstən]
dix-sept	sytten	['sʏtən]
dix-huit	atten	['ɑtən]
dix-neuf	nitten	['nitən]
vingt	tjue	['çʉe]
vingt et un	tjueen	['çʉe en]

| vingt-deux | tjueto | ['çɵe tʊ] |
| vingt-trois | tjuetre | ['çɵe tre] |

trente	tretti	['trɛti]
trente et un	trettien	['trɛti en]
trente-deux	trettito	['trɛti tʊ]
trente-trois	trettitre	['trɛti tre]

quarante	førti	['fœːʈi]
quarante et un	førtien	['fœːʈi en]
quarante-deux	førtito	['fœːʈi tʊ]
quarante-trois	førtitre	['fœːʈi tre]

cinquante	femti	['fɛmti]
cinquante et un	femtien	['fɛmti en]
cinquante-deux	femtito	['fɛmti tʊ]
cinquante-trois	femtitre	['fɛmti tre]

soixante	seksti	['sɛksti]
soixante et un	sekstien	['sɛksti en]
soixante-deux	sekstito	['sɛksti tʊ]
soixante-trois	sekstitre	['sɛksti tre]

soixante-dix	sytti	['sʏti]
soixante et onze	syttien	['sʏti en]
soixante-douze	syttito	['sʏti tʊ]
soixante-treize	syttitre	['sʏti tre]

quatre-vingts	åtti	['ɔti]
quatre-vingt et un	åttien	['ɔti en]
quatre-vingt deux	åttito	['ɔti tʊ]
quatre-vingt trois	åttitre	['ɔti tre]

quatre-vingt-dix	nitti	['niti]
quatre-vingt et onze	nittien	['niti en]
quatre-vingt-douze	nittito	['niti tʊ]
quatre-vingt-treize	nittitre	['niti tre]

5. Les nombres cardinaux. Partie 2

cent	hundre	['hʉndrə]
deux cents	to hundre	['tʊ ˌhʉndrə]
trois cents	tre hundre	['tre ˌhʉndrə]
quatre cents	fire hundre	['fire ˌhʉndrə]
cinq cents	fem hundre	['fɛm ˌhʉndrə]

six cents	seks hundre	['sɛks ˌhʉndrə]
sept cents	syv hundre	['sʏv ˌhʉndrə]
huit cents	åtte hundre	['ɔtə ˌhʉndrə]
neuf cents	ni hundre	['ni ˌhʉndrə]

mille	tusen	['tʉsən]
deux mille	to tusen	['tʊ ˌtʉsən]
trois mille	tre tusen	['tre ˌtʉsən]

dix mille	ti tusen	['ti ˌtʉsən]
cent mille	hundre tusen	['hʉndrə ˌtʉsən]
million (m)	million (m)	[mi'ljun]
milliard (m)	milliard (m)	[mi'lja:d]

6. Les nombres ordinaux

premier (adj)	første	['fœʂtə]
deuxième (adj)	annen	['anən]
troisième (adj)	tredje	['trɛdjə]
quatrième (adj)	fjerde	['fjærə]
cinquième (adj)	femte	['fɛmtə]

sixième (adj)	sjette	['ʂɛtə]
septième (adj)	sjuende	['ʂʉenə]
huitième (adj)	åttende	['ɔtenə]
neuvième (adj)	niende	['nienə]
dixième (adj)	tiende	['tienə]

7. Nombres. Fractions

fraction (f)	brøk (m)	['brøk]
un demi	en halv	[en 'hal]
un tiers	en tredjedel	[en 'trɛdjəˌdel]
un quart	en fjerdedel	[en 'fjærəˌdel]

un huitième	en åttendedel	[en 'ɔtenəˌdel]
un dixième	en tiendedel	[en 'tienəˌdel]
deux tiers	to tredjedeler	['tʉ 'trɛdjəˌdelər]
trois quarts	tre fjerdedeler	['tre 'fjærˌdelər]

8. Les nombres. Opérations mathématiques

soustraction (f)	subtraksjon (m)	[sʉbtrak'ʂʉn]
soustraire (vt)	å subtrahere	[ɔ 'sʉbtraˌherə]
division (f)	divisjon (m)	[divi'ʂʉn]
diviser (vt)	å dividere	[ɔ divi'derə]

addition (f)	addisjon (m)	[adi'ʂʉn]
additionner (vt)	å addere	[ɔ a'derə]
ajouter (vt)	å addere	[ɔ a'derə]
multiplication (f)	multiplikasjon (m)	[mʉltiplika'ʂʉn]
multiplier (vt)	å multiplisere	[ɔ mʉltipli'serə]

9. Les nombres. Divers

| chiffre (m) | siffer (n) | ['sifər] |
| nombre (m) | tall (n) | ['tal] |

adjectif (m) numéral	tallord (n)	['tal‚u:r]
moins (m)	minus (n)	['minɵs]
plus (m)	pluss (n)	['plɵs]
formule (f)	formel (m)	['fɔrmǝl]

calcul (m)	beregning (m/f)	[be'rɛjniŋ]
compter (vt)	å telle	[ɔ 'tɛlǝ]
calculer (vt)	å telle opp	[ɔ 'tɛlǝ ɔp]
comparer (vt)	å sammenlikne	[ɔ 'samǝn‚liknǝ]

Combien? (indénombr.)	Hvor mye?	[vʊr 'mye]
Combien? (dénombr.)	Hvor mange?	[vʊr 'maŋǝ]
somme (f)	sum (m)	['sɵm]
résultat (m)	resultat (n)	[resɵl'tat]
reste (m)	rest (m)	['rɛst]

quelques ...	noen	['nʊǝn]
peu de ... (dénombr.)	få, ikke mange	['fɔ], ['ikǝ ‚maŋǝ]
peu de ... (indénombr.)	lite	['litǝ]
reste (m)	rest (m)	['rɛst]
un et demi	halvannen	[hal'anǝn]
douzaine (f)	dusin (n)	[dɵ'sin]

en deux (adv)	i 2 halvdeler	[i tʊ hal'delǝr]
en parties égales	jevnt	['jɛvnt]
moitié (f)	halvdel (m)	['haldel]
fois (f)	gang (m)	['gaŋ]

10. Les verbes les plus importants. Partie 1

aider (vt)	å hjelpe	[ɔ 'jɛlpǝ]
aimer (qn)	å elske	[ɔ 'ɛlskǝ]
aller (à pied)	å gå	[ɔ 'gɔ]
apercevoir (vt)	å bemerke	[ɔ be'mærkǝ]
appartenir à ...	å tilhøre ...	[ɔ 'til‚høre ...]

appeler (au secours)	å tilkalle	[ɔ 'til‚kalǝ]
attendre (vt)	å vente	[ɔ 'vɛntǝ]
attraper (vt)	å fange	[ɔ 'faŋǝ]
avertir (vt)	å varsle	[ɔ 'vaʂlǝ]

avoir (vt)	å ha	[ɔ 'ha]
avoir confiance	å stole på	[ɔ 'stʊlǝ pɔ]
avoir faim	å være sulten	[ɔ 'værǝ 'sɵltǝn]

avoir peur	å frykte	[ɔ 'frʏktǝ]
avoir soif	å være tørst	[ɔ 'værǝ 'tœʂt]
cacher (vt)	å gjemme	[ɔ 'jɛmǝ]
casser (briser)	å bryte	[ɔ 'brytǝ]
cesser (vt)	å slutte	[ɔ 'ʂlɵtǝ]

changer (vt)	å endre	[ɔ 'ɛndrǝ]
chasser (animaux)	å jage	[ɔ 'jagǝ]
chercher (vt)	å søke ...	[ɔ 'søkǝ ...]

| choisir (vt) | à velge | [ɔ 'vɛlgə] |
| commander (~ le menu) | à bestille | [ɔ be'stilə] |

commencer (vt)	à begynne	[ɔ be'jinə]
comparer (vt)	à sammenlikne	[ɔ 'samən‚liknə]
comprendre (vt)	à forstå	[ɔ fɔ'ʂtɔ]
compter (dénombrer)	à telle	[ɔ 'tɛlə]
compter sur ...	à regne med ...	[ɔ 'rɛjnə me ...]

confondre (vt)	à forveksle	[ɔ fɔr'vɛkʂlə]
connaître (qn)	à kjenne	[ɔ 'çɛnə]
conseiller (vt)	à råde	[ɔ 'rɔ:də]
continuer (vt)	à fortsette	[ɔ 'fɔrt‚sɛtə]
contrôler (vt)	à kontrollere	[ɔ kʉntrɔ'lerə]

courir (vi)	à løpe	[ɔ 'løpə]
coûter (vt)	à koste	[ɔ 'kɔstə]
créer (vt)	à opprette	[ɔ 'ɔp‚rɛtə]
creuser (vt)	à grave	[ɔ 'gravə]
crier (vi)	à skrike	[ɔ 'skrikə]

11. Les verbes les plus importants. Partie 2

décorer (~ la maison)	à pryde	[ɔ 'prydə]
défendre (vt)	à forsvare	[ɔ fɔ'ʂvarə]
déjeuner (vi)	à spise lunsj	[ɔ 'spisə ‚lʉnʂ]
demander (~ l'heure)	à spørre	[ɔ 'spørə]
demander (de faire qch)	à be	[ɔ 'be]

descendre (vi)	à gå ned	[ɔ 'gɔ ne]
deviner (vt)	à gjette	[ɔ 'jɛtə]
dîner (vi)	à spise middag	[ɔ 'spisə 'mi‚da]
dire (vt)	à si	[ɔ 'si]
diriger (~ une usine)	à styre, à lede	[ɔ 'styrə], [ɔ 'ledə]
discuter (vt)	à diskutere	[ɔ diskʉ'terə]

donner (vt)	à gi	[ɔ 'ji]
donner un indice	à gi et vink	[ɔ 'ji et 'vink]
douter (vt)	à tvile	[ɔ 'tvilə]
écrire (vt)	à skrive	[ɔ 'skrivə]
entendre (bruit, etc.)	à høre	[ɔ 'hørə]

entrer (vi)	à komme inn	[ɔ 'kɔmə in]
envoyer (vt)	à sende	[ɔ 'sɛnə]
espérer (vi)	à håpe	[ɔ 'hɔ:pə]
essayer (vt)	à prøve	[ɔ 'prøvə]

être (vi)	à være	[ɔ 'værə]
être d'accord	à samtykke	[ɔ 'sam‚tʏkə]
être nécessaire	à være behøv	[ɔ 'værə bə'høv]
être pressé	à skynde seg	[ɔ 'ʂynə sæj]

| étudier (vt) | à studere | [ɔ stʉ'derə] |
| excuser (vt) | à unnskylde | [ɔ 'ʉn‚sylə] |

exiger (vt)	à kreve	[ɔ 'kreve]
exister (vi)	à eksistere	[ɔ ɛksi'stere]
expliquer (vt)	à forklare	[ɔ for'klare]

faire (vt)	à gjøre	[ɔ 'jøre]
faire tomber	à tappe	[ɔ 'tape]
finir (vt)	à slutte	[ɔ 'slʉte]
garder (conserver)	à beholde	[ɔ be'hɔle]
gronder, réprimander (vt)	à skjelle	[ɔ 'ʂɛ:le]

informer (vt)	à informere	[ɔ infɔr'mere]
insister (vi)	à insistere	[ɔ insi'stere]
insulter (vt)	à fornærme	[ɔ fɔ:'nærme]
inviter (vt)	à innby, à invitere	[ɔ 'inby], [ɔ invi'tere]
jouer (s'amuser)	à leke	[ɔ 'leke]

12. Les verbes les plus importants. Partie 3

libérer (ville, etc.)	à befri	[ɔ be'fri]
lire (vi, vt)	à lese	[ɔ 'lese]
louer (prendre en location)	à leie	[ɔ 'læje]
manquer (l'école)	à skulke	[ɔ 'skʉlke]
menacer (vt)	à true	[ɔ 'trʉe]

mentionner (vt)	à omtale, à nevne	[ɔ 'ɔmˌtale], [ɔ 'nɛvne]
montrer (vt)	à vise	[ɔ 'vise]
nager (vi)	à svømme	[ɔ 'svœme]
objecter (vt)	à innvende	[ɔ 'inˌvɛne]
observer (vt)	à observere	[ɔ obsɛr'vere]

ordonner (mil.)	à beordre	[ɔ be'ɔrdre]
oublier (vt)	à glemme	[ɔ 'gleme]
ouvrir (vt)	à åpne	[ɔ 'ɔpne]
pardonner (vt)	à tilgi	[ɔ 'tilˌji]
parler (vi, vt)	à tale	[ɔ 'tale]

participer à ...	à delta	[ɔ 'dɛlta]
payer (régler)	à betale	[ɔ be'tale]
penser (vi, vt)	à tenke	[ɔ 'tɛnke]
permettre (vt)	à tillate	[ɔ 'tiˌlate]
plaire (être apprécié)	à like	[ɔ 'like]

plaisanter (vi)	à spøke	[ɔ 'spøke]
planifier (vt)	à planlegge	[ɔ 'planˌlege]
pleurer (vi)	à gråte	[ɔ 'gro:te]
posséder (vt)	à besidde, à eie	[ɔ bɛ'side], [ɔ 'æje]
pouvoir (v aux)	à kunne	[ɔ 'kʉne]
préférer (vt)	à foretrekke	[ɔ 'foreˌtrɛke]

prendre (vt)	à ta	[ɔ 'ta]
prendre en note	à skrive ned	[ɔ 'skrive ne]
prendre le petit déjeuner	à spise frokost	[ɔ 'spise ˌfrʉkɔst]
préparer (le dîner)	à lage	[ɔ 'lage]
prévoir (vt)	à forutse	[ɔ 'fɔrʉtˌse]

prier (~ Dieu)	à be	[ɔ 'be]
promettre (vt)	à love	[ɔ 'lɔvə]
prononcer (vt)	à uttale	[ɔ 'ʉt̪ta̪lə]
proposer (vt)	à foreslå	[ɔ 'fɔrə͵ʂlɔ]
punir (vt)	à straffe	[ɔ 'strafə]

13. Les verbes les plus importants. Partie 4

recommander (vt)	à anbefale	[ɔ 'anbe͵falə]
regretter (vt)	à beklage	[ɔ be'klagə]
répéter (dire encore)	à gjenta	[ɔ 'jɛnta]
répondre (vi, vt)	à svare	[ɔ 'svarə]
réserver (une chambre)	à reservere	[ɔ resɛr'verə]

rester silencieux	à tie	[ɔ 'tie]
réunir (regrouper)	à forene	[ɔ fɔ'renə]
rire (vi)	à le, à skratte	[ɔ 'le], [ɔ 'skratə]
s'arrêter (vp)	à stoppe	[ɔ 'stɔpə]
s'asseoir (vp)	à sette seg	[ɔ 'sɛtə sæj]

sauver (la vie à qn)	à redde	[ɔ 'rɛdə]
savoir (qch)	à vite	[ɔ 'vitə]
se baigner (vp)	à bade	[ɔ 'badə]
se plaindre (vp)	à klage	[ɔ 'klagə]
se refuser (vp)	à vegre seg	[ɔ 'vɛgrə sæj]

se tromper (vp)	à gjøre feil	[ɔ 'jørə ͵fæjl]
se vanter (vp)	à prale	[ɔ 'pralə]
s'étonner (vp)	à bli forundret	[ɔ 'bli fɔ'rʉndrət]
s'excuser (vp)	à unnskylde seg	[ɔ 'ʉn͵ʂylə sæj]
signer (vt)	à underskrive	[ɔ 'ʉnə͵ʂkrivə]

signifier (vt)	à bety	[ɔ 'bety]
s'intéresser (vp)	à interessere seg	[ɔ intere'serə sæj]
sortir (aller dehors)	à gå ut	[ɔ 'gɔ ʉt]
sourire (vi)	à smile	[ɔ 'smilə]
sous-estimer (vt)	à undervurdere	[ɔ 'ʉnərvʉ:͵derə]

suivre ... (suivez-moi)	à følge etter ...	[ɔ 'følə 'ɛtər ...]
tirer (vi)	à skyte	[ɔ 'ʂytə]
tomber (vi)	à falle	[ɔ 'falə]
toucher (avec les mains)	à røre	[ɔ 'rørə]
tourner (~ à gauche)	à svinge	[ɔ 'sviŋə]

traduire (vt)	à oversette	[ɔ 'ɔvə͵sɛtə]
travailler (vi)	à arbeide	[ɔ 'ar͵bæjdə]
tromper (vt)	à fuske	[ɔ 'fʉskə]
trouver (vt)	à finne	[ɔ 'finə]
tuer (vt)	à døde, à myrde	[ɔ 'dødə], [ɔ 'mʏ:də]
vendre (vt)	à selge	[ɔ 'sɛlə]

venir (vi)	à ankomme	[ɔ 'an͵kɔmə]
voir (vt)	à se	[ɔ 'se]
voler (avion, oiseau)	à fly	[ɔ 'fly]

| voler (qch à qn) | å stjele | [ɔ 'stjelə] |
| vouloir (vt) | å ville | [ɔ 'vilə] |

14. Les couleurs

couleur (f)	farge (m)	['fargə]
teinte (f)	nyanse (m)	[ny'anse]
ton (m)	fargetone (m)	['fargə‚tʊnə]
arc-en-ciel (m)	regnbue (m)	['ræjn‚bʉːə]

blanc (adj)	hvit	['vit]
noir (adj)	svart	['svaːt]
gris (adj)	grå	['grɔ]

vert (adj)	grønn	['grœn]
jaune (adj)	gul	['gʉl]
rouge (adj)	rød	['rø]

bleu (adj)	blå	['blɔ]
bleu clair (adj)	lyseblå	['lysə‚blɔ]
rose (adj)	rosa	['rɔsa]
orange (adj)	oransje	[ɔ'ranʂɛ]
violet (adj)	fiolett	[fiʊ'lət]
brun (adj)	brun	['brʉn]

| d'or (adj) | gullgul | ['gʉl] |
| argenté (adj) | sølv- | ['søl-] |

beige (adj)	beige	['bɛːʂ]
crème (adj)	kremfarget	['krɛm‚farget]
turquoise (adj)	turkis	[tʉr'kis]
rouge cerise (adj)	kirsebærrød	['çiʂəbær‚rød]
lilas (adj)	lilla	['lila]
framboise (adj)	karminrød	['karmʊ'sin‚rød]

clair (adj)	lys	['lys]
foncé (adj)	mørk	['mœrk]
vif (adj)	klar	['klar]

de couleur (adj)	farge-	['fargə-]
en couleurs (adj)	farge-	['fargə-]
noir et blanc (adj)	svart-hvit	['svaːt vit]
unicolore (adj)	ensfarget	['ɛns‚farget]
multicolore (adj)	mangefarget	['maŋə‚farget]

15. Les questions

Qui?	Hvem?	['vɛm]
Quoi?	Hva?	['va]
Où? (~ es-tu?)	Hvor?	['vʊr]
Où? (~ vas-tu?)	Hvorhen?	['vʊrhen]
D'où?	Hvorfra?	['vʊrfra]

Quand?	Når?	[nɔr]
Pourquoi? (~ es-tu venu?)	Hvorfor?	['vʊrfʊr]
Pourquoi? (~ t'es pâle?)	Hvorfor?	['vʊrfʊr]

À quoi bon?	Hvorfor?	['vʊrfʊr]
Comment?	Hvordan?	['vuːdɑn]
Quel? (à ~ prix?)	Hvilken?	['vilkən]
Lequel?	Hvilken?	['vilkən]

À qui? (pour qui?)	Til hvem?	[til 'vɛm]
De qui?	Om hvem?	[ɔm 'vɛm]
De quoi?	Om hva?	[ɔm 'vɑ]
Avec qui?	Med hvem?	[me 'vɛm]

Combien? (indénombr.)	Hvor mye?	[vʊr 'mye]
Combien? (dénombr.)	Hvor mange?	[vʊr 'mɑŋə]
À qui? (~ est ce livre?)	Hvis?	['vis]

16. Les prépositions

avec (~ toi)	med	[me]
sans (~ sucre)	uten	['ʉtən]
à (aller ~ ...)	til	['til]
de (au sujet de)	om	['ɔm]
avant (~ midi)	før	['før]
devant (~ la maison)	foran, framfor	['forɑn], ['frɑmfɔr]

sous (~ la commode)	under	['ʉnər]
au-dessus de ...	over	['ɔvər]
sur (dessus)	på	['pɔ]
de (venir ~ Paris)	fra	['frɑ]
en (en bois, etc.)	av	[ɑː]

| dans (~ deux heures) | om | ['ɔm] |
| par dessus | over | ['ɔvər] |

17. Les mots-outils. Les adverbes. Partie 1

Où? (~ es-tu?)	Hvor?	['vʊr]
ici (c'est ~)	her	['hɛr]
là-bas (c'est ~)	der	['dɛr]

| quelque part (être) | et sted | [et 'sted] |
| nulle part (adv) | ingensteds | ['iŋənˌstɛts] |

| près de ... | ved | ['ve] |
| près de la fenêtre | ved vinduet | [ve 'vindʉə] |

Où? (~ vas-tu?)	Hvorhen?	['vʊrhen]
ici (Venez ~)	hit	['hit]
là-bas (j'irai ~)	dit	['dit]
d'ici (adv)	herfra	['hɛrˌfrɑ]

de là-bas (adv)	derfra	['dɛr,fra]
près (pas loin)	nær	['nær]
loin (adv)	langt	['laŋt]
près de (~ Paris)	nær	['nær]
tout près (adv)	i nærheten	[i 'nær,hetən]
pas loin (adv)	ikke langt	['ikə 'laŋt]
gauche (adj)	venstre	['vɛnstrə]
à gauche (être ~)	til venstre	[til 'vɛnstrə]
à gauche (tournez ~)	til venstre	[til 'vɛnstrə]
droit (adj)	høyre	['højrə]
à droite (être ~)	til høyre	[til 'højrə]
à droite (tournez ~)	til høyre	[til 'højrə]
devant (adv)	foran	['foran]
de devant (adj)	fremre	['frɛmrə]
en avant (adv)	fram	['fram]
derrière (adv)	bakom	['bakɔm]
par derrière (adv)	bakfra	['bak,fra]
en arrière (regarder ~)	tilbake	[til'bakə]
milieu (m)	midt (m)	['mit]
au milieu (adv)	i midten	[i 'mitən]
de côté (vue ~)	fra siden	[fra 'sidən]
partout (adv)	overalt	[ɔvər'alt]
autour (adv)	rundt omkring	['runt ɔm'kriŋ]
de l'intérieur	innefra	['inə,fra]
quelque part (aller)	et sted	[et 'sted]
tout droit (adv)	rett, direkte	['rɛt], ['di'rɛktə]
en arrière (revenir ~)	tilbake	[til'bakə]
de quelque part (n'import d'où)	et eller annet steds fra	[et 'elər ‚aːnt 'stɛts fra]
de quelque part (on ne sait pas d'où)	et eller annet steds fra	[et 'elər ‚aːnt 'stɛts fra]
premièrement (adv)	for det første	[for de 'fœştə]
deuxièmement (adv)	for det annet	[for de 'aːnt]
troisièmement (adv)	for det tredje	[for de 'trɛdje]
soudain (adv)	plutselig	['plutseli]
au début (adv)	i begynnelsen	[i be'jinəlsən]
pour la première fois	for første gang	[for 'fœştə ‚gaŋ]
bien avant ...	lenge før ...	['leŋə 'før ...]
de nouveau (adv)	på nytt	[pɔ 'nʏt]
pour toujours (adv)	for godt	[for 'gɔt]
jamais (adv)	aldri	['aldri]
de nouveau, encore (adv)	igjen	[i'jɛn]
maintenant (adv)	nå	['nɔ]
souvent (adv)	ofte	['ɔftə]

alors (adv)	da	['da]
d'urgence (adv)	omgående	['ɔm.gɔ:nə]
d'habitude (adv)	vanligvis	['vanli.vis]

à propos, ...	forresten, ...	[fɔ'rɛstən ...]
c'est possible	mulig, kanskje	['muli], ['kanʂə]
probablement (adv)	sannsynligvis	[san'synli.vis]
peut-être (adv)	kanskje	['kanʂə]
en plus, ...	dessuten, ...	[des'utən ...]
c'est pourquoi ...	derfor ...	['dɛrfor ...]
malgré ...	på tross av ...	['pɔ 'trɔs a: ...]
grâce à ...	takket være ...	['takət ,værə ...]

quoi (pron)	hva	['va]
que (conj)	at	[at]
quelque chose (Il m'est arrivé ~)	noe	['nʊe]
quelque chose (peut-on faire ~)	noe	['nʊe]
rien (m)	ingenting	['iŋəntiŋ]

qui (pron)	hvem	['vɛm]
quelqu'un (on ne sait pas qui)	noen	['nʊən]
quelqu'un (n'importe qui)	noen	['nʊən]

personne (pron)	ingen	['iŋən]
nulle part (aller ~)	ingensteds	['iŋən,stɛts]
de personne	ingens	['iŋəns]
de n'importe qui	noens	['nʊəns]

comme ça (adv)	så	['sɔ:]
également (adv)	også	['ɔsɔ]
aussi (adv)	også	['ɔsɔ]

18. Les mots-outils. Les adverbes. Partie 2

Pourquoi?	Hvorfor?	['vʊrfʊr]
pour une certaine raison	av en eller annen grunn	[a: en elər 'anən ,grʉn]
parce que ...	fordi ...	[fɔ'di ...]
pour une raison quelconque	av en eller annen grunn	[a: en elər 'anən ,grʉn]

et (conj)	og	['ɔ]
ou (conj)	eller	['elər]
mais (conj)	men	['men]
pour ... (prep)	for, til	[fɔr], [til]

trop (adv)	for, altfor	['fɔr], ['altfɔr]
seulement (adv)	bare	['barə]
précisément (adv)	presis, eksakt	[prɛ'sis], [ɛk'sakt]
près de ... (prep)	cirka	['sirka]

approximativement	omtrent	[ɔm'trɛnt]
approximatif (adj)	omtrentlig	[ɔm'trɛntli]
presque (adv)	nesten	['nɛstən]

reste (m)	rest (m)	['rɛst]
l'autre (adj)	den annen	[den 'anən]
autre (adj)	andre	['andrə]
chaque (adj)	hver	['vɛr]
n'importe quel (adj)	hvilken som helst	['vɪlkən sɔm 'hɛlst]
beaucoup (adv)	mye	['mye]
plusieurs (pron)	mange	['maŋə]
tous	alle	['alə]

en échange de ...	til gjengjeld for ...	[til 'jɛnjɛl fɔr ...]
en échange (adv)	istedenfor	[i'steden,fɔr]
à la main (adv)	for hånd	[fɔr 'hɔn]
peu probable (adj)	neppe	['nepə]

probablement (adv)	sannsynligvis	[san'synli,vis]
exprès (adv)	med vilje	[me 'vilje]
par accident (adv)	tilfeldigvis	[til'fɛldivis]

très (adv)	meget	['meget]
par exemple (adv)	for eksempel	[fɔr ɛk'sɛmpəl]
entre (prep)	mellom	['mɛlɔm]
parmi (prep)	blant	['blant]
autant (adv)	så mye	['sɔ: mye]
surtout (adv)	særlig	['sæ:li]

27

Concepts de base. Partie 2

19. Les jours de la semaine

lundi (m)	mandag (m)	['man,da]
mardi (m)	tirsdag (m)	['tiʂ,da]
mercredi (m)	onsdag (m)	['ʊns,da]
jeudi (m)	torsdag (m)	['tɔʂ,da]
vendredi (m)	fredag (m)	['frɛ,da]
samedi (m)	lørdag (m)	['lør,da]
dimanche (m)	søndag (m)	['søn,da]
aujourd'hui (adv)	i dag	[i 'da]
demain (adv)	i morgen	[i 'mɔːən]
après-demain (adv)	i overmorgen	[i 'ɔvər,mɔːən]
hier (adv)	i går	[i 'gɔr]
avant-hier (adv)	i forgårs	[i 'for,gɔʂ]
jour (m)	dag (m)	['da]
jour (m) ouvrable	arbeidsdag (m)	['arbæjds,da]
jour (m) férié	festdag (m)	['fɛst,da]
jour (m) de repos	fridag (m)	['fri,da]
week-end (m)	ukeslutt (m), helg (f)	['ʉkə,slʉt], ['hɛlg]
toute la journée	hele dagen	['helə 'dagən]
le lendemain	neste dag	['nɛstə ,da]
il y a 2 jours	for to dager siden	[for tʉ 'dagər ,sidən]
la veille	dagen før	['dagən 'før]
quotidien (adj)	daglig	['dagli]
tous les jours	hver dag	['vɛr da]
semaine (f)	uke (m/f)	['ʉkə]
la semaine dernière	siste uke	['sistə 'ʉkə]
la semaine prochaine	i neste uke	[i 'nɛstə 'ʉkə]
hebdomadaire (adj)	ukentlig	['ʉkəntli]
chaque semaine	hver uke	['vɛr 'ʉkə]
2 fois par semaine	to ganger per uke	['tʉ 'gaŋər per 'ʉkə]
tous les mardis	hver tirsdag	['vɛr 'tiʂda]

20. Les heures. Le jour et la nuit

matin (m)	morgen (m)	['mɔːən]
le matin	om morgenen	[ɔm 'mɔːenən]
midi (m)	middag (m)	['mi,da]
dans l'après-midi	om ettermiddagen	[ɔm 'ɛtər,midagən]
soir (m)	kveld (m)	['kvɛl]
le soir	om kvelden	[ɔm 'kvɛlən]

nuit (f)	natt (m/f)	['nɑt]
la nuit	om natta	[ɔm 'nɑtɑ]
minuit (f)	midnatt (m/f)	['mid,nɑt]

seconde (f)	sekund (m/n)	[se'kʉn]
minute (f)	minutt (n)	[mi'nʉt]
heure (f)	time (m)	['timə]
demi-heure (f)	halvtime (m)	['hɑl,timə]
un quart d'heure	kvarter (n)	[kvɑːʈer]
quinze minutes	femten minutter	['fɛmtən mi'nʉtər]
vingt-quatre heures	døgn (n)	['døjn]

lever (m) du soleil	soloppgang (m)	['sʉlɔp,gɑŋ]
aube (f)	daggry (n)	['dɑg,gry]
point (m) du jour	tidlig morgen (m)	['tili 'mɔːən]
coucher (m) du soleil	solnedgang (m)	['sʉlned,gɑŋ]

tôt le matin	tidlig om morgenen	['tili ɔm 'mɔːenən]
ce matin	i morges	[i 'mɔrəs]
demain matin	i morgen tidlig	[i 'mɔːən 'tili]
cet après-midi	i formiddag	[i 'fɔrmi,dɑ]
dans l'après-midi	om ettermiddagen	[ɔm 'ɛtər,midɑgən]
demain après-midi	i morgen ettermiddag	[i 'mɔːən 'ɛtər,midɑ]
ce soir	i kveld	[i 'kvɛl]
demain soir	i morgen kveld	[i 'mɔːən ‚kvɛl]

à 3 heures précises	presis klokka tre	[prɛ'sis 'klɔkɑ tre]
autour de 4 heures	ved fire-tiden	[ve 'fire ‚tidən]
vers midi	innen klokken tolv	['inən 'klɔkən tɔl]

dans 20 minutes	om tjue minutter	[ɔm 'çʉə mi'nʉtər]
dans une heure	om en time	[ɔm en 'timə]
à temps	i tide	[i 'tidə]

... moins le quart	kvart på ...	['kvɑːʈ pɔ ...]
en une heure	innen en time	['inən en 'timə]
tous les quarts d'heure	hvert kvarter	['vɛːʈ kvɑːˈʈer]
24 heures sur 24	døgnet rundt	['døjne ‚rʉnt]

21. Les mois. Les saisons

janvier (m)	januar (m)	['jɑnʉ,ɑr]
février (m)	februar (m)	['febrʉ,ɑr]
mars (m)	mars (m)	['mɑʂ]
avril (m)	april (m)	[ɑ'pril]
mai (m)	mai (m)	['mɑj]
juin (m)	juni (m)	['jʉni]

juillet (m)	juli (m)	['jʉli]
août (m)	august (m)	[au'gʉst]
septembre (m)	september (m)	[sep'tɛmbər]
octobre (m)	oktober (m)	[ɔk'tʉbər]
novembre (m)	november (m)	[nu'vɛmbər]
décembre (m)	desember (m)	[de'sɛmbər]

printemps (m)	vår (m)	['voːr]
au printemps	om våren	[ɔm 'voːrən]
de printemps (adj)	vår-, vårlig	['voːr-], ['voːli]

été (m)	sommer (m)	['sɔmər]
en été	om sommeren	[ɔm 'sɔmərən]
d'été (adj)	sommer-	['sɔmər-]

automne (m)	høst (m)	['høst]
en automne	om høsten	[ɔm 'høstən]
d'automne (adj)	høst-, høstlig	['høst-], ['høstli]

hiver (m)	vinter (m)	['vintər]
en hiver	om vinteren	[ɔm 'vintərən]
d'hiver (adj)	vinter-	['vintər-]

mois (m)	måned (m)	['moːnət]
ce mois	denne måneden	['dɛnə 'moːnedən]
le mois prochain	neste måned	['nɛstə 'moːnət]
le mois dernier	forrige måned	['fɔriə ˌmoːnət]

il y a un mois	for en måned siden	[fɔr en 'moːnət ˌsidən]
dans un mois	om en måned	[ɔm en 'moːnət]
dans 2 mois	om to måneder	[ɔm 'tʉ 'moːnedər]
tout le mois	en hel måned	[en 'hel 'moːnət]
tout un mois	hele måned	['helə 'moːnət]

mensuel (adj)	månedlig	['moːnədli]
mensuellement	månedligt	['moːnedlət]
chaque mois	hver måned	[ˌvɛr 'moːnət]
2 fois par mois	to ganger per måned	['tʉ 'gaŋər per 'moːnət]

année (f)	år (n)	['ɔr]
cette année	i år	[i 'oːr]
l'année prochaine	neste år	['nɛstə ˌoːr]
l'année dernière	i fjor	[i 'fjɔr]

il y a un an	for et år siden	[fɔr et 'oːr ˌsidən]
dans un an	om et år	[ɔm et 'oːr]
dans 2 ans	om to år	[ɔm 'tʉ 'oːr]
toute l'année	hele året	['helə 'oːre]
toute une année	hele året	['helə 'oːre]

chaque année	hvert år	['vɛːʈ 'oːr]
annuel (adj)	årlig	['oːli]
annuellement	årlig, hvert år	['oːli], ['vɛːʈ 'ɔr]
4 fois par an	fire ganger per år	['fire 'gaŋər per 'oːr]

date (f) (jour du mois)	dato (m)	['datʉ]
date (f) (~ mémorable)	dato (m)	['datʉ]
calendrier (m)	kalender (m)	[ka'lendər]

six mois	halvår (n)	['halˌoːr]
semestre (m)	halvår (n)	['halˌoːr]
saison (f)	årstid (m/f)	['oːʂˌtid]
siècle (m)	århundre (n)	['ɔrˌhʉndrə]

30

22. La notion de temps. Divers

temps (m)	tid (m/f)	['tid]
moment (m)	øyeblikk (n)	['øjə‚blik]
instant (m)	øyeblikk (n)	['øjə‚blik]
instantané (adj)	øyeblikkelig	['øjə‚blikəli]
laps (m) de temps	tidsavsnitt (n)	['tids‚afsnit]
vie (f)	liv (n)	['liv]
éternité (f)	evighet (m)	['ɛvi‚het]
époque (f)	epoke (m)	[ɛ'pʊkə]
ère (f)	æra (m)	['æra]
cycle (m)	syklus (m)	['syklʉs]
période (f)	periode (m)	[pæri'ʊdə]
délai (m)	sikt (m)	['sikt]
avenir (m)	framtid (m/f)	['fram‚tid]
prochain (adj)	framtidig, fremtidig	['fram‚tidi], ['frɛm‚tidi]
la fois prochaine	neste gang	['nɛstə ‚gaŋ]
passé (m)	fortid (m/f)	['fɔː‚tid]
passé (adj)	forrige	['foriə]
la fois passée	siste gang	['sistə ‚gaŋ]
plus tard (adv)	senere	['senerə]
après (prep)	etterpå	['ɛtər‚pɔ]
à présent (adv)	for nærværende	[for 'nær‚værnə]
maintenant (adv)	nå	['nɔ]
immédiatement	umiddelbart	['ʉmidəl‚bɑːt]
bientôt (adv)	snart	['snɑːt]
d'avance (adv)	på forhånd	[pɔ 'foːr‚hɔn]
il y a longtemps	for lenge siden	[for 'leŋə ‚sidən]
récemment (adv)	nylig	['nyli]
destin (m)	skjebne (m)	['ʂɛbnə]
souvenirs (m pl)	minner (n pl)	['minər]
archives (f pl)	arkiv (n)	[ar'kiv]
pendant … (prep)	under …	['ʉnər …]
longtemps (adv)	lenge	['leŋə]
pas longtemps (adv)	ikke lenge	['ikə 'leŋə]
tôt (adv)	tidlig	['tili]
tard (adv)	sent	['sɛnt]
pour toujours (adv)	for alltid	[for 'al‚tid]
commencer (vt)	å begynne	[ɔ be'jinə]
reporter (retarder)	å utsette	[ɔ 'ʉt‚sɛtə]
en même temps (adv)	samtidig	['sam‚tidi]
en permanence (adv)	alltid, stadig	['al‚tid], ['stadi]
constant (bruit, etc.)	konstant	[kun'stant]
temporaire (adj)	midlertidig, temporær	['midlə‚tidi], ['tɛmpɔ‚rær]
parfois (adv)	av og til	['av ɔ ‚til]
rarement (adv)	sjelden	['ʂɛlən]
souvent (adv)	ofte	['oftə]

23. Les contraires

| riche (adj) | rik | ['rik] |
| pauvre (adj) | fattig | ['fɑti] |

| malade (adj) | syk | ['syk] |
| en bonne santé | frisk | ['frisk] |

| grand (adj) | stor | ['stʉr] |
| petit (adj) | liten | ['litən] |

| vite (adv) | fort | ['fʉ:t] |
| lentement (adv) | langsomt | ['lɑŋsɔmt] |

| rapide (adj) | hurtig | ['hø:ţi] |
| lent (adj) | langsom | ['lɑŋsɔm] |

| joyeux (adj) | glad | ['glɑ] |
| triste (adj) | sørgmodig | [sør'mʉdi] |

| ensemble (adv) | sammen | ['sɑmən] |
| séparément (adv) | separat | [sepɑ'rɑt] |

| à haute voix | høyt | ['højt] |
| en silence | for seg selv | [fɔr sæj 'sɛl] |

| haut (adj) | høy | ['høj] |
| bas (adj) | lav | ['lɑv] |

| profond (adj) | dyp | ['dyp] |
| peu profond (adj) | grunn | ['grʉn] |

| oui (adv) | ja | ['jɑ] |
| non (adv) | nei | ['næj] |

| lointain (adj) | fjern | ['fjæ:ɳ] |
| proche (adj) | nær | ['nær] |

| loin (adv) | langt | ['lɑɳt] |
| près (adv) | i nærheten | [i 'nær‚hetən] |

| long (adj) | lang | ['lɑŋ] |
| court (adj) | kort | ['kʉ:t] |

| bon (au bon cœur) | god | ['gʉ] |
| méchant (adj) | ond | ['ʉn] |

| marié (adj) | gift | ['jift] |
| célibataire (adj) | ugift | [ʉ:'jift] |

| interdire (vt) | å forby | [ɔ fɔr'by] |
| permettre (vt) | å tillate | [ɔ 'ti‚lɑtə] |

| fin (f) | slutt (m) | ['slʉt] |
| début (m) | begynnelse (m) | [be'jinəlsə] |

gauche (adj)	venstre	['vɛnstrə]
droit (adj)	høyre	['højrə]
premier (adj)	første	['fœʂtə]
dernier (adj)	sist	['sɪst]
crime (m)	forbrytelse (m)	[fɔr'brytəlsə]
punition (f)	straff (m)	['strɑf]
ordonner (vt)	å beordre	[ɔ be'ɔrdrə]
obéir (vt)	å underordne seg	[ɔ 'ʉnərˌɔrdnə sæj]
droit (adj)	rett	['rɛt]
courbé (adj)	kroket	['krɔkət]
paradis (m)	paradis (n)	['pɑrɑˌdis]
enfer (m)	helvete (n)	['hɛlvetə]
naître (vi)	å fødes	[ɔ 'fødə]
mourir (vi)	å dø	[ɔ 'dø]
fort (adj)	sterk	['stærk]
faible (adj)	svak	['svɑk]
vieux (adj)	gammel	['gɑməl]
jeune (adj)	ung	['ʉŋ]
vieux (adj)	gammel	['gɑməl]
neuf (adj)	ny	['ny]
dur (adj)	hard	['hɑr]
mou (adj)	bløt	['bløt]
chaud (tiède)	varm	['vɑrm]
froid (adj)	kald	['kɑl]
gros (adj)	tykk	['tʏk]
maigre (adj)	tynn	['tʏn]
étroit (adj)	smal	['smɑl]
large (adj)	bred	['bre]
bon (adj)	bra	['brɑ]
mauvais (adj)	dårlig	['do:ʃi]
vaillant (adj)	tapper	['tɑpər]
peureux (adj)	feig	['fæjg]

24. Les lignes et les formes

carré (m)	kvadrat (n)	[kvɑ'drɑt]
carré (adj)	kvadratisk	[kvɑ'drɑtisk]
cercle (m)	sirkel (m)	['sirkəl]
rond (adj)	rund	['rʉn]

| triangle (m) | trekant (m) | ['tre‚kɑnt] |
| triangulaire (adj) | trekantet | ['tre‚kɑntət] |

ovale (m)	oval (m)	[ʊ'vɑl]
ovale (adj)	oval	[ʊ'vɑl]
rectangle (m)	rektangel (n)	['rɛk‚tɑŋəl]
rectangulaire (adj)	rettvinklet	['rɛt‚vinklət]

pyramide (f)	pyramide (m)	[pyrɑ'midə]
losange (m)	rombe (m)	['rʊmbə]
trapèze (m)	trapes (m/n)	[trɑ'pes]
cube (m)	kube, terning (m)	['kʉbə], ['tæːɳiŋ]
prisme (m)	prisme (n)	['prismə]

circonférence (f)	omkrets (m)	['ɔm‚krɛts]
sphère (f)	sfære (m)	['sfærə]
globe (m)	kule (m/f)	['kʉːlə]

diamètre (m)	diameter (m)	['diɑ‚metər]
rayon (m)	radius (m)	['rɑdiʉs]
périmètre (m)	perimeter (n)	[peri'metər]
centre (m)	midtpunkt (n)	['mit‚pʉnkt]

horizontal (adj)	horisontal	[hʉrisɔn'tɑl]
vertical (adj)	loddrett, lodd-	['lɔd‚rɛt], ['lɔd-]
parallèle (f)	parallell (m)	[pɑrɑ'lel]
parallèle (adj)	parallell	[pɑrɑ'lel]

ligne (f)	linje (m)	['linjə]
trait (m)	strek (m)	['strek]
ligne (f) droite	rett linje (m/f)	['rɛt 'linjə]
courbe (f)	kurve (m)	['kʉrvə]
fin (une ~ ligne)	tynn	['tʏn]
contour (m)	kontur (m)	[kʊn'tʉr]

intersection (f)	skjæringspunkt (n)	['ʂæriŋs‚pʉnkt]
angle (m) droit	rett vinkel (m)	['rɛt 'vinkəl]
segment (m)	segment (n)	[seg'mɛnt]
secteur (m)	sektor (m)	['sɛktʉr]
côté (m)	side (m/f)	['sidə]
angle (m)	vinkel (m)	['vinkəl]

25. Les unités de mesure

poids (m)	vekt (m)	['vɛkt]
longueur (f)	lengde (m/f)	['leŋdə]
largeur (f)	bredde (m)	['brɛdə]
hauteur (f)	høyde (m)	['højdə]
profondeur (f)	dybde (m)	['dʏbdə]
volume (m)	volum (n)	[vɔ'lʉm]
aire (f)	areal (n)	[‚ɑre'ɑl]

| gramme (m) | gram (n) | ['grɑm] |
| milligramme (m) | milligram (n) | ['mili‚grɑm] |

kilogramme (m)	kilogram (n)	['çilu‚gram]
tonne (f)	tonn (m/n)	['tɔn]
livre (f)	pund (n)	['pʉn]
once (f)	unse (m)	['ʉnsə]

mètre (m)	meter (m)	['metər]
millimètre (m)	millimeter (m)	['mili‚metər]
centimètre (m)	centimeter (m)	['sɛnti‚metər]
kilomètre (m)	kilometer (m)	['çilu‚metər]
mille (m)	mil (m/f)	['mil]

pouce (m)	tomme (m)	['tɔmə]
pied (m)	fot (m)	['fʊt]
yard (m)	yard (m)	['jaːrd]

mètre (m) carré	kvadratmeter (m)	[kva'drat‚metər]
hectare (m)	hektar (n)	['hɛktar]

litre (m)	liter (m)	['litər]
degré (m)	grad (m)	['grad]
volt (m)	volt (m)	['vɔlt]
ampère (m)	ampere (m)	[am'pɛr]
cheval-vapeur (m)	hestekraft (m/f)	['hɛstə‚kraft]

quantité (f)	mengde (m)	['mɛŋdə]
un peu de ...	få ...	['fɔ ...]
moitié (f)	halvdel (m)	['haldel]
douzaine (f)	dusin (n)	[dʉ'sin]
pièce (f)	stykke (n)	['stʏkə]

dimension (f)	størrelse (m)	['stœrəlsə]
échelle (f) (de la carte)	målestokk (m)	['moːlə‚stɔk]

minimal (adj)	minimal	[mini'mal]
le plus petit (adj)	minste	['minstə]
moyen (adj)	middel-	['midəl-]
maximal (adj)	maksimal	[maksi'mal]
le plus grand (adj)	største	['stœʂtə]

26. Les récipients

bocal (m) en verre	glaskrukke (m/f)	['glas‚krʉkə]
boîte, canette (f)	boks (m)	['bɔks]
seau (m)	bøtte (m/f)	['bœtə]
tonneau (m)	tønne (m)	['tœnə]

bassine, cuvette (f)	vaskefat (n)	['vaskə‚fat]
cuve (f)	tank (m)	['tank]
flasque (f)	lommelerke (m/f)	['lʊmə‚lærkə]
jerrican (m)	bensinkanne (m/f)	[bɛn'sin‚kanə]
citerne (f)	tank (m)	['tank]

tasse (f), mug (m)	krus (n)	['krʉs]
tasse (f)	kopp (m)	['kɔp]

soucoupe (f)	tefat (n)	['teˌfɑt]
verre (m) (~ d'eau)	glass (n)	['glɑs]
verre (m) à vin	vinglass (n)	['vinˌglɑs]
faitout (m)	gryte (m/f)	['grytə]
bouteille (f)	flaske (m)	['flɑskə]
goulot (m)	flaskehals (m)	['flɑskəˌhɑls]
carafe (f)	karaffel (m)	[kɑ'rɑfəl]
pichet (m)	mugge (m/f)	['mʉgə]
récipient (m)	beholder (m)	[be'hɔlər]
pot (m)	pott, potte (m)	['pɔt], ['pɔtə]
vase (m)	vase (m)	['vɑsə]
flacon (m)	flakong (m)	[flɑ'kɔŋ]
fiole (f)	flaske (m/f)	['flɑskə]
tube (m)	tube (m)	['tʉbə]
sac (m) (grand ~)	sekk (m)	['sɛk]
sac (m) (~ en plastique)	pose (m)	['pʉsə]
paquet (m) (~ de cigarettes)	pakke (m/f)	['pɑkə]
boîte (f)	eske (m/f)	['ɛskə]
caisse (f)	kasse (m/f)	['kɑsə]
panier (m)	kurv (m)	['kʉrv]

27. Les matériaux

matériau (m)	materiale (n)	[mɑteri'ɑlə]
bois (m)	tre (n)	['trɛ]
en bois (adj)	tre-, av tre	['trɛ-], [ɑː 'trɛ]
verre (m)	glass (n)	['glɑs]
en verre (adj)	glass-	['glɑs-]
pierre (f)	stein (m)	['stæjn]
en pierre (adj)	stein-	['stæjn-]
plastique (m)	plast (m)	['plɑst]
en plastique (adj)	plast-	['plɑst-]
caoutchouc (m)	gummi (m)	['gʉmi]
en caoutchouc (adj)	gummi-	['gʉmi-]
tissu (m)	tøy (n)	['tøj]
en tissu (adj)	tøy-	['tøj-]
papier (m)	papir (n)	[pɑ'pir]
de papier (adj)	papir-	[pɑ'pir-]
carton (m)	papp, kartong (m)	['pɑp], [kɑː'tɔŋ]
en carton (adj)	papp-, kartong-	['pɑp-], [kɑː'tɔŋ-]
polyéthylène (m)	polyetylen (n)	['pʉlyɛtyˌlen]
cellophane (f)	cellofan (m)	[sɛlu'fɑn]

| linoléum (m) | linoleum (m) | [li'nɔleum] |
| contreplaqué (m) | kryssfiner (m) | ['krʏsfiˌnɛr] |

porcelaine (f)	porselen (n)	[pɔʂə'len]
de porcelaine (adj)	porselens-	[pɔʂə'lens-]
argile (f)	leir (n)	['læjr]
de terre cuite (adj)	leir-	['læjr-]
céramique (f)	keramikk (m)	[çera'mik]
en céramique (adj)	keramisk	[çe'ramisk]

28. Les métaux

métal (m)	metall (n)	[me'tal]
métallique (adj)	metall-	[me'tal-]
alliage (m)	legering (m/f)	[le'geriŋ]

or (m)	gull (n)	['gʉl]
en or (adj)	av gull, gull-	[ɑ: 'gʉl], ['gʉl-]
argent (m)	sølv (n)	['søl]
en argent (adj)	sølv-, av sølv	['søl-], [ɑ: 'søl]

fer (m)	jern (n)	['jæːɳ]
en fer (adj)	jern-	['jæːɳ-]
acier (m)	stål (n)	['stɔl]
en acier (adj)	stål-	['stɔl-]
cuivre (m)	kobber (n)	['kobər]
en cuivre (adj)	kobber-	['kobər-]

aluminium (m)	aluminium (n)	[alu'minium]
en aluminium (adj)	aluminium-	[alu'minium-]
bronze (m)	bronse (m)	['bronsə]
en bronze (adj)	bronse-	['bronsə-]

laiton (m)	messing (m)	['mɛsiŋ]
nickel (m)	nikkel (m)	['nikəl]
platine (f)	platina (m/n)	['platina]
mercure (m)	kvikksølv (n)	['kvikˌsøl]
étain (m)	tinn (n)	['tin]
plomb (m)	bly (n)	['bly]
zinc (m)	sink (m/n)	['sink]

L'HOMME

L'homme. Le corps humain

29. L'homme. Notions fondamentales

être (m) humain	menneske (n)	['mɛnəskə]
homme (m)	mann (m)	['man]
femme (f)	kvinne (m/f)	['kvinə]
enfant (m, f)	barn (n)	['bɑːɳ]
fille (f)	jente (m/f)	['jɛntə]
garçon (m)	gutt (m)	['gʉt]
adolescent (m)	tenåring (m)	['tɛnoːriŋ]
vieillard (m)	eldre mann (m)	['ɛldrə ˌman]
vieille femme (f)	eldre kvinne (m/f)	['ɛldrə ˌkvinə]

30. L'anatomie humaine

organisme (m)	organisme (m)	[ɔrgɑ'nismə]
cœur (m)	hjerte (n)	['jæːʈə]
sang (m)	blod (n)	['blʉ]
artère (f)	arterie (m)	[ɑː'ʈeriə]
veine (f)	vene (m)	['veːnə]
cerveau (m)	hjerne (m)	['jæːɳə]
nerf (m)	nerve (m)	['nærvə]
nerfs (m pl)	nerver (m pl)	['nærvər]
vertèbre (f)	ryggvirvel (m)	['rʏgˌvirvəl]
colonne (f) vertébrale	ryggrad (m)	['rʏgˌrad]
estomac (m)	magesekk (m)	['mɑgəˌsɛk]
intestins (m pl)	innvoller, tarmer (m pl)	['inˌvolər], ['tɑrmər]
intestin (m)	tarm (m)	['tɑrm]
foie (m)	lever (m)	['levər]
rein (m)	nyre (m/n)	['nyrə]
os (m)	bein (n)	['bæjn]
squelette (f)	skjelett (n)	[ʂe'let]
côte (f)	ribbein (n)	['ribˌbæjn]
crâne (m)	hodeskalle (m)	['hʉdəˌskɑlə]
muscle (m)	muskel (m)	['mʉskəl]
biceps (m)	biceps (m)	['bisɛps]
triceps (m)	triceps (m)	['trisɛps]
tendon (m)	sene (m/f)	['seːnə]
articulation (f)	ledd (n)	['led]

poumons (m pl)	lunger (m pl)	['lʉŋər]
organes (m pl) génitaux	kjønnsorganer (n pl)	['çœns‚ɔr'ganər]
peau (f)	hud (m/f)	['hʉd]

31. La tête

tête (f)	hode (n)	['hʉdə]
visage (m)	ansikt (n)	['ansikt]
nez (m)	nese (m/f)	['nese]
bouche (f)	munn (m)	['mʉn]

œil (m)	øye (n)	['øjə]
les yeux	øyne (n pl)	['øjnə]
pupille (f)	pupill (n)	[pʉ'pil]
sourcil (m)	øyenbryn (n)	['øjən‚bryn]
cil (m)	øyenvipp (m)	['øjən‚vip]
paupière (f)	øyelokk (m)	['øjə‚lɔk]

langue (f)	tunge (m/f)	['tʉŋə]
dent (f)	tann (m/f)	['tan]
lèvres (f pl)	lepper (m/f pl)	['lepər]
pommettes (f pl)	kinnbein (n pl)	['çin‚bæjn]
gencive (f)	tannkjøtt (n)	['tan‚çœt]
palais (m)	gane (m)	['ganə]

narines (f pl)	nesebor (n pl)	['nesə‚bʉr]
menton (m)	hake (m/f)	['hakə]
mâchoire (f)	kjeve (m)	['çɛvə]
joue (f)	kinn (n)	['çin]

front (m)	panne (m/f)	['panə]
tempe (f)	tinning (m)	['tiniŋ]
oreille (f)	øre (n)	['ørə]
nuque (f)	bakhode (n)	['bak‚hɔdə]
cou (m)	hals (m)	['hals]
gorge (f)	strupe, hals (m)	['strʉpə], ['hals]

cheveux (m pl)	hår (n pl)	['hɔr]
coiffure (f)	frisyre (m)	[fri'syrə]
coupe (f)	hårfasong (m)	['ho:rfɑ‚sɔŋ]
perruque (f)	parykk (m)	[pa'rʏk]

moustache (f)	mustasje (m)	[mʉ'staʂə]
barbe (f)	skjegg (n)	['ʂɛg]
porter (~ la barbe)	å ha	[ɔ 'ha]
tresse (f)	flette (m/f)	['fletə]
favoris (m pl)	bakkenbarter (pl)	['bakən‚ba:ʈər]

roux (adj)	rødhåret	['rø‚hɔ:rət]
gris, grisonnant (adj)	grå	['grɔ]
chauve (adj)	skallet	['skalət]
calvitie (f)	skallet flekk (m)	['skalət ‚flek]
queue (f) de cheval	hestehale (m)	['hɛstə‚halə]
frange (f)	pannelugg (m)	['panə‚lʉg]

32. Le corps humain

main (f)	hånd (m/f)	['hɔn]
bras (m)	arm (m)	['arm]
doigt (m)	finger (m)	['fiŋər]
orteil (m)	tå (m/f)	['tɔ]
pouce (m)	tommel (m)	['tɔməl]
petit doigt (m)	lillefinger (m)	['lilə,fiŋər]
ongle (m)	negl (m)	['nɛjl]
poing (m)	knyttneve (m)	['knʏt,nevə]
paume (f)	håndflate (m/f)	['hɔn,flatə]
poignet (m)	håndledd (n)	['hɔn,led]
avant-bras (m)	underarm (m)	['ʉnər,arm]
coude (m)	albue (m)	['al,bʉə]
épaule (f)	skulder (m)	['skʉldər]
jambe (f)	bein (n)	['bæjn]
pied (m)	fot (m)	['fʊt]
genou (m)	kne (n)	['knɛ]
mollet (m)	legg (m)	['leg]
hanche (f)	hofte (m)	['hɔftə]
talon (m)	hæl (m)	['hæl]
corps (m)	kropp (m)	['krɔp]
ventre (m)	mage (m)	['magə]
poitrine (f)	bryst (n)	['brʏst]
sein (m)	bryst (n)	['brʏst]
côté (m)	side (m/f)	['sidə]
dos (m)	rygg (m)	['rʏg]
reins (région lombaire)	korsrygg (m)	['kɔːʂ,rʏg]
taille (f) (~ de guêpe)	liv (n), midje (m/f)	['liv], ['midjə]
nombril (m)	navle (m)	['navlə]
fesses (f pl)	rumpeballer (m pl)	['rʉmpə,balər]
derrière (m)	bak (m)	['bak]
grain (m) de beauté	føflekk (m)	['fø,flek]
tache (f) de vin	fødselsmerke (n)	['føtsəls,mærkə]
tatouage (m)	tatovering (m/f)	[tatu'vɛriŋ]
cicatrice (f)	arr (n)	['ar]

Les vêtements & les accessoires

33. Les vêtements d'extérieur

vêtement (m)	klær (n)	['klær]
survêtement (m)	yttertøy (n)	['ytəˌtøj]
vêtement (m) d'hiver	vinterklær (n pl)	['vintərˌklær]
manteau (m)	frakk (m), kåpe (m/f)	['frɑk], ['koːpə]
manteau (m) de fourrure	pels (m), pelskåpe (m/f)	['pɛls], ['pɛlsˌkoːpə]
veste (f) de fourrure	pelsjakke (m/f)	['pɛlsˌjakə]
manteau (m) de duvet	dunjakke (m/f)	['dʉnˌjakə]
veste (f) (~ en cuir)	jakke (m/f)	['jakə]
imperméable (m)	regnfrakk (m)	['ræjnˌfrɑk]
imperméable (adj)	vanntett	['vanˌtɛt]

34. Les vêtements

chemise (f)	skjorte (m/f)	['ʂœːʈə]
pantalon (m)	bukse (m)	['bʉksə]
jean (m)	jeans (m)	['dʒins]
veston (m)	dressjakke (m/f)	['drɛsˌjakə]
complet (m)	dress (m)	['drɛs]
robe (f)	kjole (m)	['çulə]
jupe (f)	skjørt (n)	['ʂøːʈ]
chemisette (f)	bluse (m)	['blʉsə]
veste (f) en laine	strikket trøye (m/f)	['strikə 'trøjə]
jaquette (f), blazer (m)	blazer (m)	['blæsər]
tee-shirt (m)	T-skjorte (m/f)	['teˌʂœːʈə]
short (m)	shorts (m)	['ʂoːʈs]
costume (m) de sport	treningsdrakt (m/f)	['treniŋsˌdrɑkt]
peignoir (m) de bain	badekåpe (m/f)	['badəˌkoːpə]
pyjama (m)	pyjamas (m)	[py'ʂamɑs]
chandail (m)	sweater (m)	['svɛtər]
pull-over (m)	pullover (m)	[pʉ'lɔvər]
gilet (m)	vest (m)	['vɛst]
queue-de-pie (f)	livkjole (m)	['livˌçulə]
smoking (m)	smoking (m)	['smɔkiŋ]
uniforme (m)	uniform (m)	[ʉni'form]
tenue (f) de travail	arbeidsklær (n pl)	['ɑrbæjdsˌklær]
salopette (f)	kjeledress, overall (m)	['çeləˌdrɛs], ['ɔvərˌɔl]
blouse (f) (d'un médecin)	kittel (m)	['çitəl]

35. Les sous-vêtements

sous-vêtements (m pl)	undertøy (n)	['ʉnəˌtøj]
boxer (m)	underbukse (m/f)	['ʉnərˌbʉksə]
slip (m) de femme	truse (m/f)	['trʉsə]
maillot (m) de corps	undertrøye (m/f)	['ʉnəˌtrøjə]
chaussettes (f pl)	sokker (m pl)	['sɔkər]
chemise (f) de nuit	nattkjole (m)	['natˌçʉlə]
soutien-gorge (m)	behå (m)	['beˌhɔ]
chaussettes (f pl) hautes	knestrømper (m/f pl)	['knɛˌstrømpər]
collants (m pl)	strømpebukse (m/f)	['strømpəˌbʉksə]
bas (m pl)	strømper (m/f pl)	['strømpər]
maillot (m) de bain	badedrakt (m/f)	['badəˌdrakt]

36. Les chapeaux

chapeau (m)	hatt (m)	['hat]
chapeau (m) feutre	hatt (m)	['hat]
casquette (f) de base-ball	baseball cap (m)	['bɛjsbɔl kɛp]
casquette (f)	sikspens (m)	['sikspens]
béret (m)	alpelue, baskerlue (m/f)	['alpəˌlʉə], ['baskəˌlʉə]
capuche (f)	hette (m/f)	['hɛtə]
panama (m)	panamahatt (m)	['panamaˌhat]
bonnet (m) de laine	strikket lue (m/f)	['strikəˌlʉə]
foulard (m)	skaut (n)	['skaʊt]
chapeau (m) de femme	hatt (m)	['hat]
casque (m) (d'ouvriers)	hjelm (m)	['jɛlm]
calot (m)	båtlue (m/f)	['botˌlʉə]
casque (m) (~ de moto)	hjelm (m)	['jɛlm]
melon (m)	bowlerhatt, skalk (m)	['boʊlerˌhat], ['skalk]
haut-de-forme (m)	flosshatt (m)	['flɔsˌhat]

37. Les chaussures

chaussures (f pl)	skotøy (n)	['skʊtøj]
bottines (f pl)	skor (m pl)	['skʊr]
souliers (m pl) (~ plats)	pumps (m pl)	['pʉmps]
bottes (f pl)	støvler (m pl)	['støvlər]
chaussons (m pl)	tøfler (m pl)	['tøflər]
tennis (m pl)	tennissko (m pl)	['tɛnisˌskʊ]
baskets (f pl)	canvas sko (m pl)	['kanvas ˌskʊ]
sandales (f pl)	sandaler (m pl)	[san'dalər]
cordonnier (m)	skomaker (m)	['skʊˌmakər]
talon (m)	hæl (m)	['hæl]

paire (f)	par (n)	['par]
lacet (m)	skolisse (m/f)	['skuˌlisə]
lacer (vt)	å snøre	[ɔ 'snørə]
chausse-pied (m)	skohorn (n)	['skuˌhuːɳ]
cirage (m)	skokrem (m)	['skuˌkrɛm]

38. Le textile. Les tissus

coton (m)	bomull (m/f)	['buˌmʉl]
de coton (adj)	bomulls-	['buˌmʉls-]
lin (m)	lin (n)	['lin]
de lin (adj)	lin-	['lin-]

soie (f)	silke (m)	['silkə]
de soie (adj)	silke-	['silkə-]
laine (f)	ull (m/f)	['ʉl]
en laine (adj)	ull-, av ull	['ʉl-], ['ɑ: ʉl]

velours (m)	fløyel (m)	['fløjəl]
chamois (m)	semsket skinn (n)	['sɛmsket ˌʂin]
velours (m) côtelé	kordfløyel (m/n)	['kɔːdˌfløjəl]

nylon (m)	nylon (n)	['nyˌlɔn]
en nylon (adj)	nylon-	['nyˌlɔn-]
polyester (m)	polyester (m)	[puly'ɛstər]
en polyester (adj)	polyester-	[puly'ɛstər-]

cuir (m)	lær, skinn (n)	['lær], ['ʂin]
en cuir (adj)	lær-, av lær	['lær-], ['ɑ: lær]
fourrure (f)	pels (m)	['pɛls]
en fourrure (adj)	pels-	['pɛls-]

39. Les accessoires personnels

gants (m pl)	hansker (m pl)	['hanskər]
moufles (f pl)	votter (m pl)	['vɔtər]
écharpe (f)	skjerf (n)	['ʂærf]

lunettes (f pl)	briller (m pl)	['brilər]
monture (f)	innfatning (m/f)	['inˌfatniŋ]
parapluie (m)	paraply (m)	[para'ply]
canne (f)	stokk (m)	['stɔk]
brosse (f) à cheveux	hårbørste (m)	['hɔrˌbœʂtə]
éventail (m)	vifte (m/f)	['viftə]

cravate (f)	slips (n)	['slips]
nœud papillon (m)	sløyfe (m/f)	['ʂløjfə]
bretelles (f pl)	bukseseler (m pl)	['bʉksəˌselər]
mouchoir (m)	lommetørkle (n)	['lʉməˌtœrklə]

peigne (m)	kam (m)	['kam]
barrette (f)	hårspenne (m/f/n)	['hɔːrˌspɛnə]

| épingle (f) à cheveux | hårnål (m/f) | ['hoːrˌnol] |
| boucle (f) | spenne (m/f/n) | ['spɛnə] |

| ceinture (f) | belte (m) | ['bɛltə] |
| bandoulière (f) | skulderreim, rem (m/f) | ['skʉldəˌræjm], ['rem] |

sac (m)	veske (m/f)	['vɛskə]
sac (m) â main	håndveske (m/f)	['honˌvɛskə]
sac (m) â dos	ryggsekk (m)	['rʏgˌsɛk]

40. Les vêtements. Divers

mode (f)	mote (m)	['mʊtə]
â la mode (adj)	moteriktig	['mʊtəˌrikti]
couturier, créateur de mode	moteskaper (m)	['mʊtəˌskapər]

col (m)	krage (m)	['kragə]
poche (f)	lomme (m/f)	['lʊmə]
de poche (adj)	lomme-	['lʊmə-]
manche (f)	erme (n)	['ærmə]
bride (f)	hempe (m)	['hɛmpə]
braguette (f)	gylf, buksesmekk (m)	['gylf], ['bʉksəˌsmɛk]

fermeture (f) â glissière	glidelås (m/n)	['glidəˌlɔs]
agrafe (f)	hekte (m/f), knepping (m)	['hɛktə], ['knɛpiŋ]
bouton (m)	knapp (m)	['knap]
boutonnière (f)	klapphull (n)	['klapˌhʉl]
s'arracher (bouton)	å falle av	[ɔ 'falə aː]

coudre (vi, vt)	å sy	[ɔ 'sy]
broder (vt)	å brodere	[ɔ brʉ'derə]
broderie (f)	broderi (n)	[brʉde'ri]
aiguille (f)	synål (m/f)	['syˌnɔl]
fil (m)	tråd (m)	['trɔ]
couture (f)	søm (m)	['søm]

se salir (vp)	å skitne seg til	[ɔ 'şitnə sæj til]
tache (f)	flekk (m)	['flek]
se froisser (vp)	å bli skrukkete	[ɔ 'bli 'skrʉketə]
déchirer (vt)	å rive	[ɔ 'rivə]
mite (f)	møll (m/n)	['møl]

41. L'hygiène corporelle. Les cosmétiques

dentifrice (m)	tannpasta (m)	['tanˌpasta]
brosse (f) â dents	tannbørste (m)	['tanˌbœʂtə]
se brosser les dents	å pusse tennene	[ɔ 'pʉsə 'tɛnənə]

rasoir (m)	høvel (m)	['høvəl]
crème (f) â raser	barberkrem (m)	[bar'bɛrˌkrɛm]
se raser (vp)	å barbere seg	[ɔ bar'berə sæj]
savon (m)	såpe (m/f)	['soːpə]

shampooing (m)	sjampo (m)	['ṣam‚pʊ]
ciseaux (m pl)	saks (m/f)	['saks]
lime (f) â ongles	neglefil (m/f)	['nɛjlə‚fil]
pinces (f pl) â ongles	negleklipper (m)	['nɛjlə‚klipər]
pince (f) â épiler	pinsett (m)	[pin'sɛt]

produits (m pl) de beauté	kosmetikk (m)	[kʊsme'tik]
masque (m) de beauté	ansiktsmaske (m/f)	['ansikts‚maskə]
manucure (f)	manikyr (m)	[mani'kyr]
se faire les ongles	å få manikyr	[ɔ 'fɔ mani'kyr]
pédicurie (f)	pedikyr (m)	[pedi'kyr]

trousse (f) de toilette	sminkeveske (m/f)	['sminkə‚vɛskə]
poudre (f)	pudder (n)	['pʉdər]
poudrier (m)	pudderdåse (m)	['pʉdər‚do:sə]
fard (m) â joues	rouge (m)	['ru:ṣ]

parfum (m)	parfyme (m)	[par'fymə]
eau (f) de toilette	eau de toilette (m)	['ɔ: də twa'let]
lotion (f)	lotion (m)	['lʊṣɛn]
eau de Cologne (f)	eau de cologne (m)	['ɔ: də kɔ'lɔŋ]

fard (m) â paupières	øyeskygge (m)	['øjə‚sygə]
crayon (m) â paupières	eyeliner (m)	['a:j‚lajnər]
mascara (m)	maskara (m)	[ma'skara]

rouge (m) â lèvres	leppestift (m)	['lepə‚stift]
vernis (m) â ongles	neglelakk (m)	['nɛjlə‚lak]
laque (f) pour les cheveux	hårlakk (m)	['ho:r‚lak]
déodorant (m)	deodorant (m)	[deʉdʉ'rant]

crème (f)	krem (m)	['krɛm]
crème (f) pour le visage	ansiktskrem (m)	['ansikts‚krɛm]
crème (f) pour les mains	håndkrem (m)	['hɔn‚krɛm]
crème (f) anti-rides	antirynkekrem (m)	[anti'rynkə‚krɛm]
crème (f) de jour	dagkrem (m)	['dag‚krɛm]
crème (f) de nuit	nattkrem (m)	['nat‚krɛm]
de jour (adj)	dag-	['dag-]
de nuit (adj)	natt-	['nat-]

tampon (m)	tampong (m)	[tam'pɔn]
papier (m) de toilette	toalettpapir (n)	[tʊa'let pa'pir]
sèche-cheveux (m)	hårføner (m)	['ho:r‚fønər]

42. Les bijoux. La bijouterie

bijoux (m pl)	smykker (n pl)	['smʏkər]
précieux (adj)	edel-	['ɛdəl-]
poinçon (m)	stempel (n)	['stɛmpəl]

bague (f)	ring (m)	['riŋ]
alliance (f)	giftering (m)	['jiftə‚riŋ]
bracelet (m)	armbånd (n)	['arm‚bɔn]
boucles (f pl) d'oreille	øreringer (m pl)	['ørə‚riŋər]

collier (m) (de perles)	halssmykke (n)	['hals͵smʏkə]
couronne (f)	krone (m/f)	['krʊnə]
collier (m) (en verre, etc.)	perlekjede (m/n)	['pærlə͵çɛ:də]

diamant (m)	diamant (m)	[diɑ'mɑnt]
émeraude (f)	smaragd (m)	[smɑ'rɑgd]
rubis (m)	rubin (m)	[rʉ'bin]
saphir (m)	safir (m)	[sɑ'fir]
perle (f)	perler (m pl)	['pærlər]
ambre (m)	rav (n)	['rɑv]

43. Les montres. Les horloges

montre (f)	armbåndsur (n)	['ɑrmbɔns͵ʉr]
cadran (m)	urskive (m/f)	['ʉ:͵ʂivə]
aiguille (f)	viser (m)	['visər]
bracelet (m)	armbånd (n)	['ɑrm͵bɔn]
bracelet (m) (en cuir)	rem (m/f)	['rem]

pile (f)	batteri (n)	[bɑtɛ'ri]
être déchargé	å bli utladet	[ɔ 'bli 'ʉt͵lɑdət]
changer de pile	å skifte batteriene	[ɔ 'ʂiftə bɑtɛ'riene]
avancer (vi)	å gå for fort	[ɔ 'gɔ fɔ 'fɔːʈ]
retarder (vi)	å gå for sakte	[ɔ 'gɔ fɔ 'sɑktə]

pendule (f)	veggur (n)	['vɛg͵ʉr]
sablier (m)	timeglass (n)	['timə͵glɑs]
cadran (m) solaire	solur (n)	['sʉl͵ʉr]
réveil (m)	vekkerklokka (m/f)	['vɛkər͵klɔkɑ]
horloger (m)	urmaker (m)	['ʉr͵mɑkər]
réparer (vt)	å reparere	[ɔ repɑ'rerə]

Les aliments. L'alimentation

44. Les aliments

viande (f)	kjøtt (n)	['çœt]
poulet (m)	høne (m/f)	['hønə]
poulet (m) (poussin)	kylling (m)	['çyliŋ]
canard (m)	and (m/f)	['ɑn]
oie (f)	gås (m/f)	['gɔs]
gibier (m)	vilt (n)	['vilt]
dinde (f)	kalkun (m)	[kɑl'kʉn]
du porc	svinekjøtt (n)	['svinə,çœt]
du veau	kalvekjøtt (n)	['kɑlvə,çœt]
du mouton	fårekjøtt (n)	['fo:rə,çœt]
du bœuf	oksekjøtt (n)	['ɔksə,çœt]
lapin (m)	kanin (m)	[kɑ'nin]
saucisson (m)	pølse (m/f)	['pølsə]
saucisse (f)	wienerpølse (m/f)	['vinər,pølsə]
bacon (m)	bacon (n)	['bɛjkən]
jambon (m)	skinke (m)	['şinkə]
cuisse (f)	skinke (m)	['şinkə]
pâté (m)	pate, patê (m)	[pɑ'te]
foie (m)	lever (m)	['levər]
farce (f)	kjøttfarse (m)	['çœt,farşə]
langue (f)	tunge (m/f)	['tʉŋə]
œuf (m)	egg (n)	['ɛg]
les œufs	egg (n pl)	['ɛg]
blanc (m) d'œuf	eggehvite (m)	['ɛgə,vitə]
jaune (m) d'œuf	plomme (m/f)	['plʉmə]
poisson (m)	fisk (m)	['fisk]
fruits (m pl) de mer	sjømat (m)	['şø,mɑt]
crustacés (m pl)	krepsdyr (n pl)	['krɛps,dyr]
caviar (m)	kaviar (m)	['kɑvi,ɑr]
crabe (m)	krabbe (m)	['krɑbə]
crevette (f)	reke (m/f)	['rekə]
huître (f)	østers (m)	['østəş]
langoustine (f)	langust (m)	[lɑŋ'gʉst]
poulpe (m)	blekksprut (m)	['blek,sprʉt]
calamar (m)	blekksprut (m)	['blek,sprʉt]
esturgeon (m)	stør (m)	['stør]
saumon (m)	laks (m)	['lɑks]
flétan (m)	kveite (m/f)	['kvæjtə]
morue (f)	torsk (m)	['tɔşk]

47

maquereau (m)	makrell (m)	[ma'krɛl]
thon (m)	tunfisk (m)	['tʉnˌfisk]
anguille (f)	ål (m)	['ɔl]
truite (f)	ørret (m)	['øret]
sardine (f)	sardin (m)	[sɑː'din]
brochet (m)	gjedde (m/f)	['jɛdə]
hareng (m)	sild (m/f)	['sil]
pain (m)	brød (n)	['brø]
fromage (m)	ost (m)	['ʊst]
sucre (m)	sukker (n)	['sʉkər]
sel (m)	salt (n)	['salt]
riz (m)	ris (m)	['ris]
pâtes (m pl)	pasta, makaroni (m)	['pasta], [maka'rʊni]
nouilles (f pl)	nudler (m pl)	['nʉdlər]
beurre (m)	smør (n)	['smør]
huile (f) végétale	vegetabilsk olje (m)	[vegeta'bilsk ˌɔljə]
huile (f) de tournesol	solsikkeolje (m)	['sʊlsikəˌɔljə]
margarine (f)	margarin (m)	[marga'rin]
olives (f pl)	olivener (m pl)	[ʊ'livenər]
huile (f) d'olive	olivenolje (m)	[ʊ'livənˌɔljə]
lait (m)	melk (m/f)	['mɛlk]
lait (m) condensé	kondensert melk (m/f)	[kʉndən'seːt ˌmɛlk]
yogourt (m)	jogurt (m)	['jɔgʉːt]
crème (f) aigre	rømme, syrnet fløte (m)	['rœmə], ['syːnet 'fløtə]
crème (f) (de lait)	fløte (m)	['fløtə]
sauce (f) mayonnaise	majones (m)	[majɔ'nɛs]
crème (f) au beurre	krem (m)	['krɛm]
gruau (m)	gryn (n)	['gryn]
farine (f)	mel (n)	['mel]
conserves (f pl)	hermetikk (m)	[hɛrme'tik]
pétales (m pl) de maïs	cornflakes (m)	['kɔːnˌflejks]
miel (m)	honning (m)	['hɔniŋ]
confiture (f)	syltetøy (n)	['syltəˌtøj]
gomme (f) à mâcher	tyggegummi (m)	['tygəˌgʉmi]

45. Les boissons

eau (f)	vann (n)	['van]
eau (f) potable	drikkevann (n)	['drikəˌvan]
eau (f) minérale	mineralvann (n)	[minə'ralˌvan]
plate (adj)	uten kullsyre	['ʉtən kʉl'syrə]
gazeuse (l'eau ~)	kullsyret	[kʉl'syrət]
pétillante (adj)	med kullsyre	[me kʉl'syrə]
glace (f)	is (m)	['is]

avec de la glace	med is	[me 'is]
sans alcool	alkoholfri	['alkʉhʉlˌfri]
boisson (f) non alcoolisée	alkoholfri drikk (m)	['alkʉhʉlˌfri drik]
rafraîchissement (m)	leskedrikk (m)	['leskəˌdrik]
limonade (f)	limonade (m)	[limɔ'nɑːdə]
boissons (f pl) alcoolisées	rusdrikker (m pl)	['rʉsˌdrikər]
vin (m)	vin (m)	['vin]
vin (m) blanc	hvitvin (m)	['vitˌvin]
vin (m) rouge	rødvin (m)	['røˌvin]
liqueur (f)	likør (m)	[li'kør]
champagne (m)	champagne (m)	[ʂam'panjə]
vermouth (m)	vermut (m)	['værmʉt]
whisky (m)	whisky (m)	['viski]
vodka (f)	vodka (m)	['vɔdka]
gin (m)	gin (m)	['dʒin]
cognac (m)	konjakk (m)	['kʉnjak]
rhum (m)	rom (m)	['rʉm]
café (m)	kaffe (m)	['kafə]
café (m) noir	svart kaffe (m)	['svaːʈ 'kafə]
café (m) au lait	kaffe (m) med melk	['kafə me 'mɛlk]
cappuccino (m)	cappuccino (m)	[kapʉ'tʃinɔ]
café (m) soluble	pulverkaffe (m)	['pʉlvərˌkafə]
lait (m)	melk (m/f)	['mɛlk]
cocktail (m)	cocktail (m)	['kɔkˌtejl]
cocktail (m) au lait	milkshake (m)	['milkˌʂɛjk]
jus (m)	jus, juice (m)	['dʒʉs]
jus (m) de tomate	tomatjuice (m)	[tʉ'matˌdʒʉs]
jus (m) d'orange	appelsinjuice (m)	[apel'sinˌdʒʉs]
jus (m) pressé	nypresset juice (m)	['nyˌprɛsə 'dʒʉs]
bière (f)	øl (m/n)	['øl]
bière (f) blonde	lettøl (n)	['letˌøl]
bière (f) brune	mørkt øl (n)	['mœrktˌøl]
thé (m)	te (m)	['te]
thé (m) noir	svart te (m)	['svaːʈ ˌte]
thé (m) vert	grønn te (m)	['grœn ˌte]

46. Les légumes

légumes (m pl)	grønnsaker (m pl)	['grœnˌsakər]
verdure (f)	grønnsaker (m pl)	['grœnˌsakər]
tomate (f)	tomat (m)	[tʉ'mat]
concombre (m)	agurk (m)	[a'gʉrk]
carotte (f)	gulrot (m/f)	['gʉlˌrʉt]
pomme (f) de terre	potet (m/f)	[pʉ'tet]
oignon (m)	løk (m)	['løk]

49

ail (m)	hvitløk (m)	['vit‚løk]
chou (m)	kål (m)	['kɔl]
chou-fleur (m)	blomkål (m)	['blɔm‚kɔl]
chou (m) de Bruxelles	rosenkål (m)	['rʊsən‚kɔl]
brocoli (m)	brokkoli (m)	['brɔkɔli]

betterave (f)	rødbete (m/f)	['rø‚betə]
aubergine (f)	aubergine (m)	[ɔbɛr'ʂin]
courgette (f)	squash (m)	['skvɔʂ]
potiron (m)	gresskar (n)	['grɛskɑr]
navet (m)	nepe (m/f)	['nepə]

persil (m)	persille (m/f)	[pæ'ʂilə]
fenouil (m)	dill (m)	['dil]
laitue (f) (salade)	salat (m)	[sɑ'lɑt]
céleri (m)	selleri (m/n)	[sɛle‚ri]
asperge (f)	asparges (m)	[ɑ'spɑrʂəs]
épinard (m)	spinat (m)	[spi'nɑt]

pois (m)	erter (m pl)	['æ:tər]
fèves (f pl)	bønner (m/f pl)	['bœnər]
maïs (m)	mais (m)	['mɑis]
haricot (m)	bønne (m/f)	['bœnə]

poivron (m)	pepper (m)	['pɛpər]
radis (m)	reddik (m)	['rɛdik]
artichaut (m)	artisjokk (m)	[‚ɑ:ʈi'ʂɔk]

47. Les fruits. Les noix

fruit (m)	frukt (m/f)	['frʉkt]
pomme (f)	eple (n)	['ɛplə]
poire (f)	pære (m/f)	['pærə]
citron (m)	sitron (m)	[si'trʊn]
orange (f)	appelsin (m)	[ɑpel'sin]
fraise (f)	jordbær (n)	['ju:r‚bær]

mandarine (f)	mandarin (m)	[mɑndɑ'rin]
prune (f)	plomme (m/f)	['plʊmə]
pêche (f)	fersken (m)	['fæʂkən]
abricot (m)	aprikos (m)	[ɑpri'kʊs]
framboise (f)	bringebær (n)	['briŋə‚bær]
ananas (m)	ananas (m)	['ɑnɑnɑs]

banane (f)	banan (m)	[bɑ'nɑn]
pastèque (f)	vannmelon (m)	['vɑnme‚lʊn]
raisin (m)	drue (m)	['drʉə]
cerise (f)	kirsebær (n)	['çiʂə‚bær]
merise (f)	morell (m)	[mʊ'rɛl]
melon (m)	melon (m)	[me'lun]

pamplemousse (m)	grapefrukt (m/f)	['grɛjp‚frʉkt]
avocat (m)	avokado (m)	[ɑvɔ'kɑdɔ]
papaye (f)	papaya (m)	[pɑ'pɑjɑ]

| mangue (f) | mango (m) | ['maŋu] |
| grenade (f) | granateple (n) | [gra'nat,ɛplə] |

groseille (f) rouge	rips (m)	['rips]
cassis (m)	solbær (n)	['sul,bær]
groseille (f) verte	stikkelsbær (n)	['stikels,bær]
myrtille (f)	blåbær (n)	['blɔ,bær]
mûre (f)	bjørnebær (m)	['bjœ:ŋə,bær]

raisin (m) sec	rosin (m)	[ru'sin]
figue (f)	fiken (m)	['fikən]
datte (f)	daddel (m)	['dadəl]

cacahuète (f)	jordnøtt (m)	['ju:r,nœt]
amande (f)	mandel (m)	['mandəl]
noix (f)	valnøtt (m/f)	['val,nœt]
noisette (f)	hasselnøtt (m/f)	['hasəl,nœt]
noix (f) de coco	kokosnøtt (m/f)	['kukus,nœt]
pistaches (f pl)	pistasier (m pl)	[pi'staşiər]

48. Le pain. Les confiseries

confiserie (f)	bakevarer (m/f pl)	['bakə,varər]
pain (m)	brød (n)	['brø]
biscuit (m)	kjeks (m)	['çɛks]

chocolat (m)	sjokolade (m)	[şuku'ladə]
en chocolat (adj)	sjokolade-	[şuku'ladə-]
bonbon (m)	sukkertøy (n), karamell (m)	['suke:tøj], [kara'mɛl]
gâteau (m), pâtisserie (f)	kake (m/f)	['kakə]
tarte (f)	bløtkake (m/f)	['bløt,kakə]

| gâteau (m) | pai (m) | ['paj] |
| garniture (f) | fyll (m/n) | ['fʏl] |

confiture (f)	syltetøy (n)	['syltə,tøj]
marmelade (f)	marmelade (m)	[marme'ladə]
gaufre (f)	vaffel (m)	['vafəl]
glace (f)	iskrem (m)	['iskrɛm]
pudding (m)	pudding (m)	['pudiŋ]

49. Les plats cuisinês

plat (m)	rett (m)	['rɛt]
cuisine (f)	kjøkken (n)	['çœkən]
recette (f)	oppskrift (m)	['ɔp,skrift]
portion (f)	porsjon (m)	[pɔ'şun]

salade (f)	salat (m)	[sa'lat]
soupe (f)	suppe (m/f)	['supə]
bouillon (m)	buljong (m)	[bu'ljɔŋ]
sandwich (m)	smørbrød (n)	['smør,brø]

les œufs brouillés	speilegg (n)	['spæjl,ɛg]
hamburger (m)	hamburger (m)	['hɑmbʊrgər]
steak (m)	biff (m)	['bif]

garniture (f)	tilbehør (n)	['tilbə,hør]
spaghettis (m pl)	spagetti (m)	[spɑ'gɛti]
purée (f)	potetmos (m)	[pʊ'tet,mʊs]
pizza (f)	pizza (m)	['pitsɑ]
bouillie (f)	grøt (m)	['grøt]
omelette (f)	omelett (m)	[ɔmə'let]

cuit à l'eau (adj)	kokt	['kʊkt]
fumé (adj)	røkt	['røkt]
frit (adj)	stekt	['stɛkt]
sec (adj)	tørket	['tœrkət]
congelé (adj)	frossen, dypfryst	['frɔsən], ['dyp,frʏst]
mariné (adj)	syltet	['sʏltət]

sucré (adj)	søt	['søt]
salé (adj)	salt	['salt]
froid (adj)	kald	['kɑl]
chaud (adj)	het, varm	['het], ['vɑrm]
amer (adj)	bitter	['bitər]
bon (savoureux)	lekker	['lekər]

cuire à l'eau	å koke	[ɔ 'kʊkə]
préparer (le dîner)	å lage	[ɔ 'lɑgə]
faire frire	å steke	[ɔ 'stekə]
réchauffer (vt)	å varme opp	[ɔ 'vɑrmə ɔp]

saler (vt)	å salte	[ɔ 'saltə]
poivrer (vt)	å pepre	[ɔ 'pɛprə]
râper (vt)	å rive	[ɔ 'rivə]
peau (f)	skall (n)	['skɑl]
éplucher (vt)	å skrelle	[ɔ 'skrɛlə]

50. Les épices

sel (m)	salt (n)	['salt]
salé (adj)	salt	['salt]
saler (vt)	å salte	[ɔ 'saltə]

poivre (m) noir	svart pepper (m)	['svɑːʈ 'pɛpər]
poivre (m) rouge	rød pepper (m)	['rø 'pɛpər]
moutarde (f)	sennep (m)	['sɛnəp]
raifort (m)	pepperrot (m/f)	['pɛpər,rʊt]

condiment (m)	krydder (n)	['krʏdər]
épice (f)	krydder (n)	['krʏdər]
sauce (f)	saus (m)	['saʊs]
vinaigre (m)	eddik (m)	['ɛdik]

| anis (m) | anis (m) | ['ɑnis] |
| basilic (m) | basilik (m) | [bɑsi'lik] |

clou (m) de girofle	nellik (m)	['nɛlik]
gingembre (m)	ingefær (m)	['iŋəˌfær]
coriandre (m)	koriander (m)	[kʊri'andər]
cannelle (f)	kanel (m)	[ka'nel]

sésame (m)	sesam (m)	['sesam]
feuille (f) de laurier	laurbærblad (n)	['laʊrbærˌbla]
paprika (m)	paprika (m)	['paprika]
cumin (m)	karve, kummin (m)	['karvə], ['kʉmin]
safran (m)	safran (m)	[sa'fran]

51. Les repas

| nourriture (f) | mat (m) | ['mat] |
| manger (vi, vt) | å spise | [ɔ 'spisə] |

petit déjeuner (m)	frokost (m)	['frʊkɔst]
prendre le petit déjeuner	å spise frokost	[ɔ 'spisə ˌfrʊkɔst]
déjeuner (m)	lunsj, lunch (m)	['lʉnʂ]
déjeuner (vi)	å spise lunsj	[ɔ 'spisə ˌlʉnʂ]
dîner (m)	middag (m)	['miˌda]
dîner (vi)	å spise middag	[ɔ 'spisə 'miˌda]

| appétit (m) | appetitt (m) | [ape'tit] |
| Bon appétit! | God appetitt! | ['gʊ ape'tit] |

ouvrir (vt)	å åpne	[ɔ 'ɔpnə]
renverser (liquide)	å spille	[ɔ 'spilə]
se renverser (liquide)	å bli spilt	[ɔ 'bli 'spilt]

bouillir (vi)	å koke	[ɔ 'kʊkə]
faire bouillir	å koke	[ɔ 'kʊkə]
bouilli (l'eau ~e)	kokt	['kʊkt]

| refroidir (vt) | å svalne | [ɔ 'svalnə] |
| se refroidir (vp) | å avkjøles | [ɔ 'avˌçœləs] |

| goût (m) | smak (m) | ['smak] |
| arrière-goût (m) | bismak (m) | ['bismak] |

suivre un régime	å være på diet	[ɔ 'værə pɔ di'et]
régime (m)	diett (m)	[di'et]
vitamine (f)	vitamin (n)	[vita'min]
calorie (f)	kalori (m)	[kalʊ'ri]

| végétarien (m) | vegetarianer (m) | [vegetari'anər] |
| végétarien (adj) | vegetarisk | [vege'tarisk] |

lipides (m pl)	fett (n)	['fɛt]
protéines (f pl)	proteiner (n pl)	[prote'inər]
glucides (m pl)	kullhydrater (n pl)	['kʉlhyˌdratər]
tranche (f)	skive (m/f)	['ʂivə]
morceau (m)	stykke (n)	['stʏkə]
miette (f)	smule (m)	['smʉlə]

52. Le dressage de la table

cuillère (f)	skje (m)	['şe]
couteau (m)	kniv (m)	['kniv]
fourchette (f)	gaffel (m)	['gafəl]
tasse (f)	kopp (m)	['kɔp]
assiette (f)	tallerken (m)	[ta'lærkən]
soucoupe (f)	tefat (n)	['te‚fat]
serviette (f)	serviett (m)	[sɛrvi'ɛt]
cure-dent (m)	tannpirker (m)	['tan‚pirkər]

53. Le restaurant

restaurant (m)	restaurant (m)	[rɛstʊ'raŋ]
salon (m) de café	kafê, kaffebar (m)	[ka'fe], ['kafə‚bar]
bar (m)	bar (m)	['bar]
salon (m) de thé	tesalong (m)	['tesa‚lɔŋ]
serveur (m)	servitør (m)	['særvi'tør]
serveuse (f)	servitrise (m/f)	[særvi'trisə]
barman (m)	bartender (m)	['ba:‚tɛndər]
carte (f)	meny (m)	[me'ny]
carte (f) des vins	vinkart (n)	['vin‚ka:t]
réserver une table	å reservere bord	[ɔ resɛr'verə 'bʊr]
plat (m)	rett (m)	['rɛt]
commander (vt)	å bestille	[ɔ be'stilə]
faire la commande	å bestille	[ɔ be'stilə]
apéritif (m)	aperitiff (m)	[aperi'tif]
hors-d'œuvre (m)	forrett (m)	['forɛt]
dessert (m)	dessert (m)	[de'sɛ:r]
addition (f)	regning (m/f)	['rɛjniŋ]
régler l'addition	å betale regningen	[ɔ be'talə 'rɛjniŋən]
rendre la monnaie	å gi tilbake veksel	[ɔ ji til'bake 'vɛksəl]
pourboire (m)	driks (m)	['driks]

La famille. Les parents. Les amis

54. Les données personnelles. Les formulaires

prénom (m)	navn (n)	['nɑvn]
nom (m) de famille	etternavn (n)	['ɛtə͵ŋɑvn]
date (f) de naissance	fødselsdato (m)	['føtsəls͵dɑtu]
lieu (m) de naissance	fødested (n)	['fødə͵sted]
nationalité (f)	nasjonalitet (m)	[nɑʂunɑli'tet]
domicile (m)	bosted (n)	['bu͵sted]
pays (m)	land (n)	['lɑn]
profession (f)	yrke (n), profesjon (m)	['yrkə], [prufe'ʂun]
sexe (m)	kjønn (n)	['çœn]
taille (f)	høyde (m)	['højdə]
poids (m)	vekt (m)	['vɛkt]

55. La famille. Les liens de parenté

mère (f)	mor (m/f)	['mur]
père (m)	far (m)	['fɑr]
fils (m)	sønn (m)	['sœn]
fille (f)	datter (m/f)	['dɑtər]
fille (f) cadette	yngste datter (m/f)	['yŋstə 'dɑtər]
fils (m) cadet	yngste sønn (m)	['yŋstə 'sœn]
fille (f) aînée	eldste datter (m/f)	['ɛlstə 'dɑtər]
fils (m) aîné	eldste sønn (m)	['ɛlstə 'sœn]
frère (m)	bror (m)	['brur]
frère (m) aîné	eldre bror (m)	['ɛldrə ͵brur]
frère (m) cadet	lillebror (m)	['lilə͵brur]
sœur (f)	søster (m/f)	['søstər]
sœur (f) aînée	eldre søster (m/f)	['ɛldrə ͵søstər]
sœur (f) cadette	lillesøster (m/f)	['lilə͵søstər]
cousin (m)	fetter (m/f)	['fɛtər]
cousine (f)	kusine (m)	[ku'sinə]
maman (f)	mamma (m)	['mɑmɑ]
papa (m)	pappa (m)	['pɑpɑ]
parents (m pl)	foreldre (pl)	[for'ɛldrə]
enfant (m, f)	barn (n)	['bɑ:ɳ]
enfants (pl)	barn (n pl)	['bɑ:ɳ]
grand-mère (f)	bestemor (m)	['bɛstə͵mur]
grand-père (m)	bestefar (m)	['bɛstə͵fɑr]
petit-fils (m)	barnebarn (n)	['bɑ:ɳə͵bɑ:ɳ]

| petite-fille (f) | barnebarn (n) | ['bɑːŋəˌbɑːŋ] |
| petits-enfants (pl) | barnebarn (n pl) | ['bɑːŋəˌbɑːŋ] |

oncle (m)	onkel (m)	['ʊnkəl]
tante (f)	tante (m/f)	['tɑntə]
neveu (m)	nevø (m)	[ne'vø]
nièce (f)	niese (m/f)	[ni'esə]

belle-mère (f)	svigermor (m/f)	['sviɡərˌmʊr]
beau-père (m)	svigerfar (m)	['sviɡərˌfɑr]
gendre (m)	svigersønn (m)	['sviɡərˌsœn]
belle-mère (f)	stemor (m/f)	['steˌmʊr]
beau-père (m)	stefar (m)	['steˌfɑr]

nourrisson (m)	brystbarn (n)	['brʏstˌbɑːŋ]
bébé (m)	spedbarn (n)	['speˌbɑːŋ]
petit (m)	lite barn (n)	['litə 'bɑːŋ]

femme (f)	kone (m/f)	['kʊnə]
mari (m)	mann (m)	['man]
époux (m)	ektemann (m)	['ɛktəˌman]
épouse (f)	hustru (m)	['hʉstrʉ]

marié (adj)	gift	['jift]
mariée (adj)	gift	['jift]
célibataire (adj)	ugift	[ʉ'jift]
célibataire (m)	ungkar (m)	['ʉŋˌkɑr]
divorcé (adj)	fraskilt	['frɑˌʂilt]
veuve (f)	enke (m)	['ɛnkə]
veuf (m)	enkemann (m)	['ɛnkəˌman]

parent (m)	slektning (m)	['ʂlektniŋ]
parent (m) proche	nær slektning (m)	['nær 'slektniŋ]
parent (m) éloigné	fjern slektning (m)	['fjæːŋ 'slektniŋ]
parents (m pl)	slektninger (m pl)	['ʂlektniŋər]

orphelin (m), orpheline (f)	foreldreløst barn (n)	[for'ɛldrəløst ˌbɑːŋ]
tuteur (m)	formynder (m)	['forˌmʏnər]
adopter (un garçon)	å adoptere	[ɔ adɔp'terə]
adopter (une fille)	å adoptere	[ɔ adɔp'terə]

56. Les amis. Les collègues

ami (m)	venn (m)	['vɛn]
amie (f)	venninne (m/f)	[vɛ'ninə]
amitié (f)	vennskap (n)	['vɛnˌskap]
être ami	å være venner	[ɔ 'værə 'vɛnər]

copain (m)	venn (m)	['vɛn]
copine (f)	venninne (m/f)	[vɛ'ninə]
partenaire (m)	partner (m)	['pɑːʈnər]

| chef (m) | sjef (m) | ['ʂɛf] |
| supérieur (m) | overordnet (m) | ['ɔvərˌɔrdnet] |

propriétaire (m)	eier (m)	['æjər]
subordonné (m)	underordnet (m)	['ʉnərˌɔrdnet]
collègue (m, f)	kollega (m)	[kʉ'lega]

connaissance (f)	bekjent (m)	[be'çɛnt]
compagnon (m) de route	medpassasjer (m)	['meˌpasa'ʂɛr]
copain (m) de classe	klassekamerat (m)	['klasəˌkaməˈrɑːt]

voisin (m)	nabo (m)	['nɑbʉ]
voisine (f)	nabo (m)	['nɑbʉ]
voisins (m pl)	naboer (m pl)	['nɑbʉər]

57. L'homme. La femme

femme (f)	kvinne (m/f)	['kvinə]
jeune fille (f)	jente (m/f)	['jɛntə]
fiancée (f)	brud (m/f)	['brʉd]

belle (adj)	vakker	['vɑkər]
de grande taille	høy	['høj]
svelte (adj)	slank	['ʂlɑnk]
de petite taille	liten av vekst	['litən ɑː 'vɛkst]

| blonde (f) | blondine (m) | [blɔn'dinə] |
| brune (f) | brunette (m) | [brʉ'nɛtə] |

de femme (adj)	dame-	['damə-]
vierge (f)	jomfru (m/f)	['ʉmfrʉ]
enceinte (adj)	gravid	[gra'vid]

homme (m)	mann (m)	['man]
blond (m)	blond mann (m)	['blɔn ˌman]
brun (m)	mørkhåret mann (m)	['mœrkˌhoːret man]
de grande taille	høy	['høj]
de petite taille	liten av vekst	['litən ɑː 'vɛkst]

rude (adj)	grov	['grɔv]
trapu (adj)	undersetsig	['ʉnəˌsɛtsi]
robuste (adj)	robust	[rʉ'bʉst]
fort (adj)	sterk	['stærk]
force (f)	kraft, styrke (m)	['krɑft], ['styrkə]

gros (adj)	tykk	['tʏk]
basané (adj)	mørkhudet	['mœrkˌhʉdet]
svelte (adj)	slank	['ʂlɑnk]
élégant (adj)	elegant	[ɛle'gant]

58. L'age

âge (m)	alder (m)	['aldər]
jeunesse (f)	ungdom (m)	['ʉŋˌdɔm]
jeune (adj)	ung	['ʉŋ]

| plus jeune (adj) | yngre | ['ʏŋrə] |
| plus âgé (adj) | eldre | ['ɛldrə] |

jeune homme (m)	unge mann (m)	['ʉŋə ˌman]
adolescent (m)	tenåring (m)	['tɛnoːriŋ]
gars (m)	kar (m)	['kar]

| vieillard (m) | gammel mann (m) | ['gaməl ˌman] |
| vieille femme (f) | gammel kvinne (m/f) | ['gaməl ˌkvinə] |

adulte (m)	voksen	['vɔksən]
d'âge moyen (adj)	middelaldrende	['midəlˌaldrɛnə]
âgé (adj)	eldre	['ɛldrə]
vieux (adj)	gammel	['gaməl]

retraite (f)	pensjon (m)	[pan'ʂʉn]
prendre sa retraite	å gå av med pensjon	[ɔ 'gɔ a: me pan'ʂʉn]
retraité (m)	pensjonist (m)	[panʂʉ'nist]

59. Les enfants. Les adolescents

enfant (m, f)	barn (n)	['baːŋ]
enfants (pl)	barn (n pl)	['baːŋ]
jumeaux (m pl)	tvillinger (m pl)	['tviliŋər]

berceau (m)	vogge (m/f)	['vɔgə]
hochet (m)	rangle (m/f)	['raŋlə]
couche (f)	bleie (m/f)	['blæjə]

tétine (f)	smokk (m)	['smʉk]
poussette (m)	barnevogn (m/f)	['baːŋəˌvɔŋn]
école (f) maternelle	barnehage (m)	['baːŋəˌhagə]
baby-sitter (m, f)	babysitter (m)	['bɛbyˌsitər]

enfance (f)	barndom (m)	['baːŋˌdɔm]
poupée (f)	dukke (m/f)	['dʉkə]
jouet (m)	leketøy (n)	['lekəˌtøj]
jeu (m) de construction	byggesett (n)	['bʏgəˌsɛt]

bien élevé (adj)	veloppdragen	['velˌɔp'dragən]
mal élevé (adj)	uoppdragen	[ʉop'dragən]
gâté (adj)	bortskjemt	['bʉ:tʂɛmt]

faire le vilain	å være stygg	[ɔ 'væːre 'stʏg]
vilain (adj)	skøyeraktig	['skøjəˌrakti]
espièglerie (f)	skøyeraktighet (m)	['skøjəˌraktihet]
vilain (m)	skøyer (m)	['skøjər]

| obéissant (adj) | lydig | ['lydi] |
| désobéissant (adj) | ulydig | [ʉ'lydi] |

sage (adj)	føyelig	['føjli]
intelligent (adj)	klok	['klʉk]
l'enfant prodige	vidunderbarn (n)	['vidˌʉndərˌbaːŋ]

60. Les couples mariés. La vie de famille

embrasser (sur les lèvres)	å kysse	[ɔ 'çysə]
s'embrasser (vp)	å kysse hverandre	[ɔ 'çysə ˌverandrə]
famille (f)	familie (m)	[fɑ'miliə]
familial (adj)	familie-	[fɑ'miliə-]
couple (m)	par (n)	['pɑr]
mariage (m) (~ civil)	ekteskap (n)	['ɛktəˌskɑp]
foyer (m) familial	hjemmets arne (m)	['jɛmets 'ɑːŋə]
dynastie (f)	dynasti (n)	[dinɑs'ti]
rendez-vous (m)	stevnemøte (n)	['stɛvnəˌmøtə]
baiser (m)	kyss (n)	['çys]
amour (m)	kjærlighet (m)	['çæːlɪˌhet]
aimer (qn)	å elske	[ɔ 'ɛlskə]
aimé (adj)	elskling	['ɛlsklɪŋ]
tendresse (f)	ømhet (m)	['ømˌhet]
tendre (affectueux)	øm	['øm]
fidélité (f)	troskap (m)	['truˌskɑp]
fidèle (adj)	trofast	['trufɑst]
soin (m) (~ de qn)	omsorg (m)	['ɔmˌsɔrg]
attentionné (adj)	omsorgsfull	['ɔmˌsɔrgsfʉl]
jeunes mariés (pl)	nygifte (n)	['nyˌjiftə]
lune (f) de miel	hvetebrødsdager (m pl)	['vetɛbrøsˌdagər]
se marier (prendre pour époux)	å gifte seg	[ɔ 'jiftə sæj]
se marier (prendre pour épouse)	å gifte seg	[ɔ 'jiftə sæj]
mariage (m)	bryllup (n)	['brɣlʉp]
les noces d'or	gullbryllup (n)	['gʉlˌbrɣlʉp]
anniversaire (m)	årsdag (m)	['oːşˌda]
amant (m)	elsker (m)	['ɛlskər]
maîtresse (f)	elskerinne (m/f)	['ɛlskəˌrinə]
adultère (m)	utroskap (m)	['ʉˌtrɔskɑp]
commettre l'adultère	å være utro	[ɔ 'værə 'ʉˌtru]
jaloux (adj)	sjalu	[şɑ'lʉː]
être jaloux	å være sjalu	[ɔ 'værə şa'lʉː]
divorce (m)	skilsmisse (m)	['şilsˌmisə]
divorcer (vi)	å skille seg	[ɔ 'şilə sæj]
se disputer (vp)	å krangle	[ɔ 'krɑŋlə]
se réconcilier (vp)	å forsone seg	[ɔ fo'şʉnə sæj]
ensemble (adv)	sammen	['samən]
sexe (m)	sex (m)	['sɛks]
bonheur (m)	lykke (m/f)	['lɣkə]
heureux (adj)	lykkelig	['lɣkəli]
malheur (m)	ulykke (m/f)	['ʉˌlɣkə]
malheureux (adj)	ulykkelig	['ʉˌlɣkəli]

Le caractère. Les émotions

61. Les sentiments. Les émotions

sentiment (m)	følelse (m)	['følelsə]
sentiments (m pl)	følelser (m pl)	['følelsər]
sentir (vt)	å kjenne	[ɔ 'çɛnə]
faim (f)	sult (m)	['sʉlt]
avoir faim	å være sulten	[ɔ 'værə 'sʉltən]
soif (f)	tørst (m)	['tœʂt]
avoir soif	å være tørst	[ɔ 'værə 'tœʂt]
somnolence (f)	søvnighet (m)	['sœvni‚het]
avoir sommeil	å være søvnig	[ɔ 'værə 'sœvni]
fatigue (f)	tretthet (m)	['trɛt‚het]
fatigué (adj)	trett	['trɛt]
être fatigué	å bli trett	[ɔ 'bli 'trɛt]
humeur (f) (de bonne ~)	humør (n)	[hʉ'mør]
ennui (m)	kjedsomhet (m/f)	['çɛdsɔm‚het]
s'ennuyer (vp)	å kjede seg	[ɔ 'çedə sæj]
solitude (f)	avsondrethet (m/f)	['ɑfsɔndrɛt‚het]
s'isoler (vp)	å isolere seg	[ɔ isʉ'lerə sæj]
inquiéter (vt)	å bekymre, å uroe	[ɔ be'çymrə], [ɔ 'ʉːrʉə]
s'inquiéter (vp)	å bekymre seg	[ɔ be'çymrə sæj]
inquiétude (f)	bekymring (m/f)	[be'çymriŋ]
préoccupation (f)	uro (m/f)	['ʉrʉ]
soucieux (adj)	bekymret	[be'çymrət]
s'énerver (vp)	å være nervøs	[ɔ 'værə nær'vøs]
paniquer (vi)	å få panikk	[ɔ 'fɔ pɑ'nik]
espoir (m)	håp (n)	['hɔp]
espérer (vi)	å håpe	[ɔ 'hoːpə]
certitude (f)	sikkerhet (m/f)	['sikər‚het]
certain (adj)	sikker	['sikər]
incertitude (f)	usikkerhet (m)	['ʉsikər‚het]
incertain (adj)	usikker	['ʉ‚sikər]
ivre (adj)	beruset, full	[be'rʉsət], ['fʉl]
sobre (adj)	edru	['ɛdrʉ]
faible (adj)	svak	['svɑk]
heureux (adj)	lykkelig	['lʏkəli]
faire peur	å skremme	[ɔ 'skrɛmə]
fureur (f)	raseri (n)	[rɑsɛ'ri]
rage (f), colère (f)	raseri (n)	[rɑsɛ'ri]
dépression (f)	depresjon (m)	[dɛpre'ʂun]
inconfort (m)	ubehag (n)	['ʉbe‚hɑg]

confort (m)	komfort (m)	[kʊm'fɔːr]
regretter (vt)	å beklage	[ɔ be'klagə]
regret (m)	beklagelse (m)	[be'klagəlsə]
malchance (f)	uhell (n)	['ʉ,hɛl]
tristesse (f)	sorg (m/f)	['sɔr]

honte (f)	skam (m/f)	['skam]
joie, allégresse (f)	glede (m/f)	['gledə]
enthousiasme (m)	entusiasme (m)	[ɛntʉsi'asmə]
enthousiaste (m)	entusiast (m)	[ɛntʉsi'ast]
avoir de l'enthousiasme	å vise entusiasme	[ɔ 'visə ɛntʉsi'asmə]

62. Le caractère. La personnalité

caractère (m)	karakter (m)	[karak'ter]
défaut (m)	karakterbrist (m/f)	[karak'ter,brist]
esprit (m)	sinn (n)	['sin]
raison (f)	forstand (m)	[fɔ'ʂtan]

conscience (f)	samvittighet (m)	[sam'viti,het]
habitude (f)	vane (m)	['vanə]
capacité (f)	evne (m/f)	['ɛvnə]
savoir (faire qch)	å kunne	[ɔ 'kʉnə]

patient (adj)	tålmodig	[tɔl'mʊdi]
impatient (adj)	utålmodig	['ʉtɔl,mʊdi]
curieux (adj)	nysgjerrig	['nʏ,ʂæri]
curiosité (f)	nysgjerrighet (m)	['nʏ,ʂæri,het]

modestie (f)	beskjedenhet (m)	[be'ʂeden,het]
modeste (adj)	beskjeden	[be'ʂedən]
vaniteux (adj)	ubeskjeden	['ʉbe,ʂedən]

paresse (f)	lathet (m)	['lat,het]
paresseux (adj)	doven	['dʊvən]
paresseux (m)	dovendyr (n)	['dʊvən,dyr]

astuce (f)	list (m/f)	['list]
rusé (adj)	listig	['listi]
méfiance (f)	mistro (m/f)	['mis,trɔ]
méfiant (adj)	mistroende	['mis,trʉenə]

générosité (f)	gavmildhet (m)	['gavmil,het]
généreux (adj)	generøs	[ʂene'røs]
doué (adj)	talentfull	[ta'lent,fʉl]
talent (m)	talent (n)	[ta'lent]

courageux (adj)	modig	['mʊdi]
courage (m)	mot (n)	['mʊt]
honnête (adj)	ærlig	['æːli]
honnêteté (f)	ærlighet (m)	['æːli,het]

| prudent (adj) | forsiktig | [fɔ'ʂikti] |
| courageux (adj) | modig | ['mʊdi] |

61

| sérieux (adj) | alvorlig | [al'vɔ:[i] |
| sévère (adj) | streng | ['strɛŋ] |

décidé (adj)	besluttsom	[be'ʂlʉt‚sɔm]
indécis (adj)	ubesluttsom	[ʉbe'ʂlʉt‚sɔm]
timide (adj)	forsagt	['fɔ‚ʂakt]
timidité (f)	forsagthet (m)	['fɔʂakt‚het]

confiance (f)	tillit (m)	['tilit]
croire (qn)	å tro	[ɔ 'trʉ]
confiant (adj)	tillitsfull	['tilits‚fʉl]

sincèrement (adv)	oppriktig	[ɔp'rikti]
sincère (adj)	oppriktig	[ɔp'rikti]
sincérité (f)	oppriktighet (m)	[ɔp'rikti‚het]
ouvert (adj)	åpen	['ɔpən]

calme (adj)	stille	['stilə]
franc (sincère)	oppriktig	[ɔp'rikti]
naïf (adj)	naiv	[na'iv]
distrait (adj)	forstrødd	['fʉ‚strød]
drôle, amusant (adj)	morsom	['muʂɔm]

avidité (f)	grådighet (m)	['gro:di‚het]
avare (adj)	grådig	['gro:di]
radin (adj)	gjerrig	['jæri]
méchant (adj)	ond	['ʉn]
têtu (adj)	hårdnakket	['hɔ:r‚nakət]
désagréable (adj)	ubehagelig	[ʉbe'hageli]

égoïste (m)	egoist (m)	[ɛgʉ'ist]
égoïste (adj)	egoistisk	[ɛgʉ'istisk]
peureux (m)	feiging (m)	['fæjgiŋ]
peureux (adj)	feig	['fæjg]

63. Le sommeil. Les rêves

dormir (vi)	å sove	[ɔ 'sɔvə]
sommeil (m)	søvn (m)	['sœvn]
rêve (m)	drøm (m)	['drøm]
rêver (en dormant)	å drømme	[ɔ 'drœmə]
endormi (adj)	søvnig	['sœvni]

lit (m)	seng (m/f)	['sɛŋ]
matelas (m)	madrass (m)	[ma'dras]
couverture (f)	dyne (m/f)	['dynə]
oreiller (m)	pute (m/f)	['pʉtə]
drap (m)	laken (n)	['lakən]

insomnie (f)	søvnløshet (m)	['sœvnløs‚het]
sans sommeil (adj)	søvnløs	['sœvn‚løs]
somnifère (m)	sovetablett (n)	['sɔve‚tab'let]
prendre un somnifère	å ta en sovetablett	[ɔ 'ta en 'sɔve‚tab'let]
avoir sommeil	å være søvnig	[ɔ 'værə 'sœvni]

bâiller (vi)	å gjespe	[ɔ 'jɛspə]
aller se coucher	å gå til sengs	[ɔ 'gɔ til 'sɛŋs]
faire le lit	å re opp sengen	[ɔ 're ɔp 'sɛŋən]
s'endormir (vp)	å falle i søvn	[ɔ 'falə i 'sœvn]

cauchemar (m)	mareritt (n)	['marə,rit]
ronflement (m)	snork (m)	['snɔrk]
ronfler (vi)	å snorke	[ɔ 'snɔrkə]

réveil (m)	vekkerklokka (m/f)	['vɛkər,klɔka]
réveiller (vt)	å vekke	[ɔ 'vɛkə]
se réveiller (vp)	å våkne	[ɔ 'vɔknə]
se lever (tôt, tard)	å stå opp	[ɔ 'stɔ: ɔp]
se laver (le visage)	å vaske seg	[ɔ 'vaskə sæj]

64. L'humour. Le rire. La joie

humour (m)	humor (m/n)	['hʉmʊr]
sens (m) de l'humour	sans (m) for humor	['sans fɔr 'hʉmʊr]
s'amuser (vp)	å more seg	[ɔ 'mʊrə sæj]
joyeux (adj)	glad, munter	['gla], ['mʉntər]
joie, allégresse (f)	munterhet (m)	['mʉntər,het]

sourire (m)	smil (m/n)	['smil]
sourire (vi)	å smile	[ɔ 'smilə]
se mettre à rire	å begynne å skratte	[ɔ be'jinə ɔ 'skratə]
rire (vi)	å le, å skratte	[ɔ 'le], [ɔ 'skratə]
rire (m)	latter (m), skratt (m/n)	['latər], ['skrat]

anecdote (f)	anekdote (m)	[anek'dɔtə]
drôle, amusant (adj)	morsom	['mʊʂɔm]
comique, ridicule (adj)	morsom	['mʊʂɔm]

plaisanter (vi)	å spøke	[ɔ 'spøkə]
plaisanterie (f)	skjemt, spøk (m)	['ʂɛmt], ['spøk]
joie (f) (émotion)	glede (m/f)	['gledə]
se réjouir (vp)	å glede seg	[ɔ 'gledə sæj]
joyeux (adj)	glad	['gla]

65. Dialoguer et communiquer. Partie 1

| communication (f) | kommunikasjon (m) | [kʊmʉnikə'ʂʊn] |
| communiquer (vi) | å kommunisere | [ɔ kʊmʉni'serə] |

conversation (f)	samtale (m)	['sam,talə]
dialogue (m)	dialog (m)	[dia'lɔg]
discussion (f) (débat)	diskusjon (m)	[diskʉ'ʂʊn]
débat (m)	debatt (m)	[de'bat]
discuter (vi)	å diskutere	[ɔ diskʉ'terə]

| interlocuteur (m) | samtalepartner (m) | ['sam,talə 'pa:ʈnər] |
| sujet (m) | emne (n) | ['ɛmnə] |

point (m) de vue	synspunkt (n)	['syns͵pʉnt]
opinion (f)	mening (m/f)	['meniŋ]
discours (m)	tale (m)	['talə]

discussion (f) (d'un rapport)	diskusjon (m)	[diskʉ'ʂʉn]
discuter (vt)	å drøfte, å diskutere	[ɔ 'drœftə], [ɔ diskʉ'terə]
conversation (f)	samtale (m)	['sam͵talə]
converser (vi)	å snakke, å samtale	[ɔ 'snakə], [ɔ 'sam͵talə]
rencontre (f)	møte (n)	['møtə]
se rencontrer (vp)	å møtes	[ɔ 'møtəs]

proverbe (m)	ordspråk (n)	['uːr͵sprɔk]
dicton (m)	ordstev (n)	['uːr͵stev]
devinette (f)	gåte (m)	['goːtə]
poser une devinette	å utgjøre en gåte	[ɔ ʉt'jørə en 'goːtə]
mot (m) de passe	passord (n)	['pas͵uːr]
secret (m)	hemmelighet (m/f)	['hɛməli͵het]

serment (m)	ed (m)	['ɛd]
jurer (de faire qch)	å sverge	[ɔ 'sværgə]
promesse (f)	løfte (n), loven (m)	['lœftə], ['lɔvən]
promettre (vt)	å love	[ɔ 'lɔvə]

conseil (m)	råd (n)	['rɔd]
conseiller (vt)	å råde	[ɔ 'roːdə]
suivre le conseil (de qn)	å følge råd	[ɔ 'følə 'roːd]
écouter (~ ses parents)	å adlyde	[ɔ 'ad͵lydə]

nouvelle (f)	nyhet (m)	['nyhet]
sensation (f)	sensasjon (m)	[sɛnsa'ʂʉn]
renseignements (m pl)	opplysninger (m/f pl)	['ɔp͵lysniŋər]
conclusion (f)	slutning (m)	['ʂlʉtniŋ]
voix (f)	røst (m/f), stemme (m)	['røst], ['stɛmə]
compliment (m)	kompliment (m)	[kʉmpli'maŋ]
aimable (adj)	elskverdig	[ɛlsk'værdi]

mot (m)	ord (n)	['uːr]
phrase (f)	frase (m)	['frasə]
réponse (f)	svar (n)	['svar]

| vérité (f) | sannhet (m) | ['san͵het] |
| mensonge (m) | løgn (m/f) | ['løjn] |

pensée (f)	tanke (m)	['tankə]
idée (f)	ide (m)	[i'de]
fantaisie (f)	fantasi (m)	[fanta'si]

66. Dialoguer et communiquer. Partie 2

respecté (adj)	respektert	[rɛspɛk'tɛːʈ]
respecter (vt)	å respektere	[ɔ rɛspɛk'terə]
respect (m)	respekt (m)	[rɛ'spɛkt]
Cher ...	Kjære ...	['çærə ...]
présenter (faire connaître)	å introdusere	[ɔ introdʉ'serə]

faire la connaissance	à stifte bekjentskap med ...	[ɔ 'stiftə be'çɛnˌskɑp me ...]
intention (f)	hensikt (m)	['hɛnˌsikt]
avoir l'intention	à ha til hensikt	[ɔ 'hɑ til 'hɛnˌsikt]
souhait (m)	ønske (n)	['ønskə]
souhaiter (vt)	à ønske	[ɔ 'ønskə]
étonnement (m)	overraskelse (m/f)	['ɔvəˌrɑskəlsə]
étonner (vt)	à forundre	[ɔ fɔ'rʉndrə]
s'étonner (vp)	à bli forundret	[ɔ 'bli fɔ'rʉndrət]
donner (vt)	à gi	[ɔ 'ji]
prendre (vt)	à ta	[ɔ 'tɑ]
rendre (vt)	à gi tilbake	[ɔ 'ji til'bɑkə]
retourner (vt)	à returnere	[ɔ retʉr'nerə]
s'excuser (vp)	à unnskylde seg	[ɔ 'ʉnˌsylə sæj]
excuse (f)	unnskyldning (m/f)	['ʉnˌsyldniŋ]
pardonner (vt)	à tilgi	[ɔ 'tilˌji]
parler (~ avec qn)	à tale	[ɔ 'tɑlə]
écouter (vt)	à lye, à lytte	[ɔ 'lye], [ɔ 'lʏtə]
écouter jusqu'au bout	à høre på	[ɔ 'hørə pɔ]
comprendre (vt)	à forstå	[ɔ fɔ'ʂtɔ]
montrer (vt)	à vise	[ɔ 'visə]
regarder (vt)	à se på ...	[ɔ 'se pɔ ...]
appeler (vt)	à kalle	[ɔ 'kɑlə]
distraire (déranger)	à distrahere	[ɔ distrɑ'erə]
ennuyer (déranger)	à forstyrre	[ɔ fɔ'ʂtʏrə]
passer (~ le message)	à rekke	[ɔ 'rɛkə]
prière (f) (demande)	begjæring (m/f)	[be'jæriŋ]
demander (vt)	à be, à bede	[ɔ 'be], [ɔ 'bedə]
exigence (f)	krav (n)	['krɑv]
exiger (vt)	à kreve	[ɔ 'krevə]
taquiner (vt)	à erte	[ɔ 'ɛːțə]
se moquer (vp)	à håne	[ɔ 'hoːnə]
moquerie (f)	hån (m)	['hon]
surnom (m)	kallenavn, tilnavn (n)	['kɑləˌnɑvn], ['tilˌnɑvn]
allusion (f)	insinuasjon (m)	[insinʉɑ'ʂʉn]
faire allusion	à insinuere	[ɔ insinʉ'erə]
sous-entendre (vt)	à bety	[ɔ 'bety]
description (f)	beskrivelse (m)	[be'skrivəlsə]
décrire (vt)	à beskrive	[ɔ be'skrivə]
éloge (m)	ros (m)	['rʉs]
louer (vt)	à rose, à berømme	[ɔ 'rʉsə], [ɔ be'rœmə]
déception (f)	skuffelse (m)	['skʉfəlsə]
décevoir (vt)	à skuffe	[ɔ 'skʉfə]
être déçu	à bli skuffet	[ɔ 'bli 'skʉfət]
supposition (f)	antagelse (m)	[ɑn'tɑgəlsə]
supposer (vt)	à anta, à formode	[ɔ 'ɑnˌtɑ], [ɔ fɔr'mʉdə]

| avertissement (m) | advarsel (m) | ['ɑdˌvɑʂəl] |
| prévenir (vt) | å advare | [ɔ 'ɑdˌvɑrə] |

67. Dialoguer et communiquer. Partie 3

| convaincre (vt) | å overtale | [ɔ 'ɔvəˌtɑlə] |
| calmer (vt) | å berolige | [ɔ be'rʊliə] |

silence (m) (~ est d'or)	taushet (m)	['tɑʊsˌhet]
rester silencieux	å tie	[ɔ 'tie]
chuchoter (vi, vt)	å hviske	[ɔ 'viskə]
chuchotement (m)	hvisking (m/f)	['viskiŋ]

| sincèrement (adv) | oppriktig | [ɔp'rikti] |
| à mon avis ... | etter min mening ... | ['ɛtər min 'meniŋ ...] |

détail (m) (d'une histoire)	detalj (m)	[de'tɑlj]
détaillé (adj)	detaljert	[detɑ'ljɛ:t]
en détail (adv)	i detaljer	[i de'tɑljer]

| indice (m) | vink (n) | ['vink] |
| donner un indice | å gi et vink | [ɔ 'ji et 'vink] |

regard (m)	blikk (n)	['blik]
jeter un coup d'oeil	å kaste et blikk	[ɔ 'kɑstə et 'blik]
fixe (un regard ~)	stiv	['stiv]
clignoter (vi)	å blinke	[ɔ 'blinkə]
cligner de l'oeil	å blinke	[ɔ 'blinkə]
hocher la tête	å nikke	[ɔ 'nikə]

soupir (m)	sukk (n)	['sʉk]
soupirer (vi)	å sukke	[ɔ 'sʉkə]
tressaillir (vi)	å gyse	[ɔ 'jisə]
geste (m)	gest (m)	['gɛst]
toucher (de la main)	å røre	[ɔ 'rørə]
saisir (par le bras)	å gripe	[ɔ 'gripə]
taper (sur l'épaule)	å klappe	[ɔ 'klɑpə]

Attention!	Pass på!	['pɑs 'pɔ]
Vraiment?	Virkelig?	['virkəli]
Tu es sûr?	Er du sikker?	[ɛr dʉ 'sikər]
Bonne chance!	Lykke til!	['lʏkə til]
Compris!	Jeg forstår!	['jæ fɔ'ʂto:r]
Dommage!	Det var synd!	[de vɑr 'sʏn]

68. L'accord. Le refus

accord (m)	samtykke (n)	['sɑmˌtʏkə]
être d'accord	å samtykke	[ɔ 'sɑmˌtʏkə]
approbation (f)	godkjennelse (m)	['gʊˌçɛnəlsə]
approuver (vt)	å godkjenne	[ɔ 'gʊˌçɛnə]
refus (m)	avslag (n)	['ɑfˌslɑg]

se refuser (vp)	å vegre seg	[ɔ 'vɛgrə sæj]
Super!	Det er fint!	['de ær 'fint]
Bon!	Godt!	['gɔt]
D'accord!	OK! Enig!	[ɔ'kɛj], ['ɛni]

interdit (adj)	forbudt	[for'bʉt]
c'est interdit	det er forbudt	[de ær for'bʉt]
c'est impossible	det er umulig	[de ær ʉ'mʉli]
incorrect (adj)	uriktig, ikke riktig	['ʉ‚rikti], ['ikə ‚rikti]

décliner (vt)	å avslå	[ɔ 'af‚slɔ]
soutenir (vt)	å støtte	[ɔ 'stœtə]
accepter (condition, etc.)	å akseptere	[ɔ aksɛp'terə]

confirmer (vt)	å bekrefte	[ɔ be'krɛftə]
confirmation (f)	bekreftelse (m)	[be'krɛftəlsə]
permission (f)	tillatelse (m)	['ti‚latəlsə]
permettre (vt)	å tillate	[ɔ 'ti‚latə]
décision (f)	beslutning (m)	[be'şlʉtniŋ]
ne pas dire un mot	å tie	[ɔ 'tie]

condition (f)	betingelse (m)	[be'tiŋəlsə]
excuse (f) (prétexte)	foregivende (n)	['forə‚jivnə]
éloge (m)	ros (m)	['rʊs]
louer (vt)	å rose, å berømme	[ɔ 'rʊsə], [ɔ be'rœmə]

69. La réussite. La chance. L'échec

succès (m)	suksess (m)	[sʉk'sɛ]
avec succès (adv)	med suksess	[me sʉk'sɛ]
réussi (adj)	vellykket	['vel‚lʏkət]

chance (f)	hell (n), lykke (m/f)	['hɛl], ['lʏkə]
Bonne chance!	Lykke til!	['lʏkə til]
de chance (jour ~)	heldig, lykkelig	['hɛldi], ['lʏkəli]
chanceux (adj)	heldig	['hɛldi]

échec (m)	mislykkelse, fiasko (m)	['mis‚lʏkəlsə], [fi'askʉ]
infortune (f)	uhell (n), utur (m)	['ʉ‚hɛl], ['ʉ‚tʉr]
malchance (f)	uhell (n)	['ʉ‚hɛl]

raté (adj)	mislykket	['mis‚lʏkət]
catastrophe (f)	katastrofe (m)	[kata'strofə]

fierté (f)	stolthet (m)	['stolt‚het]
fier (adj)	stolt	['stolt]
être fier	å være stolt	[ɔ 'værə 'stolt]

gagnant (m)	seierherre (m)	['sæjər‚hɛrə]
gagner (vi)	å seire, å vinne	[ɔ 'sæjrə], [ɔ 'vinə]
perdre (vi)	å tape	[ɔ 'tapə]
tentative (f)	forsøk (n)	['fo'søk]
essayer (vt)	å prøve, å forsøke	[ɔ 'prøvə], [ɔ fo'søkə]
chance (f)	sjanse (m)	['şansə]

70. Les disputes. Les émotions négatives

cri (m)	skrik (n)	['skrik]
crier (vi)	å skrike	[ɔ 'skrikə]
se mettre à crier	å begynne å skrike	[ɔ be'jinə ɔ 'skrikə]

dispute (f)	krangel (m)	['kraŋəl]
se disputer (vp)	å krangle	[ɔ 'kraŋlə]
scandale (m) (dispute)	skandale (m)	[skan'dalə]
faire un scandale	å gjøre skandale	[ɔ 'jørə skan'dalə]
conflit (m)	konflikt (m)	[kʊn'flikt]
malentendu (m)	misforståelse (m)	[misfɔ'ʂtɔəlsə]

insulte (f)	fornærmelse (m)	[fɔ:'ŋærməlsə]
insulter (vt)	å fornærme	[ɔ fɔ:'ŋærmə]
insulté (adj)	fornærmet	[fɔ:'ŋærmət]
offense (f)	fornærmelse (m)	[fɔ:'ŋærməlsə]
offenser (vt)	å fornærme	[ɔ fɔ:'ŋærmə]
s'offenser (vp)	å bli fornærmet	[ɔ 'bli fɔ:'ŋærmət]

indignation (f)	forargelse (m)	[fɔ'rargəlsə]
s'indigner (vp)	å bli indignert	[ɔ 'bli indi'gnɛ:t]
plainte (f)	klage (m)	['klagə]
se plaindre (vp)	å klage	[ɔ 'klagə]

excuse (f)	unnskyldning (m/f)	['ʉn,syldniŋ]
s'excuser (vp)	å unnskylde seg	[ɔ 'ʉn,sylə sæj]
demander pardon	å be om forlatelse	[ɔ 'be ɔm fɔ:'[atəlsə]

critique (f)	kritikk (m)	[kri'tik]
critiquer (vt)	å kritisere	[ɔ kriti'serə]
accusation (f)	anklagelse (m)	['an,klagəlsə]
accuser (vt)	å anklage	[ɔ 'an,klagə]

vengeance (f)	hevn (m)	['hɛvn]
se venger (vp)	å hevne	[ɔ 'hɛvnə]
faire payer (qn)	å hevne	[ɔ 'hɛvnə]

mépris (m)	forakt (m)	[fɔ'rakt]
mépriser (vt)	å forakte	[ɔ fɔ'raktə]
haine (f)	hat (n)	['hat]
haïr (vt)	å hate	[ɔ 'hatə]

nerveux (adj)	nervøs	[nær'vøs]
s'énerver (vp)	å være nervøs	[ɔ 'værə nær'vøs]
fâché (adj)	vred, sint	['vred], ['sint]
fâcher (vt)	å gjøre sint	[ɔ 'jørə ,sint]

humiliation (f)	ydmykelse (m)	['yd,mykəlsə]
humilier (vt)	å ydmyke	[ɔ 'yd,mykə]
s'humilier (vp)	å ydmyke seg	[ɔ 'yd,mykə sæj]

choc (m)	sjokk (n)	['ʂɔk]
choquer (vt)	å sjokkere	[ɔ ʂɔ'kerə]
ennui (m) (problème)	knipe (m/f)	['knipə]

désagréable (adj)	ubehagelig	[ʉbeˈhɑgeli]
peur (f)	redsel, frykt (m)	[ˈrɛtsəl], [ˈfrʏkt]
terrible (tempête, etc.)	fryktelig	[ˈfrʏkteli]
effrayant (histoire ~e)	uhyggelig, skremmende	[ˈʉhygəli], [ˈskrɛmənə]
horreur (f)	redsel (m)	[ˈrɛtsəl]
horrible (adj)	forferdelig	[fɔrˈfærdəli]
commencer à trembler	å begynne å ryste	[ɔ beˈjinə ɔ ˈrystə]
pleurer (vi)	å gråte	[ɔ ˈgroːtə]
se mettre à pleurer	å begynne å gråte	[ɔ beˈjinə ɔ ˈgroːtə]
larme (f)	tåre (m/f)	[ˈtoːrə]
faute (f)	skyld (m/f)	[ˈsyl]
culpabilité (f)	skyldfølelse (m)	[ˈsylˌføləlsə]
déshonneur (m)	skam, vanære (m/f)	[ˈskɑm], [ˈvɑnærə]
protestation (f)	protest (m)	[prʉˈtɛst]
stress (m)	stress (m/n)	[ˈstrɛs]
déranger (vt)	å forstyrre	[ɔ fɔˈstyrə]
être furieux	å være sint	[ɔ ˈværə ˌsint]
en colère, fâché (adj)	vred, sint	[ˈvred], [ˈsint]
rompre (relations)	å avbryte	[ɔ ˈɑvˌbrytə]
réprimander (vt)	å sverge	[ɔ ˈsværgə]
prendre peur	å bli skremt	[ɔ ˈbli ˈskrɛmt]
frapper (vt)	å slå	[ɔ ˈslɔ]
se battre (vp)	å slåss	[ɔ ˈslɔs]
régler (~ un conflit)	å løse	[ɔ ˈløsə]
mécontent (adj)	misfornøyd, utilfreds	[ˈmisˌfɔːˈnøjd], [ˈʉtilˌfrɛds]
enragé (adj)	rasende	[ˈrɑsenə]
Ce n'est pas bien!	Det er ikke bra!	[de ær ikə ˈbrɑ]
C'est mal!	Det er dårlig!	[de ær ˈdoːli]

La médecine

71. Les maladies

maladie (f)	sykdom (m)	['sʏkˌdɔm]
être malade	å være syk	[ɔ 'væːrə 'syk]
santé (f)	helse (m/f)	['hɛlsə]
rhume (m) (coryza)	snue (m)	['snʉə]
angine (f)	angina (m)	[an'gina]
refroidissement (m)	forkjølelse (m)	[fɔr'çœləlsə]
prendre froid	å forkjøle seg	[ɔ fɔr'çœlə sæj]
bronchite (f)	bronkitt (m)	[brɔn'kit]
pneumonie (f)	lungebetennelse (m)	['lʉŋə be'tɛnəlsə]
grippe (f)	influensa (m)	[inflʉ'ɛnsa]
myope (adj)	nærsynt	['næˌsʏnt]
presbyte (adj)	langsynt	['laŋsʏnt]
strabisme (m)	skjeløydhet (m)	['ʂɛløjdˌhet]
strabique (adj)	skjeløyd	['ʂɛlˌøjd]
cataracte (f)	grå stær, katarakt (m)	['grɔ ˌstær], [kata'rakt]
glaucome (m)	glaukom (n)	[glaʉ'kɔm]
insulte (f)	hjerneslag (n)	['jæːɳəˌslag]
crise (f) cardiaque	infarkt (n)	[in'farkt]
infarctus (m) de myocarde	myokardieinfarkt (n)	['miɔ'kardiə in'farkt]
paralysie (f)	paralyse, lammelse (m)	['para'lyse], ['laməlsə]
paralyser (vt)	å lamme	[ɔ 'lamə]
allergie (f)	allergi (m)	[alæː'gi]
asthme (m)	astma (m)	['astma]
diabète (m)	diabetes (m)	[dia'betəs]
mal (m) de dents	tannpine (m/f)	['tanˌpine]
carie (f)	karies (m)	['karies]
diarrhée (f)	diaré (m)	[dia'rɛ]
constipation (f)	forstoppelse (m)	[fɔ'ʂtɔpəlsə]
estomac (m) barbouillé	magebesvær (m)	['magəˌbe'svær]
intoxication (f) alimentaire	matforgiftning (m/f)	['matˌfɔr'jiftniŋ]
être intoxiqué	å få matforgiftning	[ɔ 'fɔ matˌfɔr'jiftniŋ]
arthrite (f)	artritt (m)	[aːˈ'rit]
rachitisme (m)	rakitt (m)	[ra'kit]
rhumatisme (m)	revmatisme (m)	[revma'tismə]
athérosclérose (f)	arteriosklerose (m)	[aːˈʈeriʉskleˌrʉsə]
gastrite (f)	magekatarr, gastritt (m)	['magəkaˌtar], [ˌga'strit]
appendicite (f)	appendisitt (m)	[apɛndi'sit]

cholécystite (f)	galleblærebetennelse (m)	['gale,blære be'tɛnelse]
ulcère (m)	magesår (n)	['mage,sɔr]

rougeole (f)	meslinger (m pl)	['mɛs,liŋer]
rubéole (f)	røde hunder (m pl)	['røde 'hʉner]
jaunisse (f)	gulsott (m/f)	['gʉl,sʉt]
hépatite (f)	hepatitt (m)	[hepa'tit]

schizophrénie (f)	schizofreni (m)	[sisʉfre'ni]
rage (f) (hydrophobie)	rabies (m)	['rabies]
névrose (f)	nevrose (m)	[nev'rʉse]
commotion (f) cérébrale	hjernerystelse (m)	['jæ:ŋe,rʏstelse]

cancer (m)	kreft, cancer (m)	['krɛft], ['kanser]
sclérose (f)	sklerose (m)	[skle'rʉse]
sclérose (f) en plaques	multippel sklerose (m)	[mʉl'tipel skle'rʉse]

alcoolisme (m)	alkoholisme (m)	[alkʉhʉ'lisme]
alcoolique (m)	alkoholiker (m)	[alkʉ'hʉliker]
syphilis (f)	syfilis (m)	['syfilis]
SIDA (m)	AIDS, aids (m)	['ɛjds]

tumeur (f)	svulst, tumor (m)	['svʉlst], [tʉ'mʉr]
maligne (adj)	ondartet, malign	['ʉn,a:ʈet], [ma'lign]
bénigne (adj)	godartet	['gʉ,a:ʈet]

fièvre (f)	feber (m)	['feber]
malaria (f)	malaria (m)	[ma'laria]
gangrène (f)	koldbrann (m)	['kɔlbran]
mal (m) de mer	sjøsyke (m)	['sø,syke]
épilepsie (f)	epilepsi (m)	[ɛpilep'si]

épidémie (f)	epidemi (m)	[ɛpide'mi]
typhus (m)	tyfus (m)	['tyfʉs]
tuberculose (f)	tuberkulose (m)	[tubærkʉ'lɔse]
choléra (m)	kolera (m)	['kʉlera]
peste (f)	pest (m)	['pɛst]

72. Les symptômes. Le traitement. Partie 1

symptôme (m)	symptom (n)	[sʏmp'tʉm]
température (f)	temperatur (m)	[tɛmpera'tʉr]
fièvre (f)	høy temperatur (m)	['høj tɛmpera'tʉr]
pouls (m)	puls (m)	['pʉls]

vertige (m)	svimmelhet (m)	['svimel,het]
chaud (adj)	varm	['varm]
frisson (m)	skjelving (m/f)	['sɛlviŋ]
pâle (adj)	blek	['blek]

toux (f)	hoste (m)	['hʉste]
tousser (vi)	å hoste	[ɔ 'hʉste]
éternuer (vi)	å nyse	[ɔ 'nyse]
évanouissement (m)	besvimelse (m)	[bɛ'svimelse]

71

s'évanouir (vp)	à besvime	[ɔ be'svimə]
bleu (m)	blåmerke (n)	['blɔˌmærkə]
bosse (f)	bule (m)	['bʉlə]
se heurter (vp)	å slå seg	[ɔ 'ʂlɔ sæj]
meurtrissure (f)	blåmerke (n)	['blɔˌmærkə]
se faire mal	å slå seg	[ɔ 'ʂlɔ sæj]

boiter (vi)	å halte	[ɔ 'haltə]
foulure (f)	forvridning (m)	[fɔr'vridniŋ]
se démettre (l'épaule, etc.)	å forvri	[ɔ fɔr'vri]
fracture (f)	brudd (n), fraktur (m)	['brʉd], [frɑk'tʉr]
avoir une fracture	å få brudd	[ɔ 'fɔ 'brʉd]

coupure (f)	skjæresår (n)	['ʂæːrəˌsɔr]
se couper (~ le doigt)	å skjære seg	[ɔ 'ʂæːrə sæj]
hémorragie (f)	blødning (m/f)	['blødniŋ]

| brûlure (f) | brannsår (n) | ['branˌsɔr] |
| se brûler (vp) | å brenne seg | [ɔ 'brɛnə sæj] |

se piquer (le doigt)	å stikke	[ɔ 'stikə]
se piquer (vp)	å stikke seg	[ɔ 'stikə sæj]
blesser (vt)	å skade	[ɔ 'skadə]
blessure (f)	skade (n)	['skadə]
plaie (f) (blessure)	sår (n)	['sɔr]
trauma (m)	traume (m)	['traʊmə]

délirer (vi)	å snakke i villelse	[ɔ 'snakə i 'viləlsə]
bégayer (vi)	å stamme	[ɔ 'stamə]
insolation (f)	solstikk (n)	['sʉlˌstik]

73. Les symptômes. Le traitement. Partie 2

| douleur (f) | smerte (m) | ['smæːʈə] |
| écharde (f) | flis (m/f) | ['flis] |

sueur (f)	svette (m)	['svɛtə]
suer (vi)	å svette	[ɔ 'svɛtə]
vomissement (m)	oppkast (n)	['ɔpˌkast]
spasmes (m pl)	kramper (m pl)	['krampər]

enceinte (adj)	gravid	[gra'vid]
naître (vi)	å fødes	[ɔ 'fødə]
accouchement (m)	fødsel (m)	['føtsəl]
accoucher (vi)	å føde	[ɔ 'fødə]
avortement (m)	abort (m)	[a'bɔːʈ]

respiration (f)	åndedrett (n)	['ɔŋdəˌdrɛt]
inhalation (f)	innånding (m/f)	['inˌɔniŋ]
expiration (f)	utånding (m/f)	['ʉtˌɔndiŋ]
expirer (vi)	å puste ut	[ɔ 'pʉstə ʉt]
inspirer (vi)	å ånde inn	[ɔ 'ɔŋdə ˌin]
invalide (m)	handikappet person (m)	['handiˌkapət pæ'ʂʉn]
handicapé (m)	krøpling (m)	['krøpliŋ]

drogué (m)	narkoman (m)	[nɑrkʊ'mɑn]
sourd (adj)	døv	['døv]
muet (adj)	stum	['stʉm]
sourd-muet (adj)	døvstum	['døf,stʉm]

fou (adj)	gal	['gɑl]
fou (m)	gal mann (m)	['gɑl ,mɑn]
folle (f)	gal kvinne (m/f)	['gɑl ,kvinə]
devenir fou	å bli sinnssyk	[ɔ 'bli 'sin,syk]

gène (m)	gen (m)	['gen]
immunité (f)	immunitet (m)	[imʉni'tet]
héréditaire (adj)	arvelig	['ɑrvəli]
congénital (adj)	medfødt	['me:,føt]

virus (m)	virus (m)	['virʉs]
microbe (m)	mikrobe (m)	[mi'krʊbə]
bactérie (f)	bakterie (m)	[bɑk'teriə]
infection (f)	infeksjon (m)	[infɛk'ʂʊn]

74. Les symptômes. Le traitement. Partie 3

| hôpital (m) | sykehus (n) | ['sykə,hʉs] |
| patient (m) | pasient (m) | [pɑsi'ɛnt] |

diagnostic (m)	diagnose (m)	[diɑ'gnʊsə]
cure (f) (faire une ~)	kur (m)	['kʉr]
traitement (m)	behandling (m/f)	[be'hɑndliŋ]
se faire soigner	å bli behandlet	[ɔ 'bli be'hɑndlət]
traiter (un patient)	å behandle	[ɔ be'hɑndlə]
soigner (un malade)	å skjøtte	[ɔ 'ʂøtə]
soins (m pl)	sykepleie (m/f)	['sykə,plæjə]

opération (f)	operasjon (m)	[ɔpərɑ'ʂʊn]
panser (vt)	å forbinde	[ɔ fɔr'binə]
pansement (m)	forbinding (m)	[fɔr'biniŋ]

vaccination (f)	vaksinering (m/f)	[vɑksi'neriŋ]
vacciner (vt)	å vaksinere	[ɔ vɑksi'nerə]
piqûre (f)	injeksjon (m), sprøyte (m/f)	[injɛk'ʂʊn], ['sprøjtə]
faire une piqûre	å gi en sprøyte	[ɔ 'ji en 'sprøjtə]

crise, attaque (f)	anfall (n)	['ɑn,fɑl]
amputation (f)	amputasjon (m)	[ɑmpʉtɑ'ʂʊn]
amputer (vt)	å amputere	[ɔ ɑmpʉ'terə]
coma (m)	koma (m)	['kʊmɑ]
être dans le coma	å ligge i koma	[ɔ 'ligə i 'kʊmɑ]
réanimation (f)	intensivavdeling (m/f)	['inten,siv 'ɑv,deliŋ]

se rétablir (vp)	å bli frisk	[ɔ 'bli 'frisk]
état (m) (de santé)	tilstand (m)	['til,stɑn]
conscience (f)	bevissthet (m)	[be'vist,het]
mémoire (f)	minne (n), hukommelse (m)	['minə], [hʉ'kɔməlsə]
arracher (une dent)	å trekke ut	[ɔ 'trɛkə ʉt]

| plombage (m) | fylling (m/f) | ['fʏliŋ] |
| plomber (vt) | å plombere | [ɔ plʊm'berə] |

| hypnose (f) | hypnose (m) | [hʏp'nʊsə] |
| hypnotiser (vt) | å hypnotisere | [ɔ hʏpnʊti'serə] |

75. Les médecins

médecin (m)	lege (m)	['legə]
infirmière (f)	sykepleierske (m/f)	['sykə‚plæjeʂkə]
médecin (m) personnel	personlig lege (m)	[pæ'ʂʊnli 'legə]

dentiste (m)	tannlege (m)	['tɑn‚legə]
ophtalmologiste (m)	øyelege (m)	['øjə‚legə]
généraliste (m)	terapeut (m)	[terɑ'pɛut]
chirurgien (m)	kirurg (m)	[çi'rʉrg]

psychiatre (m)	psykiater (m)	[syki'atər]
pédiatre (m)	barnelege (m)	['bɑːŋə‚legə]
psychologue (m)	psykolog (m)	[sykʊ'lɔg]
gynécologue (m)	gynekolog (m)	[gynekʊ'lɔg]
cardiologue (m)	kardiolog (m)	[kɑːdiʊ'lɔg]

76. Les médicaments. Les accessoires

médicament (m)	medisin (m)	[medi'sin]
remède (m)	middel (n)	['midəl]
prescrire (vt)	å ordinere	[ɔ ɔrdi'nerə]
ordonnance (f)	resept (m)	[re'sɛpt]

comprimé (m)	tablett (m)	[tɑb'let]
onguent (m)	salve (m/f)	['sɑlvə]
ampoule (f)	ampulle (m)	[ɑm'pʉlə]
mixture (f)	mikstur (m)	[miks'tʉr]
sirop (m)	sirup (m)	['sirʉp]
pilule (f)	pille (m/f)	['pilə]
poudre (f)	pulver (n)	['pʉlvər]

bande (f)	gasbind (n)	['gɑs‚bin]
coton (m) (ouate)	vatt (m/n)	['vɑt]
iode (m)	jod (m/n)	['ʉd]

sparadrap (m)	plaster (n)	['plɑstər]
compte-gouttes (m)	pipette (m)	[pi'pɛtə]
thermomètre (m)	termometer (n)	[tɛrmʊ'metər]
seringue (f)	sprøyte (m/f)	['sprøjtə]

| fauteuil (m) roulant | rullestol (m) | ['rʉlə‚stʊl] |
| béquilles (f pl) | krykker (m/f pl) | ['krʏkər] |

| anesthésique (m) | smertestillende middel (n) | ['smæːʈə‚stilenə 'midəl] |
| purgatif (m) | laksativ (n) | [lɑksɑ'tiv] |

alcool (m)	sprit (m)	['sprit]
herbe (f) médicinale	legeurter (m/f pl)	['legǝ͜u:tǝr]
d'herbes (adj)	urte-	['u:tǝ-]

77. Le tabac et ses produits dérivés

tabac (m)	tobakk (m)	[tʉ'bɑk]
cigarette (f)	sigarett (m)	[siɡɑ'rɛt]
cigare (f)	sigar (m)	[si'ɡɑr]
pipe (f)	pipe (m/f)	['pipǝ]
paquet (m)	pakke (m/f)	['pɑkǝ]

allumettes (f pl)	fyrstikker (m/f pl)	['fy͜stikǝr]
boîte (f) d'allumettes	fyrstikkeske (m)	['fy͜stik͜ɛskǝ]
briquet (m)	tenner (m)	['tɛnǝr]
cendrier (m)	askebeger (n)	['ɑskǝ͜begǝr]
étui (m) à cigarettes	sigarettetui (n)	[siɡɑ'rɛt ɛtʉ'i]

| fume-cigarette (m) | munnstykke (n) | ['mʉn͜stvkǝ] |
| filtre (m) | filter (n) | ['filtǝr] |

fumer (vi, vt)	å røyke	[ɔ 'røjkǝ]
allumer une cigarette	å tenne en sigarett	[ɔ 'tɛnǝ en siɡɑ'rɛt]
tabagisme (m)	røyking, røkning (m)	['røjkiŋ], ['røkniŋ]
fumeur (m)	røyker (m)	['røjkǝr]

mégot (m)	stump (m)	['stʉmp]
fumée (f)	røyk (m)	['røjk]
cendre (f)	aske (m/f)	['ɑskǝ]

L'HABITAT HUMAIN

La ville

78. La ville. La vie urbaine

ville (f)	by (m)	['by]
capitale (f)	hovedstad (m)	['hʊvəd‚stɑd]
village (m)	landsby (m)	['lɑns‚by]
plan (m) de la ville	bykart (n)	['by‚kɑːt]
centre-ville (m)	sentrum (n)	['sɛntrum]
banlieue (f)	forstad (m)	['fɔ‚stɑd]
de banlieue (adj)	forstads-	['fɔ‚stɑds-]
périphérie (f)	utkant (m)	['ʉt‚kɑnt]
alentours (m pl)	omegner (m pl)	['ɔm‚æjnər]
quartier (m)	kvarter (n)	[kvɑːʈer]
quartier (m) résidentiel	boligkvarter (n)	['bʊli‚kvɑːʈer]
trafic (m)	trafikk (m)	[trɑ'fik]
feux (m pl) de circulation	trafikklys (n)	[trɑ'fik‚lys]
transport (m) urbain	offentlig transport (m)	['ɔfentli trɑns'pɔːʈ]
carrefour (m)	veikryss (n)	['væjkrʏs]
passage (m) piéton	fotgjengerovergang (m)	['fʊtjɛŋər 'ɔvər‚gɑŋ]
passage (m) souterrain	undergang (m)	['ʉnər‚gɑŋ]
traverser (vt)	å gå over	[ɔ 'gɔ 'ɔvər]
piéton (m)	fotgjenger (m)	['fʊtjɛŋər]
trottoir (m)	fortau (n)	['fɔːˌtaʉ]
pont (m)	bro (m/f)	['brʊ]
quai (m)	kai (m/f)	['kɑj]
fontaine (f)	fontene (m)	['fʊntnə]
allée (f)	allé (m)	[ɑ'leː]
parc (m)	park (m)	['pɑrk]
boulevard (m)	bulevard (m)	[bule'vɑr]
place (f)	torg (n)	['tɔr]
avenue (f)	aveny (m)	[ɑve'ny]
rue (f)	gate (m/f)	['gɑtə]
ruelle (f)	sidegate (m/f)	['sidə‚gɑtə]
impasse (f)	blindgate (m/f)	['blin‚gɑtə]
maison (f)	hus (n)	['hʉs]
édifice (m)	bygning (m/f)	['bygniŋ]
gratte-ciel (m)	skyskraper (m)	['ʂy‚skrɑpər]
façade (f)	fasade (m)	[fɑ'sɑdə]
toit (m)	tak (n)	['tɑk]

fenêtre (f)	vindu (n)	['vindʉ]
arc (m)	bue (m)	['bʉːə]
colonne (f)	søyle (m)	['søjlə]
coin (m)	hjørne (n)	['jœːŋə]

vitrine (f)	utstillingsvindu (n)	['ʉt‚stiliŋs 'vindʉ]
enseigne (f)	skilt (n)	['silt]
affiche (f)	plakat (m)	[plɑ'kɑt]
affiche (f) publicitaire	reklameplakat (m)	[rɛ'klɑmə‚plɑ'kɑt]
panneau-réclame (m)	reklametavle (m/f)	[rɛ'klɑmə‚tɑvlə]

ordures (f pl)	søppel (m/f/n), avfall (n)	['sœpəl], ['ɑv‚fɑl]
poubelle (f)	søppelkasse (m/f)	['sœpəl‚kɑsə]
jeter à terre	å kaste søppel	[ɔ 'kɑstə 'sœpəl]
décharge (f)	søppelfylling (m/f), deponi (n)	['sœpəl‚fʏliŋ], [‚depɔ'ni]

cabine (f) téléphonique	telefonboks (m)	[tele'fʉn‚bɔks]
réverbère (m)	lyktestolpe (m)	['lʏktə‚stɔlpə]
banc (m)	benk (m)	['bɛŋk]

policier (m)	politi (m)	[pʉli'ti]
police (f)	politi (n)	[pʉli'ti]
clochard (m)	tigger (m)	['tigər]
sans-abri (m)	hjemløs	['jɛm‚løs]

79. Les institutions urbaines

magasin (m)	forretning, butikk (m)	[fɔ'rɛtniŋ], [bʉ'tik]
pharmacie (f)	apotek (n)	[ɑpʉ'tek]
opticien (m)	optikk (m)	[ɔp'tik]
centre (m) commercial	kjøpesenter (n)	['çœpə‚sɛntər]
supermarché (m)	supermarked (n)	['sʉpə‚mɑrket]

boulangerie (f)	bakeri (n)	[bake'ri]
boulanger (m)	baker (m)	['bakər]
pâtisserie (f)	konditori (n)	[kʉnditɔ'ri]
épicerie (f)	matbutikk (m)	['mɑtbʉ‚tik]
boucherie (f)	slakterbutikk (m)	['ʂlɑktəbʉ‚tik]

| magasin (m) de légumes | grønnsaksbutikk (m) | ['grœn‚sɑks bʉ'tik] |
| marché (m) | marked (n) | ['mɑrkəd] |

salon (m) de café	kafé, kaffebar (m)	[kɑ'fe], ['kɑfə‚bɑr]
restaurant (m)	restaurant (m)	[rɛstʉ'rɑŋ]
brasserie (f)	pub (m)	['pʉb]
pizzeria (f)	pizzeria (m)	[pitsə'riɑ]

salon (m) de coiffure	frisørsalong (m)	[fri'sør sɑ‚lɔŋ]
poste (f)	post (m)	['pɔst]
pressing (m)	renseri (n)	[rɛnsə'ri]
atelier (m) de photo	fotostudio (n)	['fɔtɔ‚stʉdiɔ]

| magasin (m) de chaussures | skobutikk (m) | ['skʉ‚bʉ'tik] |
| librairie (f) | bokhandel (m) | ['bʉk‚hɑndəl] |

magasin (m) d'articles de sport	idrettsbutikk (m)	['idrɛts bʉ'tik]
atelier (m) de retouche	reparasjon (m) av klær	[repɑrɑ'ʂʉn ɑː ˌklær]
location (f) de vêtements	leie (m/f) av klær	['læjə ɑː ˌklær]
location (f) de films	filmutleie (m/f)	['filmˌʉt'læje]

cirque (m)	sirkus (m/n)	['sirkʉs]
zoo (m)	zoo, dyrepark (m)	['sʉː], [dyrə'pɑrk]
cinéma (m)	kino (m)	['çinʉ]
musée (m)	museum (n)	[mʉ'seum]
bibliothèque (f)	bibliotek (n)	[bibliʉ'tek]

théâtre (m)	teater (n)	[te'ɑtər]
opéra (m)	opera (m)	['ʉperɑ]
boîte (f) de nuit	nattklubb (m)	['nɑtˌklʉb]
casino (m)	kasino (n)	[kɑ'sinʉ]

mosquée (f)	moské (m)	[mʉ'ske]
synagogue (f)	synagoge (m)	[synɑ'gʉgə]
cathédrale (f)	katedral (m)	[kate'drɑl]
temple (m)	tempel (n)	['tɛmpəl]
église (f)	kirke (m/f)	['çirkə]

institut (m)	institutt (n)	[insti'tʉt]
université (f)	universitet (n)	[ʉnivæʂi'tet]
école (f)	skole (m/f)	['skʉlə]

préfecture (f)	prefektur (n)	[prɛfɛk'tʉr]
mairie (f)	rådhus (n)	['rodˌhʉs]
hôtel (m)	hotell (n)	[hʉ'tɛl]
banque (f)	bank (m)	['bɑnk]

ambassade (f)	ambassade (m)	[ɑmbɑ'sɑdə]
agence (f) de voyages	reisebyrå (n)	['ræjsə byˌro]
bureau (m) d'information	opplysningskontor (n)	[ɔp'lʏsniŋs kʉn'tʉr]
bureau (m) de change	vekslingskontor (n)	['vɛkʂliŋs kʉn'tʉr]

| métro (m) | tunnelbane, T-bane (m) | ['tʉnəlˌbɑnə], ['tɛːˌbɑnə] |
| hôpital (m) | sykehus (n) | ['sykəˌhʉs] |

| station-service (f) | bensinstasjon (m) | [bɛn'sinˌstɑ'ʂʉn] |
| parking (m) | parkeringsplass (m) | [pɑr'keriŋsˌplɑs] |

80. Les enseignes. Les panneaux

enseigne (f)	skilt (n)	['ʂilt]
pancarte (f)	innskrift (m/f)	['inˌskrift]
poster (m)	plakat, poster (m)	['plɑˌkɑt], ['pɔstər]
indicateur (m) de direction	veiviser (m)	['væjˌvisər]
flèche (f)	pil (m/f)	['pil]

avertissement (m)	advarsel (m)	['ɑdˌvɑʂəl]
panneau d'avertissement	varselskilt (n)	['vɑʂəlˌʂilt]
avertir (vt)	å varsle	[ɔ 'vɑʂlə]
jour (m) de repos	fridag (m)	['friˌdɑ]

| horaire (m) | rutetabell (m) | ['rʉtə‚tɑ'bɛl] |
| heures (f pl) d'ouverture | åpningstider (m/f pl) | ['ɔpniŋs‚tidər] |

BIENVENUE!	VELKOMMEN!	['vɛl‚kɔmən]
ENTRÉE	INNGANG	['in‚gɑŋ]
SORTIE	UTGANG	['ʉt‚gɑŋ]

POUSSER	SKYV	['şyv]
TIRER	TREKK	['trɛk]
OUVERT	ÅPENT	['ɔpənt]
FERMÉ	STENGT	['stɛŋt]

| FEMMES | DAMER | ['dɑmər] |
| HOMMES | HERRER | ['hærər] |

RABAIS	RABATT	[rɑ'bɑt]
SOLDES	SALG	['sɑlg]
NOUVEAU!	NYTT!	['nʏt]
GRATUIT	GRATIS	['grɑtis]

ATTENTION!	FORSIKTIG!	[fʉ'şiktə]
COMPLET	INGEN LEDIGE ROM	['iŋən 'lediə rʉm]
RÉSERVÉ	RESERVERT	[resɛr'vɛ:t]

| ADMINISTRATION | ADMINISTRASJON | [administrɑ'şun] |
| RÉSERVÉ AU PERSONNEL | KUN FOR ANSATTE | ['kʉn fɔr ɑn'sɑtə] |

ATTENTION CHIEN MÉCHANT	VOKT DEM FOR HUNDEN	['vɔkt dem fɔ 'hʉnən]
DÉFENSE DE FUMER	RØYKING FORBUDT	['røjkiŋ fɔr'bʉt]
PRIÈRE DE NE PAS TOUCHER	IKKE RØR!	['ikə 'rør]

DANGEREUX	FARLIG	['fɑ:[i]
DANGER	FARE	['fɑrə]
HAUTE TENSION	HØYSPENNING	['høj‚spɛniŋ]
BAIGNADE INTERDITE	BADING FORBUDT	['bɑdiŋ fɔr'bʉt]
HORS SERVICE	I USTAND	[i 'ʉ‚stɑn]

INFLAMMABLE	BRANNFARLIG	['brɑn‚fɑ:[i]
INTERDIT	FORBUDT	[fɔr'bʉt]
PASSAGE INTERDIT	INGEN INNKJØRING	['iŋən 'in‚çœriŋ]
PEINTURE FRAÎCHE	NYMALT	['ny‚mɑlt]

81. Les transports en commun

autobus (m)	buss (m)	['bʉs]
tramway (m)	trikk (m)	['trik]
trolleybus (m)	trolleybuss (m)	['trɔli‚bʉs]
itinéraire (m)	rute (m/f)	['rʉtə]
numéro (m)	nummer (n)	['nʉmər]

| prendre … | å kjøre med … | [ɔ 'çœ:rə me …] |
| monter (dans l'autobus) | å gå på … | [ɔ 'gɔ pɔ …] |

descendre de ...	à gå av ...	[ɔ 'gɔ ɑ: ...]
arrêt (m)	holdeplass (m)	['hɔlə,plas]
arrêt (m) prochain	neste holdeplass (m)	['nɛstə 'hɔlə,plas]
terminus (m)	endestasjon (m)	['ɛnə,stɑ'ʂʉn]
horaire (m)	rutetabell (m)	['rʉtə,tɑ'bɛl]
attendre (vt)	å vente	[ɔ 'vɛntə]
ticket (m)	billett (m)	[bi'let]
prix (m) du ticket	billettpris (m)	[bi'let,pris]
caissier (m)	kasserer (m)	[kɑ'serər]
contrôle (m) des tickets	billettkontroll (m)	[bi'let kʉn,trɔl]
contrôleur (m)	billett inspektør (m)	[bi'let inspɛk'tør]
être en retard	å komme for sent	[ɔ 'kɔmə fɔ'ʂɛnt]
rater (~ le train)	å komme for sent til ...	[ɔ 'kɔmə fɔ'ʂɛnt til ...]
se dépêcher	å skynde seg	[ɔ 'ʂynə sæj]
taxi (m)	drosje (m/f), taxi (m)	['drɔʂɛ], ['tɑksi]
chauffeur (m) de taxi	taxisjåfør (m)	['tɑksi ʂo'før]
en taxi	med taxi	[me 'tɑksi]
arrêt (m) de taxi	taxiholdeplass (m)	['tɑksi 'hɔlə,plas]
appeler un taxi	å taxi bestellen	[ɔ 'tɑksi be'stɛlən]
prendre un taxi	å ta taxi	[ɔ 'tɑ ,tɑksi]
trafic (m)	trafikk (m)	[trɑ'fik]
embouteillage (m)	trafikkork (m)	[trɑ'fik,kɔrk]
heures (f pl) de pointe	rushtid (m/f)	['rʉʂ,tid]
se garer (vp)	å parkere	[ɔ pɑr'kerə]
garer (vt)	å parkere	[ɔ pɑr'kerə]
parking (m)	parkeringsplass (m)	[pɑr'keriŋs,plas]
métro (m)	tunnelbane, T-bane (m)	['tʉnəl,banə], ['tɛ:,banə]
station (f)	stasjon (m)	[stɑ'ʂʉn]
prendre le métro	å kjøre med T-bane	[ɔ 'çœ:rə me 'tɛ:,banə]
train (m)	tog (n)	['tɔg]
gare (f)	togstasjon (m)	['tɔg,stɑ'ʂʉn]

82. Le tourisme

monument (m)	monument (n)	[mɔnʉ'mɛnt]
forteresse (f)	festning (m/f)	['fɛstniŋ]
palais (m)	palass (n)	[pɑ'las]
château (m)	borg (n)	['bɔrg]
tour (f)	tårn (n)	['tɔ:ɳ]
mausolée (m)	mausoleum (n)	[mauʉ'leum]
architecture (f)	arkitektur (m)	[ɑrkitɛk'tʉr]
médiéval (adj)	middelalderlig	['midəl,aldɛ:ˌli]
ancien (adj)	gammel	['gaməl]
national (adj)	nasjonal	[naʂʉ'nɑl]
connu (adj)	kjent	['çɛnt]
touriste (m)	turist (m)	[tʉ'rist]
guide (m) (personne)	guide (m)	['gajd]

excursion (f)	utflukt (m/f)	['ʉtˌflʉkt]
montrer (vt)	å vise	[ɔ 'viːsə]
raconter (une histoire)	å fortelle	[ɔ fɔː'tɛlə]
trouver (vt)	å finne	[ɔ 'finə]
se perdre (vp)	å gå seg bort	[ɔ 'gɔ sæj 'bʉːt]
plan (m) (du metro, etc.)	kart, linjekart (n)	['kɑːt], ['linjə'kɑːt]
carte (f) (de la ville, etc.)	kart (n)	['kɑːt]
souvenir (m)	suvenir (m)	[sʉve'nir]
boutique (f) de souvenirs	suvenirbutikk (m)	[sʉve'nir bʉ'tik]
prendre en photo	å fotografere	[ɔ fɔtɔgrɑ'ferə]
se faire prendre en photo	å bli fotografert	[ɔ 'bli fotɔgrɑ'fɛːt]

83. Le shopping

acheter (vt)	å kjøpe	[ɔ 'çœːpə]
achat (m)	innkjøp (n)	['inˌçœp]
faire des achats	å gå shopping	[ɔ 'gɔ ˌsopiŋ]
shopping (m)	shopping (m)	['sopiŋ]
être ouvert	å være åpen	[ɔ 'værə 'ɔpən]
être fermé	å være stengt	[ɔ 'værə 'stɛŋt]
chaussures (f pl)	skotøy (n)	['skʉtøj]
vêtement (m)	klær (n)	['klær]
produits (m pl) de beauté	kosmetikk (m)	[kʉsme'tik]
produits (m pl) alimentaires	matvarer (m/f pl)	['mɑtˌvɑrər]
cadeau (m)	gave (m/f)	['gɑvə]
vendeur (m)	forselger (m)	[fo'sɛlər]
vendeuse (f)	forselger (m)	[fo'sɛlər]
caisse (f)	kasse (m/f)	['kɑsə]
miroir (m)	speil (n)	['spæjl]
comptoir (m)	disk (m)	['disk]
cabine (f) d'essayage	prøverom (n)	['prøvəˌrʉm]
essayer (robe, etc.)	å prøve	[ɔ 'prøvə]
aller bien (robe, etc.)	å passe	[ɔ 'pɑsə]
plaire (être apprécié)	å like	[ɔ 'likə]
prix (m)	pris (m)	['pris]
étiquette (f) de prix	prislapp (m)	['prisˌlɑp]
coûter (vt)	å koste	[ɔ 'kɔstə]
Combien?	Hvor mye?	[vʉr 'mye]
rabais (m)	rabatt (m)	[rɑ'bɑt]
pas cher (adj)	billig	['bili]
bon marché (adj)	billig	['bili]
cher (adj)	dyr	['dyr]
C'est cher	Det er dyrt	[de ær 'dyːt]
location (f)	utleie (m/f)	['ʉtˌlæjə]
louer (une voiture, etc.)	å leie	[ɔ 'læjə]

| crédit (m) | kreditt (m) | [krɛ'dit] |
| à crédit (adv) | på kreditt | [pɔ krɛ'dit] |

84. L'argent

argent (m)	penger (m pl)	['pɛŋər]
échange (m)	veksling (m/f)	['vɛkʂliŋ]
cours (m) de change	kurs (m)	['kʉʂ]
distributeur (m)	minibank (m)	['mini͵bɑnk]
monnaie (f)	mynt (m)	['mʏnt]

| dollar (m) | dollar (m) | ['dɔlar] |
| euro (m) | euro (m) | ['ɛʉrʉ] |

lire (f)	lira (m)	['lire]
mark (m) allemand	mark (m/f)	['mɑrk]
franc (m)	franc (m)	['frɑn]
livre sterling (f)	pund sterling (m)	['pʉn stɛ:'liŋ]
yen (m)	yen (m)	['jɛn]

dette (f)	skyld (m/f), gjeld (m)	['ʂyl], ['jɛl]
débiteur (m)	skyldner (m)	['ʂylnər]
prêter (vt)	å låne ut	[ɔ 'lo:nə ʉt]
emprunter (vt)	å låne	[ɔ 'lo:nə]

banque (f)	bank (m)	['bɑnk]
compte (m)	konto (m)	['kɔntʉ]
verser (dans le compte)	å sette inn	[ɔ 'sɛtə in]
verser dans le compte	å sette inn på kontoen	[ɔ 'sɛtə in pɔ 'kɔntʉən]
retirer du compte	å ta ut fra kontoen	[ɔ 'ta ʉt fra 'kɔntʉən]

carte (f) de crédit	kredittkort (n)	[krɛ'dit͵kɔ:t]
espèces (f pl)	kontanter (m pl)	[kʉn'tantər]
chèque (m)	sjekk (m)	['ʂɛk]
faire un chèque	å skrive en sjekk	[ɔ 'skrivə en 'ʂɛk]
chéquier (m)	sjekkbok (m/f)	['ʂɛk͵bʉk]

portefeuille (m)	lommebok (m)	['lʉmə͵bʉk]
bourse (f)	pung (m)	['pʉŋ]
coffre fort (m)	safe, seif (m)	['sɛjf]

héritier (m)	arving (m)	['ɑrviŋ]
héritage (m)	arv (m)	['ɑrv]
fortune (f)	formue (m)	['fɔr͵mʉə]

location (f)	leie (m)	['læje]
loyer (m) (argent)	husleie (m/f)	['hʉs͵læje]
louer (prendre en location)	å leie	[ɔ 'læjə]

prix (m)	pris (m)	['pris]
coût (m)	kostnad (m)	['kɔstnɑd]
somme (f)	sum (m)	['sʉm]
dépenser (vt)	å bruke	[ɔ 'brʉkə]
dépenses (f pl)	utgifter (m/f pl)	['ʉt͵jiftər]

| économiser (vt) | å spare | [ɔ 'spɑrə] |
| économe (adj) | sparsom | ['spɑʂɔm] |

payer (régler)	å betale	[ɔ be'tɑlə]
paiement (m)	betaling (m/f)	[be'tɑliŋ]
monnaie (f) (rendre la ~)	vekslepenger (pl)	['vɛkʂlə‚pɛŋər]

impôt (m)	skatt (m)	['skɑt]
amende (f)	bot (m/f)	['bʊt]
mettre une amende	å bøtelegge	[ɔ 'bøtə‚legə]

85. La poste. Les services postaux

poste (f)	post (m)	['pɔst]
courrier (m) (lettres, etc.)	post (m)	['pɔst]
facteur (m)	postbud (n)	['pɔst‚bʉd]
heures (f pl) d'ouverture	åpningstider (m/f pl)	['ɔpniŋs‚tidər]

lettre (f)	brev (n)	['brev]
recommandé (m)	rekommandert brev (n)	[rekʊmɑn'dɛ:ʈ ‚brev]
carte (f) postale	postkort (n)	['pɔst‚kɔ:ʈ]
télégramme (m)	telegram (n)	[tele'grɑm]
colis (m)	postpakke (m/f)	['pɔst‚pɑkə]
mandat (m) postal	pengeoverføring (m/f)	['pɛŋə 'ɔvər‚føriŋ]

recevoir (vt)	å motta	[ɔ 'mɔtɑ]
envoyer (vt)	å sende	[ɔ 'sɛnə]
envoi (m)	avsending (m)	['ɑf‚sɛniŋ]

adresse (f)	adresse (m)	[ɑ'drɛsə]
code (m) postal	postnummer (n)	['pɔst‚nʉmər]
expéditeur (m)	avsender (m)	['ɑf‚sɛnər]
destinataire (m)	mottaker (m)	['mɔt‚tɑkər]

| prénom (m) | fornavn (n) | ['fɔr‚nɑvn] |
| nom (m) de famille | etternavn (n) | ['ɛtə‚ŋɑvn] |

tarif (m)	tariff (m)	[tɑ'rif]
normal (adj)	vanlig	['vɑnli]
économique (adj)	økonomisk	[økʊ'nɔmisk]

poids (m)	vekt (m)	['vɛkt]
peser (~ les lettres)	å veie	[ɔ 'væjə]
enveloppe (f)	konvolutt (m)	[kʊnvʊ'lʉt]
timbre (m)	frimerke (n)	['fri‚mærkə]
timbrer (vt)	å sette på frimerke	[ɔ 'sɛtə pɔ 'fri‚mærkə]

Le logement. La maison. Le foyer

86. La maison. Le logis

maison (f)	hus (n)	['hʉs]
chez soi	hjemme	['jɛmə]
cour (f)	gård (m)	['gɔːr]
clôture (f)	gjerde (n)	['jærə]
brique (f)	tegl (n), murstein (m)	['tæjl], ['mʉˌstæjn]
en brique (adj)	tegl-	['tæjl-]
pierre (f)	stein (m)	['stæjn]
en pierre (adj)	stein-	['stæjn-]
béton (m)	betong (m)	[be'tɔŋ]
en béton (adj)	betong-	[be'tɔŋ-]
neuf (adj)	ny	['ny]
vieux (adj)	gammel	['gɑməl]
délabré (adj)	falleferdig	['fɑləˌfæːɖi]
moderne (adj)	moderne	[mʉ'dɛːɳə]
à plusieurs étages	fleretasjes-	['flerɛˌtɑʂɛs-]
haut (adj)	høy	['høj]
étage (m)	etasje (m)	[ɛ'tɑʂə]
sans étage (adj)	enetasjes	['ɛnɛˌtɑʂɛs]
rez-de-chaussée (m)	første etasje (m)	['fœʂtə ɛ'tɑʂə]
dernier étage (m)	øverste etasje (m)	['øvəʂtə ɛ'tɑʂə]
toit (m)	tak (n)	['tɑk]
cheminée (f)	skorstein (m/f)	['skɔˌstæjn]
tuile (f)	takstein (m)	['tɑkˌstæjn]
en tuiles (adj)	taksteins-	['tɑkˌstæjns-]
grenier (m)	loft (n)	['lɔft]
fenêtre (f)	vindu (n)	['vindʉ]
vitre (f)	glass (n)	['glɑs]
rebord (m)	vinduskarm (m)	['vindʉsˌkɑrm]
volets (m pl)	vinduslemmer (m pl)	['vindʉsˌlemər]
mur (m)	mur, vegg (m)	['mʉr], ['vɛg]
balcon (m)	balkong (m)	[bɑl'kɔŋ]
gouttière (f)	nedløpsrør (n)	['nedløpsˌrør]
en haut (à l'étage)	oppe	['ɔpə]
monter (vi)	å gå ovenpå	[ɔ 'gɔ 'ɔvənˌpɔ]
descendre (vi)	å gå ned	[ɔ 'gɔ ne]
déménager (vi)	å flytte	[ɔ 'flʏtə]

87. La maison. L'entrée. L'ascenseur

entrée (f)	inngang (m)	['in,gaŋ]
escalier (m)	trapp (m/f)	['trap]
marches (f pl)	trinn (n pl)	['trin]
rampe (f)	gelender (n)	[ge'lendər]
hall (m)	hall, lobby (m)	['hal], ['lɔbi]
boîte (f) à lettres	postkasse (m/f)	['pɔst,kasə]
poubelle (f) d'extérieur	søppelkasse (m/f)	['sœpəl,kasə]
vide-ordures (m)	søppelsjakt (m/f)	['sœpəl,sakt]
ascenseur (m)	heis (m)	['hæjs]
monte-charge (m)	lasteheis (m)	['lastə'hæjs]
cabine (f)	heiskorg (m/f)	['hæjs,kɔrg]
prendre l'ascenseur	å ta heisen	[ɔ 'ta ,hæjsən]
appartement (m)	leilighet (m/f)	['læjli,het]
locataires (m pl)	beboere (m pl)	[be'bʋerə]
voisin (m)	nabo (m)	['nabʋ]
voisine (f)	nabo (m)	['nabʋ]
voisins (m pl)	naboer (m pl)	['nabʋər]

88. La maison. L'électricité

électricité (f)	elektrisitet (m)	[ɛlektrisi'tet]
ampoule (f)	lyspære (m/f)	['lys,pærə]
interrupteur (m)	strømbryter (m)	['strøm,brytər]
plomb, fusible (m)	sikring (m)	['sikriŋ]
fil (m) (~ électrique)	ledning (m)	['ledniŋ]
installation (f) électrique	ledningsnett (n)	['ledniŋs,nɛt]
compteur (m) électrique	elmåler (m)	['ɛl,mɔlər]
relevé (m)	avlesninger (m/f pl)	['av,lesniŋər]

89. La maison. La porte. La serrure

porte (f)	dør (m/f)	['dœr]
portail (m)	grind (m/f), port (m)	['griŋ], ['pɔːt]
poignée (f)	dørhåndtak (n)	['dœr,hɔntak]
déverrouiller (vt)	å låse opp	[ɔ 'loːsə ɔp]
ouvrir (vt)	å åpne	[ɔ 'ɔpnə]
fermer (vt)	å lukke	[ɔ 'lʉkə]
clé (f)	nøkkel (m)	['nøkəl]
trousseau (m), jeu (m)	knippe (n)	['knipə]
grincer (la porte)	å knirke	[ɔ 'knirkə]
grincement (m)	knirk (m/n)	['knirk]
gond (m)	hengsel (m/n)	['hɛŋsel]
paillasson (m)	dørmatte (m/f)	['dœr,matə]
serrure (f)	dørlås (m/n)	['dœr,lɔs]

85

trou (m) de la serrure	nøkkelhull (n)	['nøkəlˌhʉl]
verrou (m)	slå (m/f)	['ʂlɔ]
loquet (m)	slå (m/f)	['ʂlɔ]
cadenas (m)	hengelås (m/n)	['hɛŋeˌlɔs]

sonner (à la porte)	å ringe	[ɔ 'riŋə]
sonnerie (f)	ringing (m/f)	['riŋiŋ]
sonnette (f)	ringeklokke (m/f)	['riŋeˌklɔkə]
bouton (m)	ringeklokke knapp (m)	['riŋeˌklɔkə 'knap]
coups (m pl) à la porte	kakking (m/f)	['kakiŋ]
frapper (~ à la porte)	å kakke	[ɔ 'kɑkə]

code (m)	kode (m)	['kʊdə]
serrure (f) à combinaison	kodelås (m/n)	['kʊdeˌlɔs]
interphone (m)	dørtelefon (m)	['dœrˌteleˈfʊn]
numéro (m)	nummer (n)	['nʉmər]
plaque (f) de porte	dørskilt (n)	['dœˌʂilt]
judas (m)	kikhull (n)	['çikˌhʉl]

90. La maison de campagne

village (m)	landsby (m)	['lɑnsˌby]
potager (m)	kjøkkenhage (m)	['çœkənˌhɑgə]
palissade (f)	gjerde (n)	['jærə]
clôture (f)	stakitt (m/n)	[stɑ'kit]
portillon (m)	port, stakittport (m)	['pɔ:t], [stɑ'kitˌpɔ:t]

grange (f)	kornlåve (m)	['ku:ɳˌlo:və]
cave (f)	jordkjeller (m)	['ju:rˌçɛlər]
abri (m) de jardin	skur, skjul (n)	['skʉr], ['ʂʉl]
puits (m)	brønn (m)	['brœn]

poêle (m) (~ à bois)	ovn (m)	['ɔvn]
chauffer le poêle	å fyre	[ɔ 'fyrə]
bois (m) de chauffage	ved (m)	['ve]
bûche (f)	vedstykke (n), vedskie (f)	['vɛdˌstʏkə], ['vɛˌʂiə]

véranda (f)	veranda (m)	[væ'rɑndɑ]
terrasse (f)	terrasse (m)	[tɛ'rɑsə]
perron (m) d'entrée	yttertrapp (m/f)	['ytəˌtrɑp]
balançoire (f)	gynge (m/f)	['jiŋə]

91. La villa et le manoir

maison (f) de campagne	fritidshus (n)	['fritidsˌhʉs]
villa (f)	villa (m)	['vilɑ]
aile (f) (~ ouest)	fløy (m)	['fløj]

jardin (m)	hage (m)	['hɑgə]
parc (m)	park (m)	['pɑrk]
serre (f) tropicale	drivhus (n)	['drivˌhʉs]
s'occuper (~ du jardin)	å ta vare	[ɔ 'tɑ ˌvɑrə]

piscine (f)	svømmebasseng (n)	['svœmə,ba'sɛŋ]
salle (f) de gym	gym (m)	['dʒym]
court (m) de tennis	tennisbane (m)	['tɛnis,banə]
salle (f) de cinéma	hjemmekino (m)	['jɛmə,çinʉ]
garage (m)	garasje (m)	[ga'raʂə]

| propriété (f) privée | privateiendom (m) | [pri'vat 'æjəndɔm] |
| terrain (m) privé | privat terreng (n) | [pri'vat tɛ'rɛŋ] |

| avertissement (m) | advarsel (m) | ['ad,vaʂəl] |
| panneau d'avertissement | varselskilt (n) | ['vaʂəl,ʂilt] |

sécurité (f)	sikkerhet (m/f)	['sikər,het]
agent (m) de sécurité	sikkerhetsvakt (m/f)	['sikərhɛts,vakt]
alarme (f) antivol	tyverialarm (m)	[tyve'ri a'larm]

92. Le château. Le palais

château (m)	borg (m)	['bɔrg]
palais (m)	palass (n)	[pa'las]
forteresse (f)	festning (m/f)	['fɛstniŋ]
muraille (f)	mur (m)	['mʉr]
tour (f)	tårn (n)	['tɔ:ŋ]
donjon (m)	kjernetårn (n)	['çæ:ŋə'tɔ:ŋ]

herse (f)	fallgitter (n)	['fal,gitər]
souterrain (m)	underjordisk gang (m)	['ʉnərˌju:rdisk 'gaŋ]
douve (f)	vollgrav (m/f)	['vɔl,grav]
chaîne (f)	kjede (m)	['çɛ:de]
meurtrière (f)	skyteskår (n)	['ʂytə,skɔr]

magnifique (adj)	praktfull	['prakt,fʉl]
majestueux (adj)	majestetisk	[maje'stɛtisk]
inaccessible (adj)	uinntakelig	[ʉən'takəli]
médiéval (adj)	middelalderlig	['midəl,aldɛ:[i]

93. L'appartement

appartement (m)	leilighet (m/f)	['læjli,het]
chambre (f)	rom (n)	['rʊm]
chambre (f) à coucher	soverom (n)	['sɔvə,rʊm]
salle (f) à manger	spisestue (m/f)	['spisə,stʉə]
salon (m)	dagligstue (m/f)	['dagli,stʉə]
bureau (m)	arbeidsrom (n)	['arbæjds,rʊm]

antichambre (f)	entré (m)	[an'trɛ:]
salle (f) de bains	bad, baderom (n)	['bad], ['badə,rʊm]
toilettes (f pl)	toalett, WC (n)	[tʊa'let], [vɛ'sɛ]

plafond (m)	tak (n)	['tak]
plancher (m)	gulv (n)	['gʉlv]
coin (m)	hjørne (n)	['jœ:ŋə]

94. L'appartement. Le ménage

faire le ménage	à rydde	[ɔ 'rʏdə]
ranger (jouets, etc.)	å stue unna	[ɔ 'stʉə 'ʉnɑ]
poussière (f)	støv (n)	['støv]
poussiéreux (adj)	støvet	['støvət]
essuyer la poussière	å tørke støv	[ɔ 'tœrkə 'støv]
aspirateur (m)	støvsuger (m)	['støf‚sʉgər]
passer l'aspirateur	å støvsuge	[ɔ 'støf‚sʉgə]
balayer (vt)	å sope, å feie	[ɔ 'sɔpə], [ɔ 'fæjə]
balayures (f pl)	søppel (m/f/n)	['sœpəl]
ordre (m)	orden (m)	['ɔrdən]
désordre (m)	uorden (m)	['ʉ:‚ɔrdən]
balai (m) à franges	mopp (m)	['mɔp]
torchon (m)	klut (m)	['klʉt]
balayette (f) de sorgho	feiekost (m)	['fæjə‚kʊst]
pelle (f) à ordures	feiebrett (n)	['fæjə‚brɛt]

95. Les meubles. L'intérieur

meubles (m pl)	møbler (n pl)	['møblər]
table (f)	bord (n)	['bʊr]
chaise (f)	stol (m)	['stʊl]
lit (m)	seng (m/f)	['sɛŋ]
canapé (m)	sofa (m)	['sʊfɑ]
fauteuil (m)	lenestol (m)	['lenə‚stʊl]
bibliothèque (f) (meuble)	bokskap (n)	['bʊk‚skɑp]
rayon (m)	hylle (m/f)	['hʏlə]
armoire (f)	klesskap (n)	['kle‚skɑp]
patère (f)	knaggbrett (n)	['knɑg‚brɛt]
portemanteau (m)	stumtjener (m)	['stʉm‚tjenər]
commode (f)	kommode (m)	[kʊ'mʊdə]
table (f) basse	kaffebord (n)	['kɑfə‚bʊr]
miroir (m)	speil (n)	['spæjl]
tapis (m)	teppe (n)	['tɛpə]
petit tapis (m)	lite teppe (n)	['litə 'tɛpə]
cheminée (f)	peis (m), ildsted (n)	['pæjs], ['ilsted]
bougie (f)	lys (n)	['lys]
chandelier (m)	lysestake (m)	['lysə‚stɑkə]
rideaux (m pl)	gardiner (m/f pl)	[gɑ'd̢inər]
papier (m) peint	tapet (n)	[tɑ'pet]
jalousie (f)	persienne (m)	[pæʂi'enə]
lampe (f) de table	bordlampe (m/f)	['bʊr‚lɑmpə]
applique (f)	vegglampe (m/f)	['vɛg‚lɑmpə]

| lampadaire (m) | gulvlampe (m/f) | ['gʉlv‚lampə] |
| lustre (m) | lysekrone (m/f) | ['lysə‚krʊnə] |

pied (m) (~ de la table)	bein (n)	['bæjn]
accoudoir (m)	armlene (n)	['arm‚lenə]
dossier (m)	rygg (m)	['rʏg]
tiroir (m)	skuff (m)	['skʉf]

96. La literie

linge (m) de lit	sengetøy (n)	['sɛŋə‚tøj]
oreiller (m)	pute (m/f)	['pʉtə]
taie (f) d'oreiller	putevar, putetrekk (n)	['pʉtə‚var], ['pʉtə‚trɛk]
couverture (f)	dyne (m/f)	['dynə]
drap (m)	laken (n)	['lakən]
couvre-lit (m)	sengeteppe (n)	['sɛŋə‚tɛpə]

97. La cuisine

cuisine (f)	kjøkken (n)	['çœkən]
gaz (m)	gass (m)	['gas]
cuisinière (f) à gaz	gasskomfyr (m)	['gas kɔm‚fyr]
cuisinière (f) électrique	elektrisk komfyr (m)	[ɛ'lektrisk kɔm‚fyr]
four (m)	bakeovn (m)	['bakə‚ovn]
four (m) micro-ondes	mikrobølgeovn (m)	['mikrʊ‚bølgə'ɔvn]

réfrigérateur (m)	kjøleskap (n)	['çœlə‚skap]
congélateur (m)	fryser (m)	['frysər]
lave-vaisselle (m)	oppvaskmaskin (m)	['ɔpvask ma‚ʂin]

hachoir (m) à viande	kjøttkvern (m/f)	['çœt‚kvɛ:n]
centrifugeuse (f)	juicepresse (m/f)	['dʒʉs‚prɛsə]
grille-pain (m)	brødrister (m)	['brø‚ristər]
batteur (m)	mikser (m)	['miksər]

machine (f) à café	kaffetrakter (m)	['kafə‚traktər]
cafetière (f)	kaffekanne (m/f)	['kafə‚kanə]
moulin (m) à café	kaffekvern (m/f)	['kafə‚kvɛ:n]

bouilloire (f)	tekjele (m)	['te‚çelə]
théière (f)	tekanne (m/f)	['te‚kanə]
couvercle (m)	lokk (n)	['lɔk]
passoire (f) à thé	tesil (m)	['te‚sil]

cuillère (f)	skje (m)	['ʂe]
petite cuillère (f)	teskje (m)	['te‚ʂe]
cuillère (f) à soupe	spiseskje (m)	['spisə‚ʂɛ]
fourchette (f)	gaffel (m)	['gafəl]
couteau (m)	kniv (m)	['kniv]

| vaisselle (f) | servise (n) | [sær'visə] |
| assiette (f) | tallerken (m) | [ta'lærkən] |

soucoupe (f)	tefat (n)	['te,fat]
verre (m) à shot	shotglass (n)	['ṣɔt,glɑs]
verre (m) (~ d'eau)	glass (n)	['glɑs]
tasse (f)	kopp (m)	['kɔp]
sucrier (m)	sukkerskål (m/f)	['sʉkər,skɔl]
salière (f)	saltbøsse (m/f)	['salt,bøsə]
poivrière (f)	pepperbøsse (m/f)	['pɛpər,bøsə]
beurrier (m)	smørkopp (m)	['smœr,kɔp]
casserole (f)	gryte (m/f)	['grytə]
poêle (f)	steikepanne (m/f)	['stæjkə,panə]
louche (f)	sleiv (m/f)	['ṣlæjv]
passoire (f)	dørslag (n)	['dœṣlɑg]
plateau (m)	brett (n)	['brɛt]
bouteille (f)	flaske (m)	['flɑskə]
bocal (m) (à conserves)	glasskrukke (m/f)	['glɑs,krʉkə]
boîte (f) en fer-blanc	boks (m)	['bɔks]
ouvre-bouteille (m)	flaskeåpner (m)	['flɑskə,ɔpnər]
ouvre-boîte (m)	konservåpner (m)	['kʉnsəv,ɔpnər]
tire-bouchon (m)	korketrekker (m)	['kɔrkə,trɛkər]
filtre (m)	filter (n)	['filtər]
filtrer (vt)	å filtrere	[ɔ fil'trerə]
ordures (f pl)	søppel (m/f/n)	['sœpəl]
poubelle (f)	søppelbøtte (m/f)	['sœpəl,bœtə]

98. La salle de bains

salle (f) de bains	bad, baderom (n)	['bad], ['badə,rʉm]
eau (f)	vann (n)	['van]
robinet (m)	kran (m/f)	['kran]
eau (f) chaude	varmt vann (n)	['varmt ,van]
eau (f) froide	kaldt vann (n)	['kalt van]
dentifrice (m)	tannpasta (m)	['tan,pasta]
se brosser les dents	å pusse tennene	[ɔ 'pʉsə 'tɛnənə]
brosse (f) à dents	tannbørste (m)	['tan,bœṣtə]
se raser (vp)	å barbere seg	[ɔ bar'berə sæj]
mousse (f) à raser	barberskum (n)	[bar'bɛ,skʉm]
rasoir (m)	høvel (m)	['høvəl]
laver (vt)	å vaske	[ɔ 'vaskə]
se laver (vp)	å vaske seg	[ɔ 'vaskə sæj]
douche (f)	dusj (m)	['dʉṣ]
prendre une douche	å ta en dusj	[ɔ 'ta en 'dʉṣ]
baignoire (f)	badekar (n)	['badə,kar]
cuvette (f)	toalettstol (m)	[tʉɑ'let,stʉl]
lavabo (m)	vaskeservant (m)	['vaskə,sɛr'vant]
savon (m)	såpe (m/f)	['so:pə]

porte-savon (m)	såpeskål (m/f)	['so:pə‚skɔl]
éponge (f)	svamp (m)	['svamp]
shampooing (m)	sjampo (m)	['ʂam‚pʉ]
serviette (f)	håndkle (n)	['hɔn‚kle]
peignoir (m) de bain	badekåpe (m/f)	['badə‚ko:pə]
lessive (f) (faire la ~)	vask (m)	['vɑsk]
machine (f) à laver	vaskemaskin (m)	['vɑskə mɑ‚ʂin]
faire la lessive	å vaske tøy	[ɔ 'vɑskə 'tøj]
lessive (f) (poudre)	vaskepulver (n)	['vɑskə‚pʉlvər]

99. Les appareils électroménagers

téléviseur (m)	TV (m), TV-apparat (n)	['tɛvɛ], ['tɛvɛ ɑpɑ'rɑt]
magnétophone (m)	båndopptaker (m)	['bɔn‚ɔptɑkər]
magnétoscope (m)	video (m)	['videʉ]
radio (f)	radio (m)	['rɑdiʉ]
lecteur (m)	spiller (m)	['spilər]
vidéoprojecteur (m)	videoprojektor (m)	['videʉ prɔ'jɛktɔr]
home cinéma (m)	hjemmekino (m)	['jɛmə‚çinʉ]
lecteur DVD (m)	DVD-spiller (m)	[deve'de ‚spilər]
amplificateur (m)	forsterker (m)	[fɔ'stærkər]
console (f) de jeux	spillkonsoll (m)	['spil kʉn'sɔl]
caméscope (m)	videokamera (n)	['videʉ ‚kɑmerɑ]
appareil (m) photo	kamera (n)	['kɑmerɑ]
appareil (m) photo numérique	digitalkamera (n)	[digi'tɑl ‚kɑmerɑ]
aspirateur (m)	støvsuger (m)	['støf‚sʉgər]
fer (m) à repasser	strykejern (n)	['strykə‚jæ:ɳ]
planche (f) à repasser	strykebrett (n)	['strykə‚brɛt]
téléphone (m)	telefon (m)	[tele'fʉn]
portable (m)	mobiltelefon (m)	[mʉ'bil tele'fʉn]
machine (f) à écrire	skrivemaskin (m)	['skrivə mɑ‚ʂin]
machine (f) à coudre	symaskin (m)	['si:mɑ‚ʂin]
micro (m)	mikrofon (m)	[mikrʉ'fʉn]
écouteurs (m pl)	hodetelefoner (n pl)	['hɔdetelə‚fʉnər]
télécommande (f)	fjernkontroll (m)	['fjæ:ɳ kʉn'trɔl]
CD (m)	CD-rom (m)	['sɛdɛ‚rʊm]
cassette (f)	kassett (m)	[kɑ'sɛt]
disque (m) (vinyle)	plate, skive (m/f)	['plɑtə], ['ʂivə]

100. Les travaux de réparation et de rénovation

rénovation (f)	renovering (m/f)	[renʉ'veriŋ]
faire la rénovation	å renovere	[ɔ renʉ'verə]
réparer (vt)	å reparere	[ɔ repɑ'rerə]
remettre en ordre	å bringe orden	[ɔ 'briŋə 'ɔrdən]

refaire (vt)	à gjøre om	[ɔ 'jørə ɔm]
peinture (f)	maling (m/f)	['maliŋ]
peindre (des murs)	å male	[ɔ 'malə]
peintre (m) en bâtiment	maler (m)	['malər]
pinceau (m)	pensel (m)	['pɛnsəl]

| chaux (f) | kalkmaling (m/f) | ['kalk͵maliŋ] |
| blanchir à la chaux | å hvitmale | [ɔ 'vit͵malə] |

papier (m) peint	tapet (n)	[ta'pet]
tapisser (vt)	å tapetsere	[ɔ tapet'serə]
vernis (m)	ferniss (m)	['fæː͵ɳis]
vernir (vt)	å lakkere	[ɔ la'kerə]

101. La plomberie

eau (f)	vann (n)	['van]
eau (f) chaude	varmt vann (n)	['varmt ͵van]
eau (f) froide	kaldt vann (n)	['kalt van]
robinet (m)	kran (m/f)	['kran]

goutte (f)	dråpe (m)	['droːpə]
goutter (vi)	å dryppe	[ɔ 'drʏpə]
fuir (tuyau)	å lekke	[ɔ 'lekə]
fuite (f)	lekk (m)	['lek]
flaque (f)	pøl, pytt (m)	['pøl], ['pʏt]

tuyau (m)	rør (n)	['rør]
valve (f)	ventil (m)	[vɛn'til]
se boucher (vp)	å bli tilstoppet	[ɔ 'bli til'stɔpət]

outils (m pl)	verktøy (n pl)	['værk͵tøj]
clé (f) réglable	skiftenøkkel (m)	['ʃiftə͵nøkəl]
dévisser (vt)	å skru ut	[ɔ 'skrʉ ʉt]
visser (vt)	å skru fast	[ɔ 'skrʉ 'fast]

déboucher (vt)	å rense	[ɔ 'rɛnsə]
plombier (m)	rørlegger (m)	['rør͵legər]
sous-sol (m)	kjeller (m)	['çɛlər]
égouts (m pl)	avløp (n)	['av͵løp]

102. L'incendie

feu (m)	ild (m)	['il]
flamme (f)	flamme (m)	['flamə]
étincelle (f)	gnist (m)	['gnist]
fumée (f)	røyk (m)	['røjk]
flambeau (m)	fakkel (m)	['fakəl]
feu (m) de bois	bål (n)	['bɔl]

| essence (f) | bensin (m) | [bɛn'sin] |
| kérosène (m) | parafin (m) | [para'fin] |

inflammable (adj)	brennbar	['brɛn.bar]
explosif (adj)	eksplosiv	['ɛksplu.siv]
DÉFENSE DE FUMER	RØYKING FORBUDT	['røjkiŋ for'but]
securite (f)	sikkerhet (m/f)	['sikər.het]
danger (m)	fare (m)	['farə]
dangereux (adj)	farlig	['fɑːli]
prendre feu	å ta fyr	[ɔ 'ta .fyr]
explosion (f)	eksplosjon (m)	[ɛksplu'sun]
mettre feu	å sette fyr	[ɔ 'sɛtə .fyr]
incendiaire (m)	brannstifter (m)	['bran.stiftər]
incendie (m) prémédité	brannstiftelse (m)	['bran.stiftəlsə]
flamboyer (vi)	å flamme	[ɔ 'flamə]
brûler (vi)	å brenne	[ɔ 'brɛnə]
brûler complètement	å brenne ned	[ɔ 'brɛnə ne]
appeler les pompiers	å ringe bransvesenet	[ɔ 'riŋə 'brans.vesənə]
pompier (m)	brannmann (m)	['bran.man]
voiture (f) de pompiers	brannbil (m)	['bran.bil]
sapeurs-pompiers (pl)	brannkorps (n)	['bran.korps]
échelle (f) des pompiers	teleskopstige (m)	['tele'skup.stiːə]
tuyau (m) d'incendie	slange (m)	['şlaŋə]
extincteur (m)	brannslukker (n)	['bran.şlukər]
casque (m)	hjelm (m)	['jɛlm]
sirène (f)	sirene (m/f)	[si'renə]
crier (vi)	å skrike	[ɔ 'skrikə]
appeler au secours	å rope på hjelp	[ɔ 'rupə pɔ 'jɛlp]
secouriste (m)	redningsmann (m)	['rɛdniŋs.man]
sauver (vt)	å redde	[ɔ 'rɛdə]
venir (vi)	å ankomme	[ɔ 'an.komə]
éteindre (feu)	å slokke	[ɔ 'şløkə]
eau (f)	vann (n)	['van]
sable (m)	sand (m)	['san]
ruines (f pl)	ruiner (m pl)	[ru'inər]
tomber en ruine	å falle sammen	[ɔ 'falə 'samən]
s'écrouler (vp)	å styrte ned	[ɔ 'styːtə ne]
s'effondrer (vp)	å styrte inn	[ɔ 'styːtə in]
morceau (m) (de mur, etc.)	del (m)	['del]
cendre (f)	aske (m/f)	['askə]
mourir étouffé	å kveles	[ɔ 'kveləs]
périr (vi)	å omkomme	[ɔ 'om.komə]

LES ACTIVITÉS HUMAINS

Le travail. Les affaires. Partie 1

103. Le bureau. La vie de bureau

bureau (m) (établissement)	kontor (n)	[kʊn'tʊr]
bureau (m) (au travail)	kontor (n)	[kʊn'tʊr]
accueil (m)	resepsjon (m)	[resɛp'ʂʊn]
secrétaire (m, f)	sekretær (m)	[sɛkrə'tær]
secrétaire (f)	sekretær (m)	[sɛkrə'tær]
directeur (m)	direktør (m)	[dirɛk'tør]
manager (m)	manager (m)	['mɛnidʒər]
comptable (m)	regnskapsfører (m)	['rɛjnskaps͵førər]
collaborateur (m)	ansatt (n)	['an͵sat]
meubles (m pl)	møbler (n pl)	['møblər]
bureau (m)	bord (n)	['bʊr]
fauteuil (m)	arbeidsstol (m)	['arbæjds͵stʊl]
classeur (m) à tiroirs	skuffeseksjon (m)	['skʉfə͵sɛk'ʂʊn]
portemanteau (m)	stumtjener (m)	['stʉm͵tjenər]
ordinateur (m)	datamaskin (m)	['data ma͵ʂin]
imprimante (f)	skriver (m)	['skrivər]
fax (m)	faks (m)	['faks]
copieuse (f)	kopimaskin (m)	[kʊ'pi ma͵ʂin]
papier (m)	papir (n)	[pa'pir]
papeterie (f)	kontorartikler (m pl)	[kʊn'tʊr ɑː'ʈiklər]
tapis (m) de souris	musematte (m/f)	['mʉsə͵matə]
feuille (f)	ark (n)	['ark]
classeur (m)	mappe (m/f)	['mapə]
catalogue (m)	katalog (m)	[kata'lɔg]
annuaire (m)	telefonkatalog (m)	[tele'fʊn kata'lɔg]
documents (m pl)	dokumentasjon (m)	[dɔkʉmɛnta'ʂʊn]
brochure (f)	brosjyre (m)	[brɔ'ʂyrə]
prospectus (m)	reklameblad (n)	[rɛ'klamə͵bla]
échantillon (m)	prøve (m)	['prøvə]
formation (f)	trening (m/f)	['treniŋ]
réunion (f)	møte (n)	['møtə]
pause (f) déjeuner	lunsj pause (m)	['lʉnʂ ͵paʉsə]
faire une copie	å lage en kopi	[ɔ 'lagə en kʊ'pi]
faire des copies	å kopiere	[ɔ kʊ'pjerə]
recevoir un fax	å motta faks	[ɔ 'mɔta ͵faks]
envoyer un fax	å sende faks	[ɔ 'sɛnə ͵faks]

téléphoner, appeler	à ringe	[ɔ 'riŋǝ]
répondre (vi, vt)	å svare	[ɔ 'svɑrǝ]
passer (au téléphone)	å sætte over til ...	[ɔ 'sætǝ 'ɔvǝr til ...]

fixer (rendez-vous)	å arrangere	[ɔ arɑŋ'ṣerǝ]
montrer (un échantillon)	å demonstrere	[ɔ demɔn'strerǝ]
être absent	å være fraværende	[ɔ 'værǝ 'frɑˌværǝnǝ]
absence (f)	fravær (n)	['frɑˌvær]

104. Les processus d'affaires. Partie 1

affaire (f) (business)	bedrift, handel (m)	[be'drift], ['hɑndǝl]
métier (m)	yrke (n)	['yrkǝ]
firme (f), société (f)	firma (n)	['firmɑ]
compagnie (f)	foretak (n)	['fɔrǝˌtɑk]
corporation (f)	korporasjon (m)	[kurpurɑ'ṣun]
entreprise (f)	foretak (n)	['fɔrǝˌtɑk]
agence (f)	agentur (n)	[ɑgɛn'tʉr]

accord (m)	avtale (m)	['ɑvˌtɑlǝ]
contrat (m)	kontrakt (m)	[kun'trɑkt]
marché (m) (accord)	avtale (m)	['ɑvˌtɑlǝ]
commande (f)	bestilling (m)	[be'stiliŋ]
terme (m) (~ du contrat)	vilkår (n)	['vilˌkɔːr]

en gros (adv)	en gros	[ɛn 'grɔ]
en gros (adj)	engros-	[ɛŋ'grɔ-]
vente (f) en gros	engroshandel (m)	[ɛŋ'grɔˌhɑndǝl]
au détail (adj)	detalj-	[de'tɑlj-]
vente (f) au détail	detaljhandel (m)	[de'tɑljˌhɑndǝl]

concurrent (m)	konkurrent (m)	[kunkʉ'rɛnt]
concurrence (f)	konkurranse (m)	[kunkʉ'rɑnsǝ]
concurrencer (vt)	å konkurrere	[ɔ kunkʉ'rerǝ]

| associé (m) | partner (m) | ['pɑːtnǝr] |
| partenariat (m) | partnerskap (n) | ['pɑːtnǝˌṣkɑp] |

crise (f)	krise (m/f)	['krisǝ]
faillite (f)	fallitt (m)	[fɑ'lit]
faire faillite	å gå konkurs	[ɔ 'gɔ kɔn'kʉṣ]
difficulté (f)	vanskelighet (m)	['vɑnskǝliˌhet]
problème (m)	problem (n)	[prʉ'blem]
catastrophe (f)	katastrofe (m)	[kɑtɑ'strɔfǝ]

économie (f)	økonomi (m)	[økunu'mi]
économique (adj)	økonomisk	[økʉ'nɔmisk]
baisse (f) économique	økonomisk nedgang (m)	[økʉ'nɔmisk 'nedˌgɑŋ]

| but (m) | mål (n) | ['mol] |
| objectif (m) | oppgave (m/f) | ['ɔpˌgɑvǝ] |

| faire du commerce | å handle | [ɔ 'hɑndlǝ] |
| réseau (m) (de distribution) | nettverk (n) | ['nɛtˌværk] |

inventaire (m) (stocks)	lager (n)	['lagər]
assortiment (m)	sortiment (n)	[sɔ:ʈi'mɛn]
leader (m)	leder (m)	['ledər]
grande (~ entreprise)	stor	['stʊr]
monopole (m)	monopol (n)	[mʊnʊ'pɔl]
théorie (f)	teori (m)	[teʊ'ri]
pratique (f)	praksis (m)	['praksis]
expérience (f)	erfaring (m/f)	[ær'fariŋ]
tendance (f)	tendens (m)	[tɛn'dɛns]
développement (m)	utvikling (m/f)	['ʉtˌvikliŋ]

105. Les processus d'affaires. Partie 2

rentabilité (m)	utbytte (n), fordel (m)	['ʉtˌbʏtə], ['fɔ:dᵊl]
rentable (adj)	fordelaktig	[fɔ:dᵊl'akti]
délégation (f)	delegasjon (m)	[delega'ʂʊn]
salaire (m)	lønn (m/f)	['lœn]
corriger (une erreur)	å rette	[ɔ 'rɛtə]
voyage (m) d'affaires	forretningsreise (m/f)	[fɔ'rɛtniŋsˌræjsə]
commission (f)	provisjon (m)	[prʊvi'ʂʊn]
contrôler (vt)	å kontrollere	[ɔ kʊntrɔ'lerə]
conférence (f)	konferanse (m)	[kʊnfə'ransə]
licence (f)	lisens (m)	[li'sɛns]
fiable (partenaire ~)	pålitelig	[pɔ'liteli]
initiative (f)	initiativ (n)	[initsia'tiv]
norme (f)	norm (m)	['nɔrm]
circonstance (f)	omstendighet (m)	[ɔm'stɛndiˌhet]
fonction (f)	plikt (m/f)	['plikt]
entreprise (f)	organisasjon (m)	[ɔrganisa'ʂʊn]
organisation (f)	organisering (m)	[ɔrgani'seriŋ]
organisé (adj)	organisert	[ɔrgani'sɛ:ʈ]
annulation (f)	avlysning (m/f)	['avˌlʏsniŋ]
annuler (vt)	å avlyse, å annullere	[ɔ 'avˌlysə], [ɔ anʉ'lerə]
rapport (m)	rapport (m)	[ra'pɔ:ʈ]
brevet (m)	patent (n)	[pa'tɛnt]
breveter (vt)	å patentere	[ɔ paten'terə]
planifier (vt)	å planlegge	[ɔ 'planˌlegə]
prime (f)	gratiale (n)	[gratsi'a:lə]
professionnel (adj)	professionel	[prʊ'fɛsiɔˌnɛl]
procédure (f)	prosedyre (m)	[prʊsə'dyrə]
examiner (vt)	å undersøke	[ɔ 'ʉnəˌsøkə]
calcul (m)	beregning (m/f)	[be'rɛjniŋ]
réputation (f)	rykte (n)	['rʏktə]
risque (m)	risiko (m)	['risikʊ]
diriger (~ une usine)	å styre, å lede	[ɔ 'styrə], [ɔ 'ledə]

renseignements (m pl)	opplysninger (m/f pl)	['ɔpˌlʏsniŋər]
propriété (f)	eiendom (m)	['æjənˌdɔm]
union (f)	forbund (n)	['fɔrˌbʉn]

assurance vie (f)	livsforsikring (m/f)	['lifsfɔˌsikriŋ]
assurer (vt)	å forsikre	[ɔ fɔ'sikrə]
assurance (f)	forsikring (m/f)	[fɔ'sikriŋ]

enchères (f pl)	auksjon (m)	[aʉk'ʂun]
notifier (informer)	å underrette	[ɔ 'ʉnəˌrɛtə]
gestion (f)	ledelse (m)	['ledəlsə]
service (m)	tjeneste (m)	['tjenɛstə]

forum (m)	forum (n)	['fɔrum]
fonctionner (vi)	å fungere	[ɔ fʉ'ŋerə]
étape (f)	etappe (m)	[e'tapə]
juridique (services ~s)	juridisk	[jʉ'ridisk]
juriste (m)	jurist (m)	[jʉ'rist]

106. L'usine. La production

usine (f)	verk (n)	['værk]
fabrique (f)	fabrikk (m)	[fa'brik]
atelier (m)	verkstad (m)	['værkˌstad]
site (m) de production	produksjonsplass (m)	[prʊdʉk'ʂuns ˌplas]

industrie (f)	industri (m)	[indʉ'stri]
industriel (adj)	industriell	[indʉstri'ɛl]
industrie (f) lourde	tungindustri (m)	['tʉŋ ˌindʉ'stri]
industrie (f) légère	lettindustri (m)	['letˌindʉ'stri]

produit (m)	produksjon (m)	[prʊdʉk'ʂun]
produire (vt)	å produsere	[ɔ prʊdʉ'serə]
matières (f pl) premières	råstoffer (n pl)	['rɔˌstɔfər]

chef (m) d'équipe	formann, bas (m)	['fɔrman], ['bas]
équipe (f) d'ouvriers	arbeidslag (n)	['arbæjdsˌlag]
ouvrier (m)	arbeider (m)	['arˌbæjdər]

jour (m) ouvrable	arbeidsdag (m)	['arbæjdsˌda]
pause (f) (repos)	hvilepause (m)	['viləˌpaʉse]
réunion (f)	møte (n)	['møtə]
discuter (vt)	å drøfte, å diskutere	[ɔ 'drœftə], [ɔ diskʉ'terə]

plan (m)	plan (m)	['plan]
accomplir le plan	å oppfylle planen	[ɔ 'ɔpˌfʏlə 'planən]
norme (f) de production	produksjonsmål (n)	[prʊdʉk'ʂuns ˌmol]
qualité (f)	kvalitet (m)	[kvali'tɛt]
contrôle (m)	kontroll (m)	[kʊn'trɔl]
contrôle (m) qualité	kvalitetskontroll (m)	[kvali'tɛt kʊn'trɔl]

sécurité (f) de travail	arbeidervern (n)	['arbæjdərˌvæ:n]
discipline (f)	disiplin (m)	[disip'lin]
infraction (f)	brudd (n)	['brʉd]

violer (les règles)	à bryte	[ɔ 'brytə]
grève (f)	streik (m)	['stræjk]
gréviste (m)	streiker (m)	['stræjkər]
faire grève	à streike	[ɔ 'stræjkə]
syndicat (m)	fagforening (m/f)	['fɑgfɔˌreniŋ]

inventer (machine, etc.)	à oppfinne	[ɔ 'ɔpˌfinə]
invention (f)	oppfinnelse (m)	['ɔpˌfinəlsə]
recherche (f)	forskning (m)	['fɔːʂkniŋ]
améliorer (vt)	à forbedre	[ɔ for'bɛdrə]
technologie (f)	teknologi (m)	[tɛknʊlʊ'gi]
dessin (m) technique	teknisk tegning (m/f)	['tɛknisk ˌtæjniŋ]

charge (f) (~ de 3 tonnes)	last (m/f)	['lɑst]
chargeur (m)	lastearbeider (m)	['lɑstəˈɑrˌbæjdər]
charger (véhicule, etc.)	à laste	[ɔ 'lɑstə]
chargement (m)	lasting (m/f)	['lɑstiŋ]
décharger (vt)	à lesse av	[ɔ 'lese ɑː]
déchargement (m)	avlessing (m/f)	['ɑvˌlesiŋ]

transport (m)	transport (m)	[trɑns'pɔːt]
compagnie (f) de transport	transportfirma (n)	[trɑns'pɔːt ˌfirmɑ]
transporter (vt)	à transportere	[ɔ trɑnspɔːˈʈerə]

wagon (m) de marchandise	godsvogn (m/f)	['gʊtsˌvɔŋn]
citerne (f)	tank (m)	['tɑnk]
camion (m)	lastebil (m)	['lɑstəˌbil]

machine-outil (f)	verktøymaskin (m)	['værktøj mɑˌʂin]
mécanisme (m)	mekanisme (m)	[meka'nismə]

déchets (m pl)	industrielt avfall (n)	[indʉstri'ɛlt 'ɑvˌfɑl]
emballage (m)	pakning (m/f)	['pɑkniŋ]
emballer (vt)	à pakke	[ɔ 'pɑkə]

107. Le contrat. L'accord

contrat (m)	kontrakt (m)	[kʊn'trɑkt]
accord (m)	avtale (m)	['ɑvˌtɑlə]
annexe (f)	tillegg, bilag (n)	['tiˌleg], ['biˌlɑg]

signer un contrat	à inngå kontrakt	[ɔ 'inˌgɔ kʊn'trɑkt]
signature (f)	underskrift (m/f)	['ʉnəˌskrift]
signer (vt)	à underskrive	[ɔ 'ʉnəˌskrivə]
cachet (m)	stempel (n)	['stɛmpəl]

objet (m) du contrat	kontraktens gjenstand (m)	[kʊn'trɑktəns 'jɛnˌstan]
clause (f)	klausul (m)	[klaʊ'sʉl]
côtés (m pl)	parter (m pl)	['pɑːʈər]
adresse (f) légale	juridisk adresse (m/f)	[jʉ'ridisk ɑ'drɛsə]

violer l'accord	à bryte kontrakten	[ɔ 'brytə kʊn'trɑktən]
obligation (f)	forpliktelse (m)	[for'pliktəlsə]
responsabilité (f)	ansvar (n)	['ɑnˌsvar]

force (f) majeure	force majeure (m)	[ˌfɔrs ma'ʒøːr]
litige (m)	tvist (m)	['tvist]
pénalités (f pl)	straffeavgifter (m pl)	['strɑfə ɑv'jiftər]

108. L'importation. L'exportation

importation (f)	import (m)	[im'pɔːt]
importateur (m)	importør (m)	[impɔːˈʈør]
importer (vt)	å importere	[ɔ impɔːˈʈerə]
d'importation	import-	[im'pɔːt-]

exportation (f)	eksport (m)	[ɛks'pɔːt]
exportateur (m)	eksportør (m)	[ɛkspɔːˈʈør]
exporter (vt)	å eksportere	[ɔ ɛkspɔːˈʈerə]
d'exportation (adj)	eksport-	[ɛks'pɔːt-]

| marchandise (f) | vare (m/f) | ['vɑrə] |
| lot (m) de marchandises | parti (n) | [pɑːˈʈi] |

poids (m)	vekt (m)	['vɛkt]
volume (m)	volum (n)	[vɔ'lʉm]
mètre (m) cube	kubikkmeter (m)	[kʉ'bikˌmetər]

producteur (m)	produsent (m)	[prʉdʉ'sɛnt]
compagnie (f) de transport	transportfirma (n)	[trɑns'pɔːʈ ˌfirmɑ]
container (m)	container (m)	[kɔn'tɛjnər]

frontière (f)	grense (m/f)	['grɛnsə]
douane (f)	toll (m)	['tɔl]
droit (m) de douane	tollavgift (m)	['tɔl ɑv'jift]
douanier (m)	tollbetjent (m)	['tɔlbeˌtjɛnt]
contrebande (f) (trafic)	smugling (m/f)	['smʉgliŋ]
contrebande (f)	smuglergods (n)	['smʉgleˌgʉts]

109. La finance

action (f)	aksje (m)	['ɑkʂə]
obligation (f)	obligasjon (m)	[ɔbligɑ'ʂʉn]
lettre (f) de change	veksel (m)	['vɛksəl]

| bourse (f) | børs (m) | ['bœʂ] |
| cours (m) d'actions | aksjekurs (m) | ['ɑkʂəˌkʉʂ] |

| baisser (vi) | å gå ned | [ɔ 'gɔ ne] |
| augmenter (vi) (prix) | å gå opp | [ɔ 'gɔ ɔp] |

part (f)	andel (m)	['ɑnˌdel]
participation (f) de contrôle	aksjemajoritet (m)	['ɑkʂəˌmajori'tet]
investissements (m pl)	investering (m/f)	[inve'steriŋ]
investir (vt)	å investere	[ɔ inve'sterə]
pour-cent (m)	prosent (m)	[prʉ'sɛnt]
intérêts (m pl)	rente (m/f)	['rɛntə]

profit (m)	profitt (m), fortjeneste (m/f)	[prɔ'fit], [fɔ:'tjenɛstə]
profitable (adj)	profitabel	[prɔfi'tabəl]
impôt (m)	skatt (m)	['skat]

devise (f)	valuta (m)	[va'lʉta]
national (adj)	nasjonal	[naʂʊ'nal]
échange (m)	veksling (m/f)	['vɛkʂliŋ]

| comptable (m) | regnskapsfører (m) | ['rɛjnskaps̩førər] |
| comptabilité (f) | bokføring (m/f) | ['bʊk'føriŋ] |

faillite (f)	fallitt (m)	[fa'lit]
krach (m)	krakk (n)	['krak]
ruine (f)	ruin (m)	[rʉ'in]
se ruiner (vp)	å ruinere seg	[ɔ rʉi'nerə sæj]
inflation (f)	inflasjon (m)	[infla'ʂʊn]
dévaluation (f)	devaluering (m)	[devalʉ'eriŋ]

capital (m)	kapital (m)	[kapi'tal]
revenu (m)	inntekt (m/f), innkomst (m)	['in̩tɛkt], ['in̩kɔmst]
chiffre (m) d'affaires	omsetning (m/f)	['ɔm̩sɛtniŋ]
ressources (f pl)	ressurser (m pl)	[re'sʉʂər]
moyens (m pl) financiers	pengemidler (m pl)	['pɛŋə̩midlər]
frais (m pl) généraux	faste utgifter (m/f pl)	['fastə 'ʉt̩jiftər]
réduire (vt)	å redusere	[ɔ redʉ'serə]

110. La commercialisation. Le marketing

marketing (m)	markedsføring (m/f)	['markəds̩føriŋ]
marché (m)	marked (n)	['markəd]
segment (m) du marché	markedssegment (n)	['markəds seg'mɛnt]
produit (m)	produkt (n)	[prʉ'dʉkt]
marchandise (f)	vare (m/f)	['varə]

marque (f) de fabrique	merkenavn (n)	['mærkə̩navn]
marque (f) déposée	varemerke (n)	['varə̩mærkə]
logotype (m)	firmamerke (n)	['firma̩mærkə]
logo (m)	logo (m)	['lugʊ]

| demande (f) | etterspørsel (m) | ['ɛtə̩spœʂəl] |
| offre (f) | tilbud (n) | ['til̩bʉd] |

| besoin (m) | behov (n) | [be'hʊv] |
| consommateur (m) | forbruker (m) | [fɔr'brʉkər] |

| analyse (f) | analyse (m) | [ana'lysə] |
| analyser (vt) | å analysere | [ɔ analy'serə] |

| positionnement (m) | posisjonering (m/f) | [pʊsiʂʊ'neriŋ] |
| positionner (vt) | å posisjonere | [ɔ pʊsiʂʊ'nerə] |

prix (m)	pris (m)	['pris]
politique (f) des prix	prispolitikk (m)	['pris pʉli'tik]
formation (f) des prix	prisdannelse (m)	['pris̩danəlsə]

111. La publicité

publicité (f), pub (f)	reklame (m)	[rɛ'klamə]
faire de la publicité	å reklamere	[ɔ rɛkla'merə]
budget (m)	budsjett (n)	[bʉd'ʂɛt]
annonce (f), pub (f)	annonse (m)	[a'nɔnsə]
publicité (f) à la télévision	TV-reklame (m)	['tɛvɛ rɛ'klamə]
publicité (f) à la radio	radioreklame (m)	['radiʉ rɛ'klamə]
publicité (f) extérieure	utendørsreklame (m)	['ʉtən,dœʂ rɛ'klamə]
mass média (m pl)	massemedier (n pl)	['masə,mediər]
périodique (m)	tidsskrift (n)	['tid,skrift]
image (f)	image (m)	['imidʒ]
slogan (m)	slogan (n)	['slɔgan]
devise (f)	motto (n)	['mɔtʉ]
campagne (f)	kampanje (m)	[kam'panjə]
campagne (f) publicitaire	reklamekampanje (m)	[rɛ'klamə kam'panjə]
public (m) cible	målgruppe (m/f)	['moːl,grʉpə]
carte (f) de visite	visittkort (n)	[vi'sit,kɔːt]
prospectus (m)	reklameblad (n)	[rɛ'klamə,bla]
brochure (f)	brosjyre (m)	[brɔ'ʂyrə]
dépliant (m)	folder (m)	['fɔlər]
bulletin (m)	nyhetsbrev (n)	['nyhets,brev]
enseigne (f)	skilt (n)	['ʂilt]
poster (m)	plakat, poster (m)	['pla,kat], ['pɔstər]
panneau-réclame (m)	reklameskilt (m/f)	[rɛ'klamə,ʂilt]

112. Les opérations bancaires

banque (f)	bank (m)	['bank]
agence (f) bancaire	avdeling (m)	['av,deliŋ]
conseiller (m)	konsulent (m)	[kʉnsʉ'lent]
gérant (m)	forstander (m)	[fɔ'ʂtandər]
compte (m)	bankkonto (m)	['bank,kɔntʉ]
numéro (m) du compte	kontonummer (n)	['kɔntʉ,nʉmər]
compte (m) courant	sjekkonto (m)	['ʂɛk,kɔntʉ]
compte (m) sur livret	sparekonto (m)	['sparə,kɔntʉ]
ouvrir un compte	å åpne en konto	[ɔ 'ɔpnə en 'kɔntʉ]
clôturer le compte	å lukke kontoen	[ɔ 'lʉkə 'kɔntʉən]
verser dans le compte	å sette inn på kontoen	[ɔ 'sɛtə in pɔ 'kɔntʉən]
retirer du compte	å ta ut fra kontoen	[ɔ 'ta ʉt fra 'kɔntʉən]
dépôt (m)	innskudd (n)	['in,skʉd]
faire un dépôt	å sette inn	[ɔ 'sɛtə in]
virement (m) bancaire	overføring (m/f)	['ɔvər,føriŋ]

101

faire un transfert	à overføre	[ɔ 'ɔvərˌførə]
somme (f)	sum (m)	['sʉm]
Combien?	Hvor mye?	[vʉr 'mye]

| signature (f) | underskrift (m/f) | ['ʉnəˌskrift] |
| signer (vt) | å underskrive | [ɔ 'ʉnəˌskrivə] |

carte (f) de crédit	kredittkort (n)	[krɛ'ditˌkɔ:t]
code (m)	kode (m)	['kʉdə]
numéro (m) de carte de crédit	kreditkortnummer (n)	[krɛ'ditˌkɔ:t 'nʉmər]
distributeur (m)	minibank (m)	['miniˌbɑnk]

chèque (m)	sjekk (m)	['ʂɛk]
faire un chèque	å skrive en sjekk	[ɔ 'skrivə en 'ʂɛk]
chéquier (m)	sjekkbok (m/f)	['ʂɛkˌbʉk]

crédit (m)	lån (n)	['lɔn]
demander un crédit	å søke om lån	[ɔ ˌsøkə ɔm 'lɔn]
prendre un crédit	å få lån	[ɔ 'fɔ 'lɔn]
accorder un crédit	å gi lån	[ɔ 'ji 'lɔn]
gage (m)	garanti (m)	[gɑrɑn'ti]

113. Le téléphone. La conversation téléphonique

téléphone (m)	telefon (m)	[tele'fʉn]
portable (m)	mobiltelefon (m)	[mʉ'bil tele'fʉn]
répondeur (m)	telefonsvarer (m)	[tele'fʉnˌsvɑrər]

| téléphoner, appeler | å ringe | [ɔ 'riŋə] |
| appel (m) | telefonsamtale (m) | [tele'fʉn 'sɑmˌtɑlə] |

composer le numéro	å slå et nummer	[ɔ 'ʂlɔ et 'nʉmər]
Allô!	Hallo!	[hɑ'lʉ]
demander (~ l'heure)	å spørre	[ɔ 'spørə]
répondre (vi, vt)	å svare	[ɔ 'svɑrə]
entendre (bruit, etc.)	å høre	[ɔ 'hørə]
bien (adv)	godt	['gɔt]
mal (adv)	dårlig	['do:ɭi]
bruits (m pl)	støy (m)	['støj]

récepteur (m)	telefonrør (n)	[tele'fʉnˌrør]
décrocher (vt)	å ta telefonen	[ɔ 'tɑ tele'fʉnən]
raccrocher (vi)	å legge på røret	[ɔ 'legə pɔ 'rørə]

occupé (adj)	opptatt	['ɔpˌtɑt]
sonner (vi)	å ringe	[ɔ 'riŋə]
carnet (m) de téléphone	telefonkatalog (m)	[tele'fʉn kɑtɑ'lɔg]

local (adj)	lokal-	[lɔ'kɑl-]
appel (m) local	lokalsamtale (m)	[lɔ'kɑl 'sɑmˌtɑlə]
interurbain (adj)	riks-	['riks-]
appel (m) interurbain	rikssamtale (m)	['riks 'sɑmˌtɑlə]
international (adj)	internasjonal	['intɛ:nɑʂʉˌnɑl]
appel (m) international	internasjonal samtale (m)	['intɛ:nɑʂʉˌnɑl 'sɑmˌtɑlə]

114. Le téléphone portable

portable (m)	mobiltelefon (m)	[mʊ'bil tele'fʊn]
ecran (m)	skjerm (m)	['ṣærm]
bouton (m)	knapp (m)	['knɑp]
carte SIM (f)	SIM-kort (n)	['sim‚kɔ:t]

pile (f)	batteri (n)	[bɑtɛ'ri]
être déchargé	å bli utladet	[ɔ 'bli 'ʉt‚lɑdət]
chargeur (m)	lader (m)	['lɑdər]

menu (m)	meny (m)	[me'ny]
réglages (m pl)	innstillinger (m/f pl)	['in‚stiliŋər]
mélodie (f)	melodi (m)	[melɔ'di]
sélectionner (vt)	å velge	[ɔ 'vɛlgə]

calculatrice (f)	regnemaskin (m)	['rɛjnə mɑ‚ṣin]
répondeur (m)	telefonsvarer (m)	[tele'fʊn‚svɑrər]
réveil (m)	vekkerklokka (m/f)	['vɛkər‚klɔkɑ]
contacts (m pl)	kontakter (m pl)	[kʊn'tɑktər]

| SMS (m) | SMS-beskjed (m) | [ɛsɛm'ɛs bɛ‚ṣɛ] |
| abonné (m) | abonnent (m) | [ɑbɔ'nɛnt] |

115. La papeterie

| stylo (m) à bille | kulepenn (m) | ['kʉ:lə‚pɛn] |
| stylo (m) à plume | fyllepenn (m) | ['fʏlə‚pɛn] |

crayon (m)	blyant (m)	['bly‚ɑnt]
marqueur (m)	merkepenn (m)	['mærkə‚pɛn]
feutre (m)	tusjpenn (m)	['tʉṣ‚pɛn]

| bloc-notes (m) | notatbok (m/f) | [nʊ'tɑt‚bʊk] |
| agenda (m) | dagbok (m/f) | ['dɑg‚bʊk] |

règle (f)	linjal (m)	[li'njɑl]
calculatrice (f)	regnemaskin (m)	['rɛjnə mɑ‚ṣin]
gomme (f)	viskelær (n)	['viskə‚lær]
punaise (f)	tegnestift (m)	['tæjnə‚stift]
trombone (m)	binders (m)	['bindɛṣ]

colle (f)	lim (n)	['lim]
agrafeuse (f)	stiftemaskin (m)	['stiftə mɑ‚ṣin]
perforateur (m)	hullemaskin (m)	['hʉlə mɑ‚ṣin]
taille-crayon (m)	blyantspisser (m)	['blyɑnt‚spisər]

116. Les différents types de documents

| rapport (m) | rapport (m) | [rɑ'pɔ:t] |
| accord (m) | avtale (m) | ['ɑv‚tɑlə] |

formulaire (m) d'inscription	søknadsskjema (n)	['søknɑds‚ʃemɑ]
authentique (adj)	ekte	['ɛktə]
badge (m)	badge (n)	['bædʒ]
carte (f) de visite	visittkort (n)	[vi'sit‚kɔ:t]
certificat (m)	sertifikat (n)	[sæ:tʃifi'kɑt]
chèque (m) de banque	sjekk (m)	['ʂɛk]
addition (f) (restaurant)	regning (m/f)	['rɛjniŋ]
constitution (f)	grunnlov (m)	['grʉn‚lɔv]
contrat (m)	avtale (m)	['ɑv‚tɑlə]
copie (f)	kopi (f)	[kʉ'pi]
exemplaire (m)	eksemplar (n)	[ɛksɛm'plɑr]
déclaration (f) de douane	tolldeklarasjon (m)	['tɔldɛklɑrɑ'ʂʉn]
document (m)	dokument (n)	[dɔkʉ'mɛnt]
permis (m) de conduire	førerkort (n)	['førər‚kɔ:t]
annexe (f)	tillegg, bilag (n)	['ti‚leg], ['bi‚lɑg]
questionnaire (m)	skjema (n)	['ʂemɑ]
carte (f) d'identité	legitimasjon (m)	[legitimɑ'ʂʉn]
demande (f) de renseignements	forespørsel (m)	['fɔrə‚spœʂəl]
lettre (f) d'invitation	invitasjonskort (n)	[invitɑ'ʂʉns‚kɔ:t]
facture (f)	faktura (m)	[fɑk'tʉrɑ]
loi (f)	lov (m)	['lɔv]
lettre (f)	brev (n)	['brev]
papier (m) à en-tête	brevpapir (n)	['brev‚pa'pir]
liste (f) (~ des noms)	liste (m/f)	['listə]
manuscrit (m)	manuskript (n)	[mɑnʉ'skript]
bulletin (m)	nyhetsbrev (n)	['nyhets‚brev]
mot (m) (message)	lapp, seddel (m)	['lɑp], ['sɛdəl]
laissez-passer (m)	adgangskort (n)	['ɑdgɑŋs‚kɔ:t]
passeport (m)	pass (n)	['pɑs]
permis (m)	tillatelse (m)	['ti‚lɑtəlsə]
C.V. (m)	CV (m/n)	['sɛvɛ]
reconnaissance (f) de dette	skyldbrev, gjeldsbrev (m/f)	['ʂyl‚brev], ['jɛl‚brev]
reçu (m)	kvittering (m/f)	[kvi'təriŋ]
ticket (m) de caisse	kassalapp (m)	['kasɑ‚lɑp]
rapport (m)	rapport (m)	[rɑ'pɔ:t]
présenter (pièce d'identité)	å vise	[ɔ 'visə]
signer (vt)	å underskrive	[ɔ 'ʉnə‚skrivə]
signature (f)	underskrift (m/f)	['ʉnə‚skrift]
cachet (m)	stempel (n)	['stɛmpəl]
texte (m)	tekst (m/f)	['tɛkst]
ticket (m)	billett (m)	[bi'let]
rayer (vt)	å stryke ut	[ɔ 'strykə ʉt]
remplir (vt)	å utfylle	[ɔ 'ʉt‚fʏlə]
bordereau (m) de transport	fraktbrev (n)	['frɑkt‚brev]
testament (m)	testament (n)	[tɛstɑ'mɛnt]

117. Les types d'activités économiques

agence (f) de recrutement	rekrutteringsbyrå (n)	['rekru̟ˌteriŋs byˌro]
agence (f) de sécurité	sikkerhetsselskap (n)	['sikərhɛts 'selˌskap]
agence (f) d'information	nyhetsbyrå (n)	['nyhets byˌro]
agence (f) publicitaire	reklamebyrå (n)	[rɛ'klamə byˌro]
antiquités (f pl)	antikviteter (m pl)	[antikvi'tetər]
assurance (f)	forsikring (m/f)	[fo'ʂikriŋ]
atelier (m) de couture	skredderi (n)	[skrɛde'ri]
banques (f pl)	bankvirksomhet (m/f)	['bankˌvirksɔmhet]
bar (m)	bar (m)	['bar]
bâtiment (m)	byggeri (m/f)	[bʏgə'ri]
bijouterie (f)	smykker (n pl)	['smʏkər]
bijoutier (m)	juveler (m)	[ju̇'velər]
blanchisserie (f)	vaskeri (n)	[vaske'ri]
boissons (f pl) alcoolisées	alkoholholdige drikke (m pl)	[alku̇'hʊlˌhɔldiə 'drikə]
boîte (f) de nuit	nattklubb (m)	['natˌklʉb]
bourse (f)	børs (m)	['bœʂ]
brasserie (f) (fabrique)	bryggeri (n)	[brʏge'ri]
maison (f) funéraire	begravelsesbyrå (n)	[be'gravəlsəs byˌro]
casino (m)	kasino (n)	[ka'sinʊ]
centre (m) d'affaires	forretningssenter (n)	[fo'rɛtniŋsˌsɛntər]
cinéma (m)	kino (m)	['çinʊ]
climatisation (m)	klimaanlegg (n pl)	['klima'anˌleg]
commerce (m)	handel (m)	['handəl]
compagnie (f) aérienne	flyselskap (n)	['flysəlˌskap]
conseil (m)	konsulenttjenester (m pl)	[ku̇nsu'lent ˌtjenɛstər]
coursiers (m pl)	budtjeneste (m)	[bʉd'tjenɛstə]
dentistes (pl)	tannklinik (m)	['tankli'nik]
design (m)	design (m)	['desajn]
école (f) de commerce	handelsskole (m)	['handəlsˌskʊlə]
entrepôt (m)	lager (n)	['lagər]
galerie (f) d'art	kunstgalleri (n)	['kʉnst gale'ri]
glace (f)	iskrem (m)	['iskrɛm]
hôtel (m)	hotell (n)	[hʊ'tɛl]
immobilier (m)	fast eiendom (m)	[ˌfast 'æjənˌdɔm]
imprimerie (f)	trykkeri (n)	[trʏkə'ri]
industrie (f)	industri (m)	[indu̇'stri]
Internet (m)	Internett	['intəˌnɛt]
investissements (m pl)	investering (m/f)	[inve'steriŋ]
journal (m)	avis (m/f)	[a'vis]
librairie (f)	bokhandel (m)	['bʊkˌhandəl]
industrie (f) légère	lettindustri (m)	['letˌindu̇'stri]
magasin (m)	forretning, butikk (m)	[fo'rɛtniŋ], [bʉ'tik]
maison (f) d'édition	forlag (n)	['foːˌlag]
médecine (f)	medisin (m)	[medi'sin]

| meubles (m pl) | møbler (n pl) | ['møblər] |
| musée (m) | museum (n) | [mu'seum] |

pétrole (m)	olje (m)	['ɔljə]
pharmacie (f)	apotek (n)	[apʊ'tek]
industrie (f) pharmaceutique	legemidler (pl)	['legə'midlər]
piscine (f)	svømmebasseng (n)	['svœmə,ba'sɛŋ]
pressing (m)	renseri (n)	[rɛnse'ri]
produits (m pl) alimentaires	matvarer (m/f pl)	['mat,varər]
publicité (f), pub (f)	reklame (m)	[rɛ'klamə]

radio (f)	radio (m)	['radiʊ]
récupération (f) des déchets	avfallstømming (m/f)	['avfals,tømiŋ]
restaurant (m)	restaurant (m)	[rɛstʊ'raŋ]
revue (f)	magasin, tidsskrift (n)	[maga'sin], ['tid,skrift]

salon (m) de beauté	skjønnhetssalong (m)	['ʂønhɛts sa'loŋ]
service (m) financier	finansielle tjenester (m pl)	[finan'sielə ,tjenɛstər]
service (m) juridique	juridisk rådgiver (m pl)	[jʉ'ridisk 'rɔd,jivər]
services (m pl) comptables	bokføringstjenester (m pl)	['bʊk,føriŋs 'tjenɛstər]
services (m pl) d'audition	revisjonstjenester (m pl)	[revi'ʂʊns,tjenɛstər]
sport (m)	sport, idrett (m)	['spɔːt], ['idrɛt]
supermarché (m)	supermarked (n)	['sʉpə,market]

télévision (f)	televisjon (m)	['televi,ʂʊn]
théâtre (m)	teater (n)	[te'atər]
tourisme (m)	turisme (m)	[tʉ'rismə]
sociétés de transport	transport (m)	[trans'pɔːt]

vente (f) par catalogue	postordresalg (m)	['pɔst,ordrə'salg]
vêtement (m)	klær (n)	['klær]
vétérinaire (m)	dyrlege, veterinær (m)	['dyr,legə], [vetəri'nær]

Le travail. Les affaires. Partie 2

118. Les foires et les salons

salon (m)	messe (m/f)	['mɛsə]
salon (m) commercial	varemesse (m/f)	['varə͵mɛsə]
participation (f)	deltagelse (m)	['del͵tagəlsə]
participer à ...	å delta	[ɔ 'dɛlta]
participant (m)	deltaker (m)	['del͵takər]
directeur (m)	direktør (m)	[dirɛk'tør]
direction (f)	arrangørkontor (m)	[araŋ'şør kʉn'tʉr]
organisateur (m)	arrangør (m)	[araŋ'şør]
organiser (vt)	å organisere	[ɔ ɔrgani'serə]
demande (f) de participation	påmeldingsskjema (n)	['pɔmeliŋs͵şɛma]
remplir (vt)	å utfylle	[ɔ 'ʉt͵fʏlə]
détails (m pl)	detaljer (m pl)	[de'taljər]
information (f)	informasjon (m)	[infɔrma'şʉn]
prix (m)	pris (m)	['pris]
y compris	inklusive	['inklʉ͵sivə]
inclure (~ les taxes)	å inkludere	[ɔ inklʉ'derə]
payer (régler)	å betale	[ɔ be'talə]
droits (m pl) d'inscription	registreringsavgift (m/f)	[rɛgi'strɛriŋs av'jift]
entrée (f)	inngang (m)	['in͵gaŋ]
pavillon (m)	paviljong (m)	[pavi'ljɔŋ]
enregistrer (vt)	å registrere	[ɔ regi'strerə]
badge (m)	badge (n)	['bædʒ]
stand (m)	messestand (m)	['mɛsə͵stan]
réserver (vt)	å reservere	[ɔ resɛr'verə]
vitrine (f)	glassmonter (m)	['glas͵mɔntər]
lampe (f)	lampe (m/f), spotlys (n)	['lampə], ['spɔt͵lys]
design (m)	design (m)	['desajn]
mettre (placer)	å plassere	[ɔ pla'serə]
être placé	å bli plasseret	[ɔ 'bli pla'serət]
distributeur (m)	distributør (m)	[distribʉ'tør]
fournisseur (m)	leverandør (m)	[levəran'dør]
fournir (vt)	å levere	[ɔ le'verə]
pays (m)	land (n)	['lan]
étranger (adj)	utenlandsk	['ʉtən͵lansk]
produit (m)	produkt (n)	[prʉ'dʉkt]
association (f)	forening (m/f)	[fɔ'reniŋ]
salle (f) de conférences	konferansesal (m)	[kʉnfə'ransə͵sal]

| congrès (m) | kongress (m) | [kʊn'grɛs] |
| concours (m) | tevling (m) | ['tɛvliŋ] |

visiteur (m)	besøkende (m)	[be'søkenə]
visiter (vt)	å besøke	[ɔ be'søkə]
client (m)	kunde (m)	['kʉndə]

119. Les médias de masse

journal (m)	avis (m/f)	[ɑ'vis]
revue (f)	magasin, tidsskrift (n)	[mɑgɑ'sin], ['tid‚skrift]
presse (f)	presse (m/f)	['prɛsə]
radio (f)	radio (m)	['rɑdiʉ]
station (f) de radio	radiostasjon (m)	['rɑdiʉ‚stɑ'ʂʊn]
télévision (f)	televisjon (m)	['televi‚ʂʊn]

animateur (m)	programleder (m)	[prʊ'grɑm‚ledər]
présentateur (m) de journaux télévisés	nyhetsoppleser (m)	['nyhets'ɔp‚lesər]
commentateur (m)	kommentator (m)	[kʊmən'tɑtʊr]

journaliste (m)	journalist (m)	[ʂu:ŋɑ'list]
correspondant (m)	korrespondent (m)	[kʊrespɔn'dɛnt]
reporter photographe (m)	pressefotograf (m)	['prɛsə fɔtɔ'grɑf]
reporter (m)	reporter (m)	[re'pɔ:ʈər]

| rédacteur (m) | redaktør (m) | [rɛdɑk'tør] |
| rédacteur (m) en chef | sjefredaktør (m) | ['ʂɛf rɛdɑk'tør] |

s'abonner (vp)	å abonnere	[ɔ abɔ'nerə]
abonnement (m)	abonnement (n)	[abɔnə'mɑŋ]
abonné (m)	abonnent (m)	[abɔ'nɛnt]
lire (vi, vt)	å lese	[ɔ 'lesə]
lecteur (m)	leser (m)	['lesər]

tirage (m)	opplag (n)	['ɔp‚lɑg]
mensuel (adj)	månedlig	['mo:nədli]
hebdomadaire (adj)	ukentlig	['ʉkəntli]
numéro (m)	nummer (n)	['nʉmər]
nouveau (~ numéro)	ny, fersk	['ny], ['fæʂk]

titre (m)	overskrift (m)	['ɔvə‚ʂkrift]
entrefilet (m)	notis (m)	[nʊ'tis]
rubrique (f)	rubrikk (m)	[rʉ'brik]
article (m)	artikkel (m)	[ɑ:'ʈikəl]
page (f)	side (m/f)	['sidə]

reportage (m)	reportasje (m)	[repɔ:'ʈɑʂə]
événement (m)	hendelse (m)	['hɛndəlsə]
sensation (f)	sensasjon (m)	[sɛnsɑ'ʂʊn]
scandale (m)	skandale (m)	[skɑn'dɑlə]
scandaleux	skandaløs	[skɑndɑ'løs]
grand (~ scandale)	stor	['stʊr]
émission (f)	program (n)	[prʊ'grɑm]

108

interview (f)	intervju (n)	[intə'vjʉ:]
émission (f) en direct	direktesending (m/f)	[di'rɛktə,sɛniŋ]
chaîne (f) (~ payante)	kanal (m)	[ka'nal]

120. L'agriculture

agriculture (f)	landbruk (n)	['lan,brʉk]
paysan (m)	bonde (m)	['bonə]
paysanne (f)	bondekone (m/f)	['bonə,kʊnə]
fermier (m)	gårdbruker, bonde (m)	['go:r,brʉkər], ['bonə]
tracteur (m)	traktor (m)	['traktʊr]
moissonneuse-batteuse (f)	skurtresker (m)	['skʉ:,trɛskər]
charrue (f)	plog (m)	['plug]
labourer (vt)	å pløye	[ɔ 'pløjə]
champ (m) labouré	pløyemark (m/f)	['pløjə,mark]
sillon (m)	fure (m)	['fʉrə]
semer (vt)	å så	[ɔ 'sɔ]
semeuse (f)	såmaskin (m)	['so:ma,ʂin]
semailles (f pl)	såing (m/f)	['so:iŋ]
faux (f)	ljå (m)	['ljo:]
faucher (vt)	å meie, å slå	[ɔ 'mæjə], [ɔ 'slɔ]
pelle (f)	spade (m)	['spadə]
bêcher (vt)	å grave	[ɔ 'gravə]
couperet (m)	hakke (m/f)	['hakə]
sarcler (vt)	å hakke	[ɔ 'hakə]
mauvaise herbe (f)	ugras (n)	[ʉ'gras]
arrosoir (m)	vannkanne (f)	['van,kanə]
arroser (plantes)	å vanne	[ɔ 'vanə]
arrosage (m)	vanning (m/f)	['vaniŋ]
fourche (f)	greip (m)	['græjp]
râteau (m)	rive (m/f)	['rivə]
engrais (m)	gjødsel (m/f)	['jøtsəl]
engraisser (vt)	å gjødsle	['ɔ 'jøtslə]
fumier (m)	møkk (m/f)	['møk]
champ (m)	åker (m)	['o:ker]
pré (m)	eng (m/f)	['ɛŋ]
potager (m)	kjøkkenhage (m)	['çœkən,hagə]
jardin (m)	frukthage (m)	['frʉkt,hagə]
faire paître	å beite	[ɔ 'bæjtə]
berger (m)	gjeter, hyrde (m)	['jetər], ['hʏrdə]
pâturage (m)	beite (n), beitemark (m/f)	['bæjtə], ['bæjtə,mark]
élevage (m)	husdyrhold (n)	['hʉsdyr,hɔl]
élevage (m) de moutons	sauehold (n)	['sauə,hɔl]

plantation (f)	plantasje (m)	[plɑn'taʂə]
plate-bande (f)	rad (m/f)	['rɑd]
serre (f)	drivhus (n)	['driv‚hʉs]

| sécheresse (f) | tørke (m/f) | ['tœrkə] |
| sec (l'été ~) | tørr | ['tœr] |

grains (m pl)	korn (n)	['kuːn]
céréales (f pl)	cerealer (n pl)	[sere'ɑlər]
récolter (vt)	å høste	[ɔ 'høstə]

meunier (m)	møller (m)	['mølər]
moulin (m)	mølle (m/f)	['mølə]
moudre (vt)	å male	[ɔ 'mɑlə]
farine (f)	mel (n)	['mel]
paille (f)	halm (m)	['hɑlm]

121. Le BTP et la construction

chantier (m)	byggeplass (m)	['byɡə‚plɑs]
construire (vt)	å bygge	[ɔ 'byɡə]
ouvrier (m) du bâtiment	bygningsarbeider (m)	['byɡniŋs 'ɑr‚bæjər]

projet (m)	prosjekt (n)	[prʉ'ʂɛkt]
architecte (m)	arkitekt (m)	[ɑrki'tɛkt]
ouvrier (m)	arbeider (m)	['ɑr‚bæjdər]

fondations (f pl)	fundament (n)	[fʉndɑ'mɛnt]
toit (m)	tak (n)	['tɑk]
pieu (m) de fondation	pæl (m)	['pæl]
mur (m)	mur, vegg (m)	['mʉr], ['vɛɡ]

| ferraillage (m) | armeringsjern (n) | [ɑr'meriŋs'jæːn] |
| échafaudage (m) | stillas (n) | [sti'lɑs] |

béton (m)	betong (m)	[be'tɔŋ]
granit (m)	granitt (m)	[ɡrɑ'nit]
pierre (f)	stein (m)	['stæjn]
brique (f)	tegl (n), murstein (m)	['tæjl], ['mʉ‚stæjn]

sable (m)	sand (m)	['sɑn]
ciment (m)	sement (m)	[se'mɛnt]
plâtre (m)	puss (m)	['pʉs]
plâtrer (vt)	å pusse	[ɔ 'pʉsə]
peinture (f)	maling (m/f)	['mɑliŋ]
peindre (des murs)	å male	[ɔ 'mɑlə]
tonneau (m)	tønne (m)	['tœnə]

grue (f)	heisekran (m/f)	['hæjsə‚krɑn]
monter (vt)	å løfte	[ɔ 'lœftə]
abaisser (vt)	å heise ned	[ɔ 'hæjsə ne]

| bulldozer (m) | bulldoser (m) | ['bʉl‚dʉsər] |
| excavateur (m) | gravemaskin (m) | ['ɡrɑvə mɑ'ʂin] |

godet (m)	skuffe (m/f)	['skʉfə]
creuser (vt)	å grave	[ɔ 'gravə]
casque (m)	hjelm (m)	['jɛlm]

122. La recherche scientifique et les chercheurs

science (f)	vitenskap (m)	['vitənˌskap]
scientifique (adj)	vitenskapelig	['vitənˌskapəli]
savant (m)	vitenskapsmann (m)	['vitənˌskaps man]
théorie (f)	teori (m)	[teʉ'ri]

axiome (m)	aksiom (n)	[aksi'ɔm]
analyse (f)	analyse (m)	[ana'lysə]
analyser (vt)	å analysere	[ɔ analy'serə]
argument (m)	argument (n)	[argʉ'mɛnt]
substance (f) (matière)	stoff (n), substans (m)	['stɔf], [sʉb'stans]

hypothèse (f)	hypotese (m)	[hypʉ'tesə]
dilemme (m)	dilemma (n)	[di'lema]
thèse (f)	avhandling (m/f)	['avˌhandliŋ]
dogme (m)	dogme (n)	['dɔgmə]

doctrine (f)	doktrine (m)	[dok'trinə]
recherche (f)	forskning (m)	['fɔːʂkniŋ]
rechercher (vt)	å forske	[ɔ 'fɔːʂkə]
test (m)	test (m), prøve (m/f)	['tɛst], ['prøvə]
laboratoire (m)	laboratorium (n)	[labʉra'tɔrium]

méthode (f)	metode (m)	[me'tɔdə]
molécule (f)	molekyl (n)	[mʉle'kyl]
monitoring (m)	overvåking (m/f)	['ɔvərˌvɔkiŋ]
découverte (f)	oppdagelse (m)	['ɔpˌdagəlsə]

postulat (m)	postulat (n)	[postʉ'lat]
principe (m)	prinsipp (n)	[prin'sip]
prévision (f)	prognose (m)	[prʉg'nʉsə]
prévoir (vt)	å prognostisere	[ɔ prʉgnʉsti'serə]

synthèse (f)	syntese (m)	[syn'tesə]
tendance (f)	tendens (m)	[tɛn'dɛns]
théorème (m)	teorem (n)	[teʉ'rɛm]

| enseignements (m pl) | lære (m/f pl) | ['lærə] |
| fait (m) | faktum (n) | ['faktum] |

| expédition (f) | ekspedisjon (m) | [ɛkspedi'ʂʉn] |
| expérience (f) | eksperiment (n) | [ɛksperi'mɛnt] |

académicien (m)	akademiker (m)	[aka'demikər]
bachelier (m)	bachelor (m)	['batʂɛlɔr]
docteur (m)	doktor (m)	['dɔktʉr]
chargé (m) de cours	dosent (m)	[dʉ'sɛnt]
magistère (m)	magister (m)	[ma'gistər]
professeur (m)	professor (m)	[prʉ'fɛsʉr]

Les professions. Les mètiers

123. La recherche d'emploi. Le licenciement

travail (m)	arbeid (n), jobb (m)	['arbæj], ['job]
employés (pl)	ansatte (pl)	['an‚satə]
personnel (m)	personale (n)	[pæʂu'nalə]
carrière (f)	karriere (m)	[kari'ɛrə]
perspective (f)	utsikter (m pl)	['ut‚siktər]
maîtrise (f)	mesterskap (n)	['mɛstæ‚ʂkap]
sélection (f)	utvelgelse (m)	['ut‚vɛlgəlsə]
agence (f) de recrutement	rekrutteringsbyrå (n)	['rekru‚teriŋs by‚ro]
C.V. (m)	CV (m/n)	['sɛvɛ]
entretien (m)	jobbintervju (n)	['job ‚intər'vju]
emploi (m) vacant	vakanse (m)	['vakansə]
salaire (m)	lønn (m/f)	['lœn]
salaire (m) fixe	fastlønn (m/f)	['fast‚lœn]
rémunération (f)	betaling (m/f)	[be'taliŋ]
poste (m) (~ évolutif)	stilling (m/f)	['stiliŋ]
fonction (f)	plikt (m/f)	['plikt]
liste (f) des fonctions	arbeidsplikter (m/f pl)	['arbæjds‚plikter]
occupé (adj)	opptatt	['ɔp‚tat]
licencier (vt)	å avskjedige	[ɔ 'af‚ʂedigə]
licenciement (m)	avskjedigelse (m)	['afʂe‚digəlsə]
chômage (m)	arbeidsløshet (m)	['arbæjdsløs‚het]
chômeur (m)	arbeidsløs (m)	['arbæjds‚løs]
retraite (f)	pensjon (m)	[pan'ʂun]
prendre sa retraite	å gå av med pensjon	[ɔ 'gɔ a: me pan'ʂun]

124. Les hommes d'affaires

directeur (m)	direktør (m)	[dirɛk'tør]
gérant (m)	forstander (m)	[fɔ'ʂtandər]
patron (m)	boss (m)	['bɔs]
supérieur (m)	overordnet (m)	['ɔvər‚ɔrdnet]
supérieurs (m pl)	overordnede (pl)	['ɔvər‚ɔrdnedə]
président (m)	president (m)	[prɛsi'dɛnt]
président (m) (d'entreprise)	styreformann (m)	['styrə‚forman]
adjoint (m)	stedfortreder (m)	['stedfɔ:‚tredər]
assistant (m)	assistent (m)	[asi'stɛnt]

| secrétaire (m, f) | sekretær (m) | [sɛkrə'tær] |
| secrétaire (m, f) personnel | privatsekretær (m) | [pri'vat sɛkrə'tær] |

homme (m) d'affaires	forretningsmann (m)	[fɔ'rɛtniŋs‚man]
entrepreneur (m)	entreprenør (m)	[ɛntreprə'nør]
fondateur (m)	grunnlegger (m)	['grʉn‚legər]
fonder (vt)	å grunnlegge, å stifte	[ɔ 'grʉn‚legə], [ɔ 'stiftə]

fondateur (m)	stifter (m)	['stiftər]
partenaire (m)	partner (m)	['pɑːʈnər]
actionnaire (m)	aksjonær (m)	[akʂʊ'nær]

millionnaire (m)	millionær (m)	[milju'nær]
milliardaire (m)	milliardær (m)	[milja:'dær]
propriétaire (m)	eier (m)	['æjər]
propriétaire (m) foncier	jordeier (m)	['juːr‚æjər]

client (m)	kunde (m)	['kʉndə]
client (m) régulier	fast kunde (m)	[‚fast 'kʉndə]
acheteur (m)	kjøper (m)	['çœːpər]
visiteur (m)	besøkende (m)	[be'søkenə]

professionnel (m)	yrkesmann (m)	['yrkəs‚man]
expert (m)	ekspert (m)	[ɛks'pæːt]
spécialiste (m)	spesialist (m)	[spesiɑ'list]

| banquier (m) | bankier (m) | [banki'e] |
| courtier (m) | mekler, megler (m) | ['mɛklər] |

caissier (m)	kasserer (m)	[ka'serər]
comptable (m)	regnskapsfører (m)	['rɛjnskaps‚førər]
agent (m) de sécurité	sikkerhetsvakt (m/f)	['sikərhɛts‚vakt]

investisseur (m)	investor (m)	[in'vɛstʊr]
débiteur (m)	skyldner (m)	['ʂylnər]
créancier (m)	kreditor (m)	['krɛditʊr]
emprunteur (m)	låntaker (m)	['lɔn‚takər]

| importateur (m) | importør (m) | [impɔ:'ʈør] |
| exportateur (m) | eksportør (m) | [ɛkspɔ:'ʈør] |

producteur (m)	produsent (m)	[prʊdʉ'sɛnt]
distributeur (m)	distributør (m)	[distribʉ'tør]
intermédiaire (m)	mellommann (m)	['mɛlɔ‚man]

conseiller (m)	konsulent (m)	[kʊnsʉ'lent]
représentant (m)	representant (m)	[represɛn'tant]
agent (m)	agent (m)	[a'gɛnt]
agent (m) d'assurances	forsikringsagent (m)	[fɔ'ʂikriŋs a'gɛnt]

125. Les mètiers des services

| cuisinier (m) | kokk (m) | ['kʊk] |
| cuisinier (m) en chef | sjefkokk (m) | ['ʂɛf‚kʊk] |

boulanger (m)	baker (m)	['bakər]
barman (m)	bartender (m)	['bɑːˌtɛndər]
serveur (m)	servitør (m)	['særvi'tør]
serveuse (f)	servitrise (m/f)	[særvi'trisə]
avocat (m)	advokat (m)	[ɑdvʉ'kat]
juriste (m)	jurist (m)	[jʉ'rist]
notaire (m)	notar (m)	[nʉ'tar]
électricien (m)	elektriker (m)	[ɛ'lektrikər]
plombier (m)	rørlegger (m)	['rørˌlegər]
charpentier (m)	tømmermann (m)	['tœmərˌman]
masseur (m)	massør (m)	[ma'sør]
masseuse (f)	massøse (m)	[ma'søsə]
médecin (m)	lege (m)	['legə]
chauffeur (m) de taxi	taxisjåfør (m)	['taksi ʂɔ'før]
chauffeur (m)	sjåfør (m)	[ʂɔ'før]
livreur (m)	bud (n)	['bʉd]
femme (f) de chambre	stuepike (m/f)	['stʉəˌpikə]
agent (m) de sécurité	sikkerhetsvakt (m/f)	['sikərhɛtsˌvakt]
hôtesse (f) de l'air	flyvertinne (m/f)	[flyvɛ'ʈinə]
professeur (m)	lærer (m)	['lærər]
bibliothécaire (m)	bibliotekar (m)	[bibliʉ'tekar]
traducteur (m)	oversetter (m)	['ɔvəˌʂɛtər]
interprète (m)	tolk (m)	['tɔlk]
guide (m)	guide (m)	['gajd]
coiffeur (m)	frisør (m)	[fri'sør]
facteur (m)	postbud (n)	['pɔstˌbʉd]
vendeur (m)	forselger (m)	[fɔ'ʂɛlər]
jardinier (m)	gartner (m)	['gaːʈnər]
serviteur (m)	tjener (m)	['tjenər]
servante (f)	tjenestepike (m/f)	['tjenɛstəˌpikə]
femme (f) de ménage	vaskedame (m/f)	['vaskəˌdamə]

126. Les professions militaires et leurs grades

soldat (m) (grade)	menig (m)	['meni]
sergent (m)	sersjant (m)	[sær'ʂant]
lieutenant (m)	løytnant (m)	['løjtˌnant]
capitaine (m)	kaptein (m)	[kap'tæjn]
commandant (m)	major (m)	[ma'jɔr]
colonel (m)	oberst (m)	['ʉbɛʂt]
général (m)	general (m)	[gene'ral]
maréchal (m)	marskalk (m)	['marʂal]
amiral (m)	admiral (m)	[admi'ral]
militaire (m)	militær (m)	[mili'tær]
soldat (m)	soldat (m)	[sʉl'dat]

| officier (m) | offiser (m) | [ɔfi'sɛr] |
| commandant (m) | befalshaver (m) | [be'fals,havər] |

garde-frontière (m)	grensevakt (m/f)	['grɛnsə,vakt]
opérateur (m) radio	radiooperatør (m)	['radiʊ ʊpera'tør]
éclaireur (m)	oppklaringssoldat (m)	['ɔp,klariŋ sʊl'dat]
démineur (m)	pioner (m)	[piʊ'ner]
tireur (m)	skytter (m)	['ʂytər]
navigateur (m)	styrmann (m)	['styr,man]

127. Les fonctionnaires. Les prêtres

| roi (m) | konge (m) | ['kʊŋə] |
| reine (f) | dronning (m/f) | ['drɔniŋ] |

| prince (m) | prins (m) | ['prins] |
| princesse (f) | prinsesse (m/f) | [prin'sɛsə] |

| tsar (m) | tsar (m) | ['tsɑr] |
| tsarine (f) | tsarina (m) | [tsɑ'rina] |

président (m)	president (m)	[prɛsi'dɛnt]
ministre (m)	minister (m)	[mi'nistər]
premier ministre (m)	statsminister (m)	['statʂ mi'nistər]
sénateur (m)	senator (m)	[se'natʊr]

diplomate (m)	diplomat (m)	[diplʊ'mat]
consul (m)	konsul (m)	['kʊn,sʉl]
ambassadeur (m)	ambassadør (m)	[ambasa'dør]
conseiller (m)	rådgiver (m)	['rɔd,jivər]

fonctionnaire (m)	embetsmann (m)	['ɛmbets,man]
préfet (m)	prefekt (m)	[prɛ'fɛkt]
maire (m)	borgermester (m)	[bɔrgər'mɛstər]

| juge (m) | dommer (m) | ['dɔmər] |
| procureur (m) | anklager (m) | ['an,klagər] |

missionnaire (m)	misjonær (m)	[miʂʊ'nær]
moine (m)	munk (m)	['mʉnk]
abbé (m)	abbed (m)	['abed]
rabbin (m)	rabbiner (m)	[ra'binər]

vizir (m)	vesir (m)	[vɛ'sir]
shah (m)	sjah (m)	['ʂa]
cheik (m)	sjeik (m)	['ʂæjk]

128. Les professions agricoles

apiculteur (m)	birøkter (m)	['bi,røktər]
berger (m)	gjeter, hyrde (m)	['jetər], ['hyrdə]
agronome (m)	agronom (m)	[agrʊ'nʊm]

115

| éleveur (m) | husdyrholder (m) | ['hʉsdyrˌhɔldər] |
| vétérinaire (m) | dyrlege, veterinær (m) | ['dyrˌlegə], [vetəri'nær] |

fermier (m)	gårdbruker, bonde (m)	['gɔːrˌbrʉkər], ['bɔnə]
vinificateur (m)	vinmaker (m)	['vinˌmakər]
zoologiste (m)	zoolog (m)	[sʉː'lɔg]
cow-boy (m)	cowboy (m)	['kɑwˌbɔj]

129. Les professions artistiques

| acteur (m) | skuespiller (m) | ['skʉəˌspilər] |
| actrice (f) | skuespillerinne (m/f) | ['skʉəˌspilə'rinə] |

| chanteur (m) | sanger (m) | ['saŋər] |
| cantatrice (f) | sangerinne (m/f) | [saŋə'rinə] |

| danseur (m) | danser (m) | ['dansər] |
| danseuse (f) | danserinne (m/f) | [danse'rinə] |

| artiste (m) | skuespiller (m) | ['skʉəˌspilər] |
| artiste (f) | skuespillerinne (m/f) | ['skʉəˌspilə'rinə] |

musicien (m)	musiker (m)	['mʉsikər]
pianiste (m)	pianist (m)	[pia'nist]
guitariste (m)	gitarspiller (m)	[gi'tarˌspilər]

chef (m) d'orchestre	dirigent (m)	[diri'gɛnt]
compositeur (m)	komponist (m)	[kʉmpʉ'nist]
imprésario (m)	impresario (m)	[impre'sariʉ]

metteur (m) en scène	regissør (m)	[rɛʂi'sør]
producteur (m)	produsent (m)	[prʉdʉ'sɛnt]
scénariste (m)	manusforfatter (m)	['manʉs for'fatər]
critique (m)	kritiker (m)	['kritikər]

écrivain (m)	forfatter (m)	[for'fatər]
poète (m)	poet, dikter (m)	['pɔɛt], ['diktər]
sculpteur (m)	skulptør (m)	[skʉlp'tør]
peintre (m)	kunstner (m)	['kʉnstnər]

jongleur (m)	sjonglør (m)	[ʂɔŋ'lør]
clown (m)	klovn (m)	['klɔvn]
acrobate (m)	akrobat (m)	[akrʉ'bat]
magicien (m)	tryllekunstner (m)	['trʏləˌkʉnstnər]

130. Les différents mètiers

médecin (m)	lege (m)	['legə]
infirmière (f)	sykepleierske (m/f)	['sykəˌplæjeʂkə]
psychiatre (m)	psykiater (m)	[syki'atər]
stomatologue (m)	tannlege (m)	['tanˌlegə]
chirurgien (m)	kirurg (m)	[çi'rʉrg]

| astronaute (m) | astronaut (m) | [astrʊ'naʊt] |
| astronome (m) | astronom (m) | [astrʊ'nʊm] |

chauffeur (m)	fører (m)	['fører]
conducteur (m) de train	lokfører (m)	['lʊk‚fører]
mécanicien (m)	mekaniker (m)	[me'kanikər]

mineur (m)	gruvearbeider (m)	['grʉvə'ar‚bæjdər]
ouvrier (m)	arbeider (m)	['ar‚bæjdər]
serrurier (m)	låsesmed (m)	['lo:sə‚sme]
menuisier (m)	snekker (m)	['snɛkər]
tourneur (m)	dreier (m)	['dræjər]
ouvrier (m) du bâtiment	bygningsarbeider (m)	['bygniŋs 'ar‚bæjər]
soudeur (m)	sveiser (m)	['svæjsər]

professeur (m) (titre)	professor (m)	[prʊ'fɛsʊr]
architecte (m)	arkitekt (m)	[arki'tɛkt]
historien (m)	historiker (m)	[hi'stʊrikər]
savant (m)	vitenskapsmann (m)	['vitən‚skaps man]
physicien (m)	fysiker (m)	['fysikər]
chimiste (m)	kjemiker (m)	['çemikər]

archéologue (m)	arkeolog (m)	[‚arkeʊ'lɔg]
géologue (m)	geolog (m)	[geʊ'lɔg]
chercheur (m)	forsker (m)	['fɔskər]

| baby-sitter (m, f) | babysitter (m) | ['bɛby‚sitər] |
| pédagogue (m, f) | lærer, pedagog (m) | ['lærər], [peda'gɔg] |

rédacteur (m)	redaktør (m)	[rɛdak'tør]
rédacteur (m) en chef	sjefredaktør (m)	['ʂɛf rɛdak'tør]
correspondant (m)	korrespondent (m)	[kʊrespɔn'dɛnt]
dactylographe (f)	maskinskriverske (m)	[ma'ʂin ‚skrivɛʂkə]

designer (m)	designer (m)	[de'sajnər]
informaticien (m)	dataekspert (m)	['data ɛks'pɛ:t]
programmeur (m)	programmerer (m)	[prʊgra'merər]
ingénieur (m)	ingeniør (m)	[inʂə'njør]

marin (m)	sjømann (m)	['ʂø‚man]
matelot (m)	matros (m)	[ma'trʊs]
secouriste (m)	redningsmann (m)	['rɛdniŋs‚man]

pompier (m)	brannmann (m)	['bran‚man]
policier (m)	politi (m)	[pʊli'ti]
veilleur (m) de nuit	nattvakt (m)	['nat‚vakt]
détective (m)	detektiv (m)	[detɛk'tiv]

douanier (m)	tollbetjent (m)	['tɔlbe‚tjɛnt]
garde (m) du corps	livvakt (m/f)	['liv‚vakt]
gardien (m) de prison	fangevokter (m)	['faŋə‚vɔktər]
inspecteur (m)	inspektør (m)	[inspɛk'tør]

sportif (m)	idrettsmann (m)	['idrɛts‚man]
entraîneur (m)	trener (m)	['trenər]
boucher (m)	slakter (m)	['ʂlaktər]

cordonnier (m)	skomaker (m)	['skʊˌmakər]
commerçant (m)	handelsmann (m)	['handəlsˌman]
chargeur (m)	lastearbeider (m)	['lastəˈarˌbæjdər]

| couturier (m) | moteskaper (m) | ['mʊtəˌskapər] |
| modèle (f) | modell (m) | [mʊˈdɛl] |

131. Les occupations. Le statut social

| écolier (m) | skolegutt (m) | ['skʊləˌgʉt] |
| étudiant (m) | student (m) | [stʉˈdɛnt] |

philosophe (m)	filosof (m)	[filuˈsʊf]
économiste (m)	økonom (m)	[økʊˈnʊm]
inventeur (m)	oppfinner (m)	['ɔpˌfinər]

chômeur (m)	arbeidsløs (m)	['arbæjdsˌløs]
retraité (m)	pensjonist (m)	[panʂʉˈnist]
espion (m)	spion (m)	[spiˈun]

prisonnier (m)	fange (m)	['faŋə]
gréviste (m)	streiker (m)	['stræjkər]
bureaucrate (m)	byråkrat (m)	[byrɔˈkrat]
voyageur (m)	reisende (m)	['ræjsenə]

homosexuel (m)	homofil (m)	['hʊmʊˌfil]
hacker (m)	hacker (m)	['hakər]
hippie (m, f)	hippie (m)	['hipi]

bandit (m)	banditt (m)	[banˈdit]
tueur (m) à gages	leiemorder (m)	['læjəˌmʉrdər]
drogué (m)	narkoman (m)	[narkʊˈman]
trafiquant (m) de drogue	narkolanger (m)	['narkɔˌlaŋər]
prostituée (f)	prostituert (m)	[prʊstitʉˈeːt]
souteneur (m)	hallik (m)	['halik]

sorcier (m)	trollmann (m)	['trɔlˌman]
sorcière (f)	trollkjerring (m/f)	['trɔlˌçæriŋ]
pirate (m)	pirat, sjørøver (m)	['piˈrat], ['ʂøˌrøvər]
esclave (m)	slave (m)	['slavə]
samouraï (m)	samurai (m)	[samʉˈraj]
sauvage (m)	villmann (m)	['vilˌman]

Le sport

132. Les types de sports. Les sportifs

sportif (m)	idrettsmann (m)	['idrɛts,man]
type (m) de sport	idrettsgren (m/f)	['idrɛts,gren]
basket-ball (m)	basketball (m)	['basketbal]
basketteur (m)	basketballspiller (m)	['basketbal,spilər]
base-ball (m)	baseball (m)	['bɛjsbɔl]
joueur (m) de base-ball	baseballspiller (m)	['bɛjsbɔl,spilər]
football (m)	fotball (m)	['futbal]
joueur (m) de football	fotballspiller (m)	['futbal,spilər]
gardien (m) de but	målmann (m)	['mo:l,man]
hockey (m)	ishockey (m)	['is,hɔki]
hockeyeur (m)	ishockeyspiller (m)	['is,hɔki 'spilər]
volley-ball (m)	volleyball (m)	['vɔlibal]
joueur (m) de volley-ball	volleyballspiller (m)	['vɔlibal,spilər]
boxe (f)	boksing (m)	['bɔksiŋ]
boxeur (m)	bokser (m)	['bɔksər]
lutte (f)	bryting (m/f)	['brytiŋ]
lutteur (m)	bryter (m)	['brytər]
karaté (m)	karate (m)	[ka'rate]
karatéka (m)	karateutøver (m)	[ka'ratə 'ʉ,tøvər]
judo (m)	judo (m)	['jʉdɔ]
judoka (m)	judobryter (m)	['jʉdɔ,brytər]
tennis (m)	tennis (m)	['tɛnis]
joueur (m) de tennis	tennisspiller (m)	['tɛnis,spilər]
natation (f)	svømming (m/f)	['svœmiŋ]
nageur (m)	svømmer (m)	['svœmər]
escrime (f)	fekting (m)	['fɛktiŋ]
escrimeur (m)	fekter (m)	['fɛktər]
échecs (m pl)	sjakk (m)	['ʂak]
joueur (m) d'échecs	sjakkspiller (m)	['ʂak,spilər]
alpinisme (m)	alpinisme (m)	[alpi'nismə]
alpiniste (m)	alpinist (m)	[alpi'nist]
course (f)	løp (n)	['løp]

coureur (m)	løper (m)	['løpər]
athlétisme (m)	friidrett (m)	['fri: 'i‚drɛt]
athlète (m)	atlet (m)	[at'let]

| équitation (f) | ridesport (m) | ['ridə‚spɔ:t] |
| cavalier (m) | rytter (m) | ['rʏtər] |

patinage (m) artistique	kunstløp (n)	['kʉnst‚løp]
patineur (m)	kunstløper (m)	['kʉnst‚løpər]
patineuse (f)	kunstløperske (m/f)	['kʉnst‚løpəʂkə]

| haltérophilie (f) | vektløfting (m/f) | ['vɛkt‚lœftiŋ] |
| haltérophile (m) | vektløfter (m) | ['vɛkt‚lœftər] |

| course (f) automobile | billøp (m), bilrace (n) | ['bil‚løp], ['bil‚rɑs] |
| pilote (m) | racerfører (m) | ['resə‚førər] |

| cyclisme (m) | sykkelsport (m) | ['sʏkəl‚spɔ:t] |
| cycliste (m) | syklist (m) | [sʏk'list] |

sauts (m pl) en longueur	lengdehopp (n pl)	['leŋdə‚hɔp]
sauts (m pl) à la perche	stavhopp (n)	['stɑv‚hɔp]
sauteur (m)	hopper (m)	['hɔpər]

133. Les types de sports. Divers

football (m) américain	amerikansk fotball (m)	[ameri'kansk 'futbal]
badminton (m)	badminton (m)	['bɛdmintɔn]
biathlon (m)	skiskyting (m/f)	['ʂi‚sytiŋ]
billard (m)	biljard (m)	[bil'ja:ɖ]

bobsleigh (m)	bobsleigh (m)	['bobslej]
bodybuilding (m)	kroppsbygging (m/f)	['krɔps‚bygiŋ]
water-polo (m)	vannpolo (m)	['vɑn‚pulu]
handball (m)	håndball (m)	['hɔn‚bal]
golf (m)	golf (m)	['gɔlf]

aviron (m)	roing (m/f)	['rʉiŋ]
plongée (f)	dykking (m/f)	['dʏkiŋ]
course (f) à skis	langrenn (n), skirenn (n)	['lɑŋ‚rɛn], ['ʂi‚rɛn]
tennis (m) de table	bordtennis (m)	['bur‚tɛnis]

voile (f)	seiling (m/f)	['sæjliŋ]
rallye (m)	rally (n)	['rɛli]
rugby (m)	rugby (m)	['rygbi]
snowboard (m)	snøbrett (n)	['snø‚brɛt]
tir (m) à l'arc	bueskyting (m/f)	['bʉ:ə‚sytiŋ]

134. La salle de sport

| barre (f) à disques | vektstang (m/f) | ['vɛkt‚stɑŋ] |
| haltères (m pl) | manualer (m pl) | ['mɑnʉ‚alər] |

appareil (m) d'entraînement	treningsapparat (n)	['treniŋs apa'rat]
vélo (m) d'exercice	trimsykkel (m)	['trim͵sʏkəl]
tapis (m) roulant	løpebånd (n)	['løpə͵bɔ:n]
barre (f) fixe	svingstang (m/f)	['sviŋstaŋ]
barres (pl) parallèles	barre (m)	['barə]
cheval (m) d'Arçons	hest (m)	['hɛst]
tapis (m) gymnastique	matte (m/f)	['matə]
corde (f) à sauter	hoppetau (n)	['hɔpə͵taʊ]
aérobic (m)	aerobic (m)	[aɛ'rɔbik]
yoga (m)	yoga (m)	['jɔga]

135. Le hockey sur glace

hockey (m)	ishockey (m)	['is͵hɔki]
hockeyeur (m)	ishockeyspiller (m)	['is͵hɔki 'spilər]
jouer au hockey	å spille ishockey	[ɔ 'spilə 'is͵hɔki]
glace (f)	is (m)	['is]
palet (m)	puck (m)	['puk]
crosse (f)	kølle (m/f)	['kølə]
patins (m pl)	skøyter (m/f pl)	['søjtər]
rebord (m)	vant (n)	['vant]
tir (m)	skudd (n)	['skʉd]
gardien (m) de but	målvakt (m/f)	['mo:l͵vakt]
but (m)	mål (n)	['mol]
marquer un but	å score mål	[ɔ 'skɔrə ͵mol]
période (f)	periode (m)	[pæri'ʉdə]
deuxième période (f)	andre periode (m)	['andrə pæri'ʉdə]
banc (m) des remplaçants	reservebenk (m)	[re'sɛrvə͵bɛnk]

136. Le football

football (m)	fotball (m)	['fʊtbal]
joueur (m) de football	fotballspiller (m)	['fʊtbal͵spilər]
jouer au football	å spille fotball	[ɔ 'spilə 'fʊtbal]
ligue (f) supérieure	øverste liga (m)	['øvəstə ͵liga]
club (m) de football	fotballklubb (m)	['fʊtbal͵klʉb]
entraîneur (m)	trener (m)	['trenər]
propriétaire (m)	eier (m)	['æjər]
équipe (f)	lag (n)	['lag]
capitaine (m) de l'équipe	kaptein (m) på laget	[kap'tæjn pɔ 'lagə]
joueur (m)	spiller (m)	['spilər]
remplaçant (m)	reservespiller (m)	[re'sɛrvə͵spilər]
attaquant (m)	spiss, angriper (m)	['spis], ['aŋ͵gripər]
avant-centre (m)	sentral spiss (m)	[sɛn'tral ͵spis]

butteur (m)	målscorer (m)	['mo:l̩skɔrər]
arrière (m)	forsvarer, back (m)	['fɔ̩svarər], ['bɛk]
demi (m)	midtbanespiller (m)	['mit̩banə 'spilər]
match (m)	kamp (m)	['kamp]
se rencontrer (vp)	å møtes	[ɔ 'møtəs]
finale (f)	finale (m)	[fi'nalə]
demi-finale (f)	semifinale (m)	[ˌsemifi'nalə]
championnat (m)	mesterskap (n)	['mɛstæ̩skap]
mi-temps (f)	omgang (m)	['ɔmgaŋ]
première mi-temps (f)	første omgang (m)	['fœʂtə ˌɔmgaŋ]
mi-temps (f) (pause)	halvtid (m)	['hal̩tid]
but (m)	mål (n)	['mol]
gardien (m) de but	målmann (m), målvakt (m/f)	['mo:l̩man], ['mo:l̩vakt]
poteau (m)	stolpe (m)	['stɔlpə]
barre (f)	tverrligger (m)	['tvæ:ˌl̪igər]
filet (m)	nett (n)	['nɛt]
encaisser un but	å slippe inn et mål	[ɔ 'ʂlipə in et 'mol]
ballon (m)	ball (m)	['bal]
passe (f)	pasning (m/f)	['pasniŋ]
coup (m)	spark (m/n)	['spark]
porter un coup	å sparke	[ɔ 'sparkə]
coup (m) franc	frispark (m/n)	['friˌspark]
corner (m)	hjørnespark (m/n)	['jœ:ŋəˌspark]
attaque (f)	angrep (n)	['anˌgrɛp]
contre-attaque (f)	kontring (m/f)	['kɔntriŋ]
combinaison (f)	kombinasjon (m)	[kʉmbina'ʂʉn]
arbitre (m)	dommer (m)	['dɔmər]
siffler (vi)	å blåse i fløyte	[ɔ 'blo:sə i 'fløjtə]
sifflet (m)	plystring (m/f)	['plʏstriŋ]
faute (f)	brudd (n), forseelse (m)	['brʉd], [fɔ'ʂeelsə]
commettre un foul	å begå en forseelse	[ɔ be'gɔ en fɔ'ʂeelsə]
expulser du terrain	å utvise	[ɔ 'ʉtˌvisə]
carton (m) jaune	gult kort (n)	['gʉlt ˌko:t]
carton (m) rouge	rødt kort (n)	['røt ko:t]
disqualification (f)	diskvalifisering (m)	['diskvalifiˌseriŋ]
disqualifier (vt)	å diskvalifisere	[ɔ 'diskvalifiˌserə]
penalty (m)	straffespark (m/n)	['strafəˌspark]
mur (m)	mur (m)	['mʉr]
marquer (vt)	å score	[ɔ 'skɔrə]
but (m)	mål (n)	['mol]
marquer un but	å score mål	[ɔ 'skɔrə ˌmol]
remplacement (m)	erstatning (m)	['æˌstatniŋ]
remplacer (vt)	å bytte ut	[ɔ 'bʏtə ʉt]
règles (f pl)	regler (m pl)	['rɛglər]
tactique (f)	taktikk (m)	[tak'tik]
stade (m)	stadion (m/n)	['stadiɔn]
tribune (f)	tribune (m)	[tri'bʉnə]

| supporteur (m) | fan (m) | ['fæn] |
| crier (vi) | å skrike | [ɔ 'skrikə] |

| tableau (m) | måltavle (m/f) | ['moːlˌtavlə] |
| score (m) | resultat (n) | [resɵl'tɑt] |

défaite (f)	nederlag (n)	['nedəˌlɑg]
perdre (vi)	å tape	[ɔ 'tapə]
match (m) nul	uavgjort (m)	[ɵːav'joːt]
faire match nul	å spille uavgjort	[ɔ 'spilə ɵːav'joːt]

| victoire (f) | seier (m) | ['sæjər] |
| gagner (vi, vt) | å vinne | [ɔ 'vinə] |

champion (m)	mester (m)	['mɛstər]
meilleur (adj)	best	['bɛst]
féliciter (vt)	å gratulere	[ɔ gratɵ'lerə]

commentateur (m)	kommentator (m)	[kɵmən'tatʊr]
commenter (vt)	å kommentere	[ɔ kɵmən'terə]
retransmission (f)	sending (m/f)	['sɛniŋ]

137. Le ski alpin

skis (m pl)	ski (m/f pl)	['ʂi]
faire du ski	å gå på ski	[ɔ 'gɔ pɔ 'ʂi]
station (f) de ski	skisted (n)	['ʂisted]
remontée (f) mécanique	skiheis (m)	['ʂiˌhæjs]

bâtons (m pl)	skistaver (m pl)	['ʂiˌstavər]
pente (f)	skråning (m)	['skrɔniŋ]
slalom (m)	slalåm (m)	['ʂlalɔm]

138. Le tennis. Le golf

golf (m)	golf (m)	['gɔlf]
club (m) de golf	golfklubb (m)	['gɔlfˌklɵb]
joueur (m) au golf	golfspiller (m)	['gɔlfˌspilər]

trou (m)	hull (n)	['hɵl]
club (m)	kølle (m/f)	['kølə]
chariot (m) de golf	golftralle (m/f)	['gɔlfˌtralə]

| tennis (m) | tennis (m) | ['tɛnis] |
| court (m) de tennis | tennisbane (m) | ['tɛnisˌbanə] |

| service (m) | serve (m) | ['sɛrv] |
| servir (vi) | å serve | [ɔ 'sɛrvə] |

raquette (f)	racket (m)	['rɛket]
filet (m)	nett (n)	['nɛt]
balle (f)	ball (m)	['bal]

139. Les échecs

échecs (m pl)	sjakk (m)	['ʂak]
pièces (f pl)	sjakkbrikker (m/f pl)	['ʂak͵brikər]
joueur (m) d'échecs	sjakkspiller (m)	['ʂak͵spilər]
échiquier (m)	sjakkbrett (n)	['ʂak͵brɛt]
pièce (f)	sjakbrikke (m/f)	['ʂak͵brikə]

blancs (m pl)	hvite brikker (m/f pl)	['vitə ͵brikər]
noirs (m pl)	svarte brikker (m/f pl)	['svɑːʈə ͵brikər]

pion (m)	bonde (m)	['bɔnə]
fou (m)	løper (m)	['løpər]
cavalier (m)	springer (m)	['sprinər]
tour (f)	tårn (n)	['tɔːɳ]
reine (f)	dronning (m/f)	['drɔniŋ]
roi (m)	konge (m)	['kʊŋə]

coup (m)	trekk (n)	['trɛk]
jouer (déplacer une pièce)	å flytte	[ɔ 'flʏtə]

sacrifier (vt)	å ofre	[ɔ 'ɔfrə]
roque (m)	rokade (m)	[rʊ'kadə]
échec (m)	sjakk (m)	['ʂak]
tapis (m)	matt (m)	['mat]

tournoi (m) d'échecs	sjakkturnering (m/f)	['ʂak tʉr͵neriŋ]
grand maître (m)	stormester (m)	['stʉr͵mɛstər]
combinaison (f)	kombinasjon (m)	[kʊmbina'ʂʊn]
partie (f)	parti (n)	[pɑː'ʈi]
dames (f pl)	damspill (n)	['dam͵spil]

140. La boxe

boxe (f)	boksing (m)	['bɔksiŋ]
combat (m)	kamp (m)	['kamp]
match (m)	boksekamp (m)	['bɔksə͵kamp]
round (m)	runde (m)	['rʉndə]

ring (m)	ring (m)	['riŋ]
gong (m)	gong (m)	['gɔŋ]

coup (m)	støt, slag (n)	['støt], ['ʂlag]
knock-down (m)	knockdown (m)	[nɔk'daʊn]
knock-out (m)	knockout (m)	[nɔk'aʊt]
mettre KO	å slå ut	[ɔ 'ʂlɔ ʉt]

gant (m) de boxe	boksehanske (m)	['bɔksə͵hanskə]
arbitre (m)	dommer (m)	['dɔmər]

poids (m) léger	lettvekt (m/f)	['let͵vɛkt]
poids (m) moyen	mellomvekt (m/f)	['mɛlɔm͵vɛkt]
poids (m) lourd	tungvekt (m/f)	['tʉŋ͵vɛkt]

141. Le sport. Divers

Jeux (m pl) olympiques	de olympiske leker	[de u'lvmpiskə 'lekər]
gagnant (m)	seierherre (m)	['sæjər‚hɛrə]
remporter (vt)	å vinne, å seire	[ɔ 'vinə], [ɔ 'sæjrə]
gagner (vi)	å vinne	[ɔ 'vinə]
leader (m)	leder (m)	['ledər]
prendre la tête	å lede	[ɔ 'ledə]
première place (f)	førsteplass (m)	['fœṣtə‚plɑs]
deuxième place (f)	annenplass (m)	['anən‚plɑs]
troisième place (f)	tredjeplass (m)	['trɛdjə‚plɑs]
médaille (f)	medalje (m)	[me'dɑljə]
trophée (m)	trofé (m/n)	[trɔ'fe]
coupe (f) (trophée)	pokal (m)	[pɔ'kɑl]
prix (m)	pris (m)	['pris]
prix (m) principal	hovedpris (m)	['hʊvəd‚pris]
record (m)	rekord (m)	[re'kɔrd]
établir un record	å sette rekord	[ɔ 'sɛtə re'kɔrd]
finale (f)	finale (m)	[fi'nɑlə]
final (adj)	finale-	[fi'nɑlə-]
champion (m)	mester (m)	['mɛstər]
championnat (m)	mesterskap (n)	['mɛstæ‚skɑp]
stade (m)	stadion (m/n)	['stɑdiɔn]
tribune (f)	tribune (m)	[tri'bʉnə]
supporteur (m)	fan (m)	['fæn]
adversaire (m)	motstander (m)	['mʊt‚stɑnər]
départ (m)	start (m)	['stɑːt]
ligne (f) d'arrivée	mål (n), målstrek (m)	['moːl], ['moːl‚strek]
défaite (f)	nederlag (n)	['nedə‚lɑg]
perdre (vi)	å tape	[ɔ 'tɑpə]
arbitre (m)	dommer (m)	['dɔmər]
jury (m)	jury (m)	['jʉry]
score (m)	resultat (n)	[resʉl'tɑt]
match (m) nul	uavgjort (m)	[ʉ:av'jɔːt]
faire match nul	å spille uavgjort	[ɔ 'spilə ʉ:av'jɔːt]
point (m)	poeng (n)	[pɔ'ɛŋ]
résultat (m)	resultat (n)	[resʉl'tɑt]
période (f)	periode (m)	[pæri'ʊdə]
mi-temps (f) (pause)	halvtid (m)	['hɑl‚tid]
dopage (m)	doping (m)	['dʊpiŋ]
pénaliser (vt)	å straffe	[ɔ 'strɑfə]
disqualifier (vt)	å diskvalifisere	[ɔ 'diskvɑlifi‚serə]
agrès (m)	redskap (m/n)	['rɛd‚skɑp]

lance (f)	**spyd** (n)	['spyd]
poids (m) (boule de métal)	**kule** (m/f)	['kʉ:lə]
bille (f) (de billard, etc.)	**kule** (m/f), **ball** (m)	['kʉ:lə], ['bɑl]
but (cible)	**mål** (n)	['mol]
cible (~ en papier)	**målskive** (m/f)	['mo:lˌʂivə]
tirer (vi)	**å skyte**	[ɔ 'ʂytə]
précis (un tir ~)	**fulltreffer**	['fʉlˌtrɛfər]
entraîneur (m)	**trener** (m)	['trenər]
entraîner (vt)	**å trene**	[ɔ 'trenə]
s'entraîner (vp)	**å trene**	[ɔ 'trenə]
entraînement (m)	**trening** (m/f)	['treniŋ]
salle (f) de gym	**idrettssal** (m)	['idrɛtsˌsɑl]
exercice (m)	**øvelse** (m)	['øvəlsə]
échauffement (m)	**oppvarming** (m/f)	['ɔpˌvɑrmiŋ]

L'éducation

142. L'éducation

école (f)	skole (m/f)	['skʉlə]
directeur (m) d'école	rektor (m)	['rektʊr]
élève (m)	elev (m)	[e'lev]
élève (f)	elev (m)	[e'lev]
écolier (m)	skolegutt (m)	['skʉlə͵gʉt]
écolière (f)	skolepike (m)	['skʉlə͵pikə]
enseigner (vt)	à undervise	[ɔ 'ʉnər͵visə]
apprendre (~ l'arabe)	à lære	[ɔ 'lærə]
apprendre par cœur	à lære utenat	[ɔ 'lærə 'ʉtənat]
apprendre (à faire qch)	à lære	[ɔ 'lærə]
être étudiant, -e	à gå på skolen	[ɔ 'gɔ pɔ 'skʉlən]
aller à l'école	à gå på skolen	[ɔ 'gɔ pɔ 'skʉlən]
alphabet (m)	alfabet (n)	[alfɑ'bet]
matière (f)	fag (n)	['fɑg]
salle (f) de classe	klasserom (m/f)	['klɑsə͵rʊm]
leçon (f)	time (m)	['timə]
récréation (f)	frikvarter (n)	['frikvɑ:͵tər]
sonnerie (f)	skoleklokke (m/f)	['skʉlə͵klɔkə]
pupitre (m)	skolepult (m)	['skʉlə͵pʉlt]
tableau (m) noir	tavle (m/f)	['tɑvlə]
note (f)	karakter (m)	[karak'ter]
bonne note (f)	god karakter (m)	['gʉ karak'ter]
mauvaise note (f)	dårlig karakter (m)	['do:li̥ karak'ter]
donner une note	à gi en karakter	[ɔ 'ji en karak'ter]
faute (f)	feil (m)	['fæjl]
faire des fautes	à gjøre feil	[ɔ 'jørə ͵fæjl]
corriger (une erreur)	à rette	[ɔ 'rɛtə]
antisèche (f)	fuskelapp (m)	['fʉskə͵lɑp]
devoir (m)	lekser (m/f pl)	['leksər]
exercice (m)	øvelse (m)	['øvəlsə]
être présent	à være til stede	[ɔ 'værə til 'stedə]
être absent	à være fraværende	[ɔ 'værə 'frɑ͵værənə]
manquer l'école	à skulke skolen	[ɔ 'skʉlkə 'skʉlən]
punir (vt)	à straffe	[ɔ 'strɑfə]
punition (f)	straff, avstraffelse (m)	['strɑf], ['ɑf͵strɑfəlsə]
conduite (f)	oppførsel (m)	['ɔp͵fœəʂəl]

carnet (m) de notes	karakterbok (m/f)	[karak'ter,bʊk]
crayon (m)	blyant (m)	['bly,ant]
gomme (f)	viskelær (n)	['viskə,lær]
craie (f)	kritt (n)	['krit]
plumier (m)	pennal (n)	[pɛ'nal]

cartable (m)	skoleveske (m/f)	['skʊlə,vɛskə]
stylo (m)	penn (m)	['pɛn]
cahier (m)	skrivebok (m/f)	['skrivə,bʊk]
manuel (m)	lærebok (m/f)	['lærə,bʊk]
compas (m)	passer (m)	['pasər]

| dessiner (~ un plan) | å tegne | [ɔ 'tæjnə] |
| dessin (m) technique | teknisk tegning (m/f) | ['tɛknisk ,tæjniŋ] |

poésie (f)	dikt (n)	['dikt]
par cœur (adv)	utenat	['ʉtən,at]
apprendre par cœur	å lære utenat	[ɔ 'lærə 'ʉtənat]

vacances (f pl)	skoleferie (m)	['skʊlə,fɛriə]
être en vacances	å være på ferie	[ɔ 'værə pɔ 'fɛriə]
passer les vacances	å tilbringe ferien	[ɔ 'til,briŋə 'fɛriən]

interrogation (f) écrite	prøve (m/f)	['prøvə]
composition (f)	essay (n)	[ɛ'sɛj]
dictée (f)	diktat (m)	[dik'tat]
examen (m)	eksamen (m)	[ɛk'samən]
passer les examens	å ta eksamen	[ɔ 'ta ɛk'samən]
expérience (f) (~ de chimie)	forsøk (n)	['fɔ'søk]

143. L'enseignement supérieur

académie (f)	akademi (n)	[akade'mi]
université (f)	universitet (n)	[ʉnivæʂi'tet]
faculté (f)	fakultet (n)	[fakʉl'tet]

étudiant (m)	student (m)	[stʉ'dɛnt]
étudiante (f)	kvinnelig student (m)	['kvinəli stʉ'dɛnt]
enseignant (m)	lærer, foreleser (m)	['lærər], ['fʊrə,lesər]

| salle (f) | auditorium (n) | [,aʊdi'tʊrium] |
| licencié (m) | alumn (m) | [a'lʉmn] |

| diplôme (m) | diplom (n) | [di'plʊm] |
| thèse (f) | avhandling (m/f) | ['av,handliŋ] |

| étude (f) | studie (m) | ['stʉdiə] |
| laboratoire (m) | laboratorium (n) | [labʊra'tɔrium] |

| cours (m) | forelesning (m) | ['fɔrə,lesniŋ] |
| camarade (m) de cours | studiekamerat (m) | ['stʉdiə kame,rat] |

| bourse (f) | stipendium (n) | [sti'pɛndium] |
| grade (m) universitaire | akademisk grad (m) | [aka'demisk ,grad] |

144. Les disciplines scientifiques

mathématiques (f pl)	matematikk (m)	[matəmɑ'tik]
algèbre (f)	algebra (m)	['algə‚brɑ]
géométrie (f)	geometri (m)	[geʊme'tri]
astronomie (f)	astronomi (m)	[astrʊnʊ'mi]
biologie (f)	biologi (m)	[biʊlʊ'gi]
géographie (f)	geografi (m)	[geʊgrɑ'fi]
géologie (f)	geologi (m)	[geʊlʊ'gi]
histoire (f)	historie (m/f)	[hi'stʊriə]
médecine (f)	medisin (m)	[medi'sin]
pédagogie (f)	pedagogikk (m)	[pedɑgʊ'gik]
droit (m)	rett (m)	['rɛt]
physique (f)	fysikk (m)	[fy'sik]
chimie (f)	kjemi (m)	[çe'mi]
philosophie (f)	filosofi (m)	[filʊsʊ'fi]
psychologie (f)	psykologi (m)	[sikʊlʊ'gi]

145. Le système d'écriture et l'orthographe

grammaire (f)	grammatikk (m)	[grɑmɑ'tik]
vocabulaire (m)	ordforråd (n)	['u:rfʊ‚rɔd]
phonétique (f)	fonetikk (m)	[fʊne'tik]
nom (m)	substantiv (n)	['sʉbstɑn‚tiv]
adjectif (m)	adjektiv (n)	['adjɛk‚tiv]
verbe (m)	verb (n)	['værb]
adverbe (m)	adverb (n)	[ad'væ:b]
pronom (m)	pronomen (n)	[prʊ'nʊmən]
interjection (f)	interjeksjon (m)	[interjɛk'şʊn]
préposition (f)	preposisjon (m)	[prɛpʊsi'şʊn]
racine (f)	rot (m/f)	['rʊt]
terminaison (f)	endelse (m)	['ɛnəlsə]
préfixe (m)	prefiks (n)	[prɛ'fiks]
syllabe (f)	stavelse (m)	['stɑvəlsə]
suffixe (m)	suffiks (n)	[sʉ'fiks]
accent (m) tonique	betoning (m), trykk (n)	['be'tɔniŋ], ['trʏk]
apostrophe (f)	apostrof (m)	[apʊ'strɔf]
point (m)	punktum (n)	['pʉnktum]
virgule (f)	komma (n)	['kɔmɑ]
point (m) virgule	semikolon (n)	[‚semikʊ'lɔn]
deux-points (m)	kolon (n)	['kʊlɔn]
points (m pl) de suspension	tre prikker (m pl)	['tre 'prikər]
point (m) d'interrogation	spørsmålstegn (n)	['spœşmɔls‚tæjn]
point (m) d'exclamation	utropstegn (n)	['ʉtrʊps‚tæjn]

guillemets (m pl)	anførselstegn (n pl)	[an'fœşɛls‚tejn]
entre guillemets	i anførselstegn	[i an'fœşɛls‚tejn]
parenthèses (f pl)	parentes (m)	[parɛn'tes]
entre parenthèses	i parentes	[i parɛn'tes]

trait (m) d'union	bindestrek (m)	['binə‚strek]
tiret (m)	tankestrek (m)	['tankə‚strek]
blanc (m)	mellomrom (n)	['mɛlɔm‚rʊm]

| lettre (f) | bokstav (m) | ['bʊkstav] |
| majuscule (f) | stor bokstav (m) | ['stʊr 'bʊkstav] |

| voyelle (f) | vokal (m) | [vʊ'kal] |
| consonne (f) | konsonant (m) | [kʊnsʊ'nant] |

proposition (f)	setning (m)	['sɛtniŋ]
sujet (m)	subjekt (n)	[sʉb'jɛkt]
prédicat (m)	predikat (n)	[prɛdi'kat]

ligne (f)	linje (m)	['linjə]
à la ligne	på ny linje	[pɔ ny 'linjə]
paragraphe (m)	avsnitt (n)	['af‚snit]

mot (m)	ord (n)	['u:r]
groupe (m) de mots	ordgruppe (m/f)	['u:r‚grʉpə]
expression (f)	uttrykk (n)	['ʉt‚trʏk]
synonyme (m)	synonym (n)	[synʊ'nym]
antonyme (m)	antonym (n)	[antʊ'nym]

règle (f)	regel (m)	['rɛgəl]
exception (f)	unntak (n)	['ʉn‚tak]
correct (adj)	riktig	['rikti]

conjugaison (f)	bøyning (m/f)	['bøjniŋ]
déclinaison (f)	bøyning (m/f)	['bøjniŋ]
cas (m)	kasus (m)	['kasʉs]
question (f)	spørsmål (n)	['spœş‚mol]
souligner (vt)	å understreke	[ɔ 'ʉnə‚strekə]
pointillé (m)	prikket linje (m)	['prikət 'linjə]

146. Les langues étrangères

langue (f)	språk (n)	['sprɔk]
étranger (adj)	fremmed-	['fremə-]
langue (f) étrangère	fremmedspråk (n)	['fremed‚sprɔk]
étudier (vt)	å studere	[ɔ stʉ'derə]
apprendre (~ l'arabe)	å lære	[ɔ 'lærə]

lire (vi, vt)	å lese	[ɔ 'lesə]
parler (vi, vt)	å tale	[ɔ 'talə]
comprendre (vt)	å forstå	[ɔ fɔ'ştɔ]
écrire (vt)	å skrive	[ɔ 'skrivə]
vite (adv)	fort	['fʊ:t]
lentement (adv)	langsomt	['laŋsɔmt]

couramment (adv)	flytende	['flytnə]
règles (f pl)	regler (m pl)	['rɛglər]
grammaire (f)	grammatikk (m)	[grama'tik]
vocabulaire (m)	ordforråd (n)	['uːrfʊˌrɔd]
phonétique (f)	fonetikk (m)	[funeˈtik]
manuel (m)	lærebok (m/f)	['læːrəˌbʊk]
dictionnaire (m)	ordbok (m/f)	['uːrˌbʊk]
manuel (m) autodidacte	lærebok (m/f) for selvstudium	['læːrəˌbʊk fɔ 'selˌstʉdium]
guide (m) de conversation	parlør (m)	[paː'lør]
cassette (f)	kassett (m)	[ka'sɛt]
cassette (f) vidéo	videokassett (m)	['videʊ ka'sɛt]
CD (m)	CD-rom (m)	['sɛdɛˌrʊm]
DVD (m)	DVD (m)	[deve'de]
alphabet (m)	alfabet (n)	[alfa'bet]
épeler (vt)	å stave	[ɔ 'stavə]
prononciation (f)	uttale (m)	['ʉtˌtalə]
accent (m)	aksent (m)	[ak'saŋ]
avec un accent	med aksent	[me ak'saŋ]
sans accent	uten aksent	['ʉtən ak'saŋ]
mot (m)	ord (n)	['uːr]
sens (m)	betydning (m)	[be'tʏdniŋ]
cours (m pl)	kurs (n)	['kʉʂ]
s'inscrire (vp)	å anmelde seg	[ɔ 'anˌmɛlə sæj]
professeur (m) (~ d'anglais)	lærer (m)	['læːrər]
traduction (f) (action)	oversettelse (m)	['ɔvəˌsɛtəlsə]
traduction (f) (texte)	oversettelse (m)	['ɔvəˌsɛtəlsə]
traducteur (m)	oversetter (m)	['ɔvəˌsɛtər]
interprète (m)	tolk (m)	['tɔlk]
polyglotte (m)	polyglott (m)	[pʊlʏ'glɔt]
mémoire (f)	minne (n), hukommelse (m)	['minə], [hʉ'kɔməlsə]

147. Les personnages de contes de fées

Père Noël (m)	Julenissen	['jʉləˌnisən]
Cendrillon (f)	Askepott	['askəˌpɔt]
sirène (f)	havfrue (m/f)	['havˌfrʉə]
Neptune (m)	Neptun	[nɛp'tʉn]
magicien (m)	trollmann (m)	['trɔlˌman]
fée (f)	fe (f)	['fe]
magique (adj)	trylle-	['trʏlə-]
baguette (f) magique	tryllestav (m)	['trʏləˌstav]
conte (m) de fées	eventyr (n)	['ɛvənˌtyr]
miracle (m)	mirakel (n)	[mi'rakəl]

131

| gnome (m) | gnom, dverg (m) | ['gnʊm], ['dvɛrg] |
| se transformer en ... | å forvandle seg til ... | [ɔ fɔr'vandlə sæj til ...] |

esprit (m) (revenant)	spøkelse (n)	['spøkəlsə]
fantôme (m)	fantom (m)	[fɑn'tɔm]
monstre (m)	monster (n)	['mɔnstər]
dragon (m)	drage (m)	['drɑgə]
géant (m)	gigant (m)	[gi'gɑnt]

148. Les signes du zodiaque

Bélier (m)	Væren (m)	['værən]
Taureau (m)	Tyren (m)	['tyrən]
Gémeaux (m pl)	Tvillingene (m pl)	['tviliŋənə]
Cancer (m)	Krepsen (m)	['krɛpsən]
Lion (m)	Løven (m)	['løvən]
Vierge (f)	Jomfruen (m)	['ʉmfrʉən]

Balance (f)	Vekten (m)	['vɛktən]
Scorpion (m)	Skorpionen	[skɔrpi'ʊnən]
Sagittaire (m)	Skytten (m)	['şytən]
Capricorne (m)	Steinbukken (m)	['stæjn‚bʉkən]
Verseau (m)	Vannmannen (m)	['van‚manən]
Poissons (m pl)	Fiskene (pl)	['fiskenə]

caractère (m)	karakter (m)	[kɑrɑk'ter]
traits (m pl) du caractère	karaktertrekk (n pl)	[kɑrɑk'ter‚trɛk]
conduite (f)	oppførsel (m)	['ɔp‚fœşəl]
dire la bonne aventure	å spå	[ɔ 'spɔ]
diseuse (f) de bonne aventure	spåkone (m/f)	['spo:‚konə]
horoscope (m)	horoskop (n)	[hʊrʉ'skɔp]

L'art

149. Le théâtre

théâtre (m)	teater (n)	[te'atər]
opéra (m)	opera (m)	['ʊpera]
opérette (f)	operette (m)	[ʊpe'rɛtə]
ballet (m)	ballett (m)	[ba'let]
affiche (f)	plakat (m)	[pla'kat]
troupe (f) de théâtre	teatertrupp (m)	[te'atər‚trʉp]
tournée (f)	turné (m)	[tʉr'ne:]
être en tournée	å være på turné	[ɔ 'værə pɔ tʉr'ne:]
répéter (vt)	å repetere	[ɔ repe'terə]
répétition (f)	repetisjon (m)	[repeti'ʂʊn]
répertoire (m)	repertoar (n)	[repæ:ʈʉ'ar]
représentation (f)	forestilling (m/f)	['forə‚stiliŋ]
spectacle (m)	teaterstykke (n)	[te'atər‚stʏkə]
pièce (f) de théâtre	skuespill (n)	['skʉə‚spil]
billet (m)	billett (m)	[bi'let]
billetterie (f pl)	billettluke (m/f)	[bi'let‚lʉkə]
hall (m)	lobby, foajé (m)	['lɔbi], [fʊa'je]
vestiaire (m)	garderobe (m)	[ga:d̥ə'rʊbə]
jeton (m) de vestiaire	garderobemerke (n)	[ga:d̥ə'rʊbə 'mærkə]
jumelles (f pl)	kikkert (m)	['çikɛ:ʈ]
placeur (m)	plassanviser (m)	['plas an‚visər]
parterre (m)	parkett (m)	[par'kɛt]
balcon (m)	balkong (m)	[bal'kɔŋ]
premier (m) balcon	første losjerad (m)	['fœʂtə ‚lʊʂɛrad]
loge (f)	losje (m)	['lʊʂə]
rang (m)	rad (m/f)	['rad]
place (f)	plass (m)	['plas]
public (m)	publikum (n)	['pʉblikum]
spectateur (m)	tilskuer (m)	['til‚skʉər]
applaudir (vi)	å klappe	[ɔ 'klapə]
applaudissements (m pl)	applaus (m)	[a'plaʊs]
ovation (f)	bifall (n)	['bi‚fal]
scène (f) (monter sur ~)	scene (m)	['se:nə]
rideau (m)	teppe (n)	['tɛpə]
décor (m)	dekorasjon (m)	[dekʊra'ʂʊn]
coulisses (f pl)	kulisser (m pl)	[kʉ'lisər]
scène (f) (la dernière ~)	scene (m)	['se:nə]
acte (m)	akt (m)	['akt]
entracte (m)	mellomakt (m)	['mɛlɔm‚akt]

150. Le cinéma

acteur (m)	skuespiller (m)	['skʉəˌspilər]
actrice (f)	skuespillerinne (m/f)	['skʉəˌspiləˈrinə]
cinéma (m) (industrie)	filmindustri (m)	['film indʉ'stri]
film (m)	film (m)	['film]
épisode (m)	del (m)	['del]
film (m) policier	kriminalfilm (m)	[krimi'nalˌfilm]
film (m) d'action	actionfilm (m)	['ɛkʂənˌfilm]
film (m) d'aventures	eventyrfilm (m)	['ɛvəntyrˌfilm]
film (m) de science-fiction	Sci-Fi film (m)	['sɑjˌfɑj film]
film (m) d'horreur	skrekkfilm (m)	['skrɛkˌfilm]
comédie (f)	komedie (m)	['kʉ'mediə]
mélodrame (m)	melodrama (n)	[melɔ'drɑmɑ]
drame (m)	drama (n)	['drɑmɑ]
film (m) de fiction	spillefilm (m)	['spiləˌfilm]
documentaire (m)	dokumentarfilm (m)	[dɔkʉmɛn'tɑr ˌfilm]
dessin (m) animé	tegnefilm (m)	['tæjnəˌfilm]
cinéma (m) muet	stumfilm (m)	['stʉmˌfilm]
rôle (m)	rolle (m/f)	['rɔlə]
rôle (m) principal	hovedrolle (m)	['hʉvədˌrɔle]
jouer (vt)	å spille	[ɔ 'spilə]
vedette (f)	filmstjerne (m)	['filmˌstjæːŋə]
connu (adj)	kjent	['çɛnt]
célèbre (adj)	berømt	[be'rømt]
populaire (adj)	populær	[pʉpʉ'lær]
scénario (m)	manus (n)	['mɑnʉs]
scénariste (m)	manusforfatter (m)	['mɑnʉs fɔr'fɑtər]
metteur (m) en scène	regissør (m)	[rɛʂi'sør]
producteur (m)	produsent (m)	[prʉdʉ'sɛnt]
assistant (m)	assistent (m)	[ɑsi'stɛnt]
opérateur (m)	kameramann (m)	['kɑmerɑˌmɑn]
cascadeur (m)	stuntmann (m)	['stɑntˌmɑn]
doublure (f)	stand-in (m)	[ˌstɑnd'in]
tourner un film	å spille inn en film	[ɔ 'spilə in en 'film]
audition (f)	prøve (m/f)	['prøvə]
tournage (m)	opptak (n)	['ɔpˌtɑk]
équipe (f) de tournage	filmteam (n)	['filmˌtim]
plateau (m) de tournage	opptaksplass (m)	['ɔptɑksˌplɑs]
caméra (f)	filmkamera (n)	['filmˌkɑmerɑ]
cinéma (m)	kino (m)	['çinʉ]
écran (m)	filmduk (m)	['filmˌdʉk]
donner un film	å vise en film	[ɔ 'visə en 'film]
piste (f) sonore	lydspor (n)	['lydˌspʉr]
effets (m pl) spéciaux	spesialeffekter (m pl)	['spesi'ɑl e'fɛktər]

sous-titres (m pl)	undertekster (m/f)	['ʉnəˌtɛkstər]
générique (m)	rulletekst (m)	['rʉləˌtɛkst]
traduction (f)	oversettelse (m)	['ɔvəˌsɛtəlsə]

151. La peinture

art (m)	kunst (m)	['kʉnst]
beaux-arts (m pl)	de skjønne kunster	[de 'ʂønə 'kʉnstər]
galerie (f) d'art	kunstgalleri (n)	['kʉnst galeˈri]
exposition (f) d'art	maleriutstilling (m/f)	[ˌmale'ri ʉtˌstiliŋ]

peinture (f)	malerkunst (m)	['malərˌkʉnst]
graphique (f)	grafikk (m)	[graˈfik]
art (m) abstrait	abstrakt kunst (m)	[abˈstrakt 'kʉnst]
impressionnisme (m)	impresjonisme (m)	[imprɛʂuˈnisme]

tableau (m)	maleri (m/f)	[ˌmale'ri]
dessin (m)	tegning (m/f)	['tæjniŋ]
poster (m)	plakat, poster (m)	['plaˌkat], ['pɔstər]

illustration (f)	illustrasjon (m)	[ilʉstraˈʂʉn]
miniature (f)	miniatyr (m)	[miniaˈtyr]
copie (f)	kopi (m)	[kʉˈpi]
reproduction (f)	reproduksjon (m)	[reprʉdʉkˈʂʉn]

mosaïque (f)	mosaikk (m)	[mʉsa'ik]
vitrail (m)	glassmaleri (n)	['glasˌmale'ri]
fresque (f)	freske (m)	['frɛskə]
gravure (f)	gravyr (m)	[graˈvyr]

buste (m)	byste (m)	['bystə]
sculpture (f)	skulptur (m)	[skʉlp'tʉr]
statue (f)	statue (m)	['statʉə]
plâtre (m)	gips (m)	['jips]
en plâtre	gips-	['jips-]

portrait (m)	portrett (n)	[pɔːˈtrɛt]
autoportrait (m)	selvportrett (n)	['sɛlˌpɔːˈtrɛt]
paysage (m)	landskapsmaleri (n)	['lanskapsˌmale'ri]
nature (f) morte	stilleben (n)	['stilˌlebən]
caricature (f)	karikatur (m)	[karikaˈtʉr]
croquis (m)	skisse (m/f)	['ʂisə]

peinture (f)	maling (m/f)	['maliŋ]
aquarelle (f)	akvarell (m)	[akvaˈrɛl]
huile (f)	olje (m)	['ɔljə]
crayon (m)	blyant (m)	['blyˌant]
encre (f) de Chine	tusj (m/n)	['tʉʂ]
fusain (m)	kull (n)	['kʉl]

dessiner (vi, vt)	å tegne	[ɔ 'tæjnə]
peindre (vi, vt)	å male	[ɔ 'malə]
poser (vi)	å posere	[ɔ pɔˈserə]
modèle (m)	modell (m)	[mʉˈdɛl]

modèle (f)	modell (m)	[mʊ'dɛl]
peintre (m)	kunstner (m)	['kʉnstnər]
œuvre (f) d'art	kunstverk (n)	['kʉnstˌværk]
chef (m) d'œuvre	mesterverk (n)	['mɛstɛrˌværk]
atelier (m) d'artiste	atelier (n)	[ate'lje]

toile (f)	kanvas (m/n), lerret (n)	['kɑnvɑs], ['leret]
chevalet (m)	staffeli (n)	[stɑfe'li]
palette (f)	palett (m)	[pɑ'let]

encadrement (m)	ramme (m/f)	['rɑmə]
restauration (f)	restaurering (m)	[rɛstaʊ'reriŋ]
restaurer (vt)	å restaurere	[ɔ rɛstaʊ'rerə]

152. La littérature et la poésie

littérature (f)	litteratur (m)	[litəra'tʉr]
auteur (m) (écrivain)	forfatter (m)	[for'fatər]
pseudonyme (m)	pseudonym (n)	[sewdʊ'nym]

livre (m)	bok (m/f)	['bʊk]
volume (m)	bind (n)	['bin]
table (f) des matières	innholdsfortegnelse (m)	['inhɔls fɔ:'tæjnəlsə]
page (f)	side (m/f)	['sidə]
protagoniste (m)	hovedperson (m)	['hʊved pæ'ʂʉn]
autographe (m)	autograf (m)	[aʊtʊ'grɑf]

récit (m)	novelle (m/f)	[nʊ'vɛlə]
nouvelle (f)	kortroman (m)	['kʊ:ʈ rʊˌmɑn]
roman (m)	roman (m)	[rʊ'mɑn]
œuvre (f) littéraire	verk (n)	['værk]
fable (f)	fabel (m)	['fɑbəl]
roman (m) policier	kriminalroman (m)	[krimi'nɑl rʊˌmɑn]

vers (m)	dikt (n)	['dikt]
poésie (f)	poesi (m)	[pɔɛ'si]
poème (m)	epos (n)	['ɛpɔs]
poète (m)	poet, dikter (m)	['pɔɛt], ['diktər]

belles-lettres (f pl)	skjønnlitteratur (m)	['ʂøn litəra'tʉr]
science-fiction (f)	science fiction (m)	['sajəns ˌfikʂn]
aventures (f pl)	eventyr (n pl)	['ɛvənˌtyr]
littérature (f) didactique	undervisningslitteratur (m)	['ʉnərˌvisniŋs litəra'tʉr]
littérature (f) pour enfants	barnelitteratur (m)	['bɑ:ɳə litəra'tʉr]

153. Le cirque

cirque (m)	sirkus (m/n)	['sirkʉs]
chapiteau (m)	ambulerende sirkus (n)	['ɑmbʉˌlerɛnə 'sirkʉs]
programme (m)	program (n)	[prʊ'grɑm]
représentation (f)	forestilling (m/f)	['fɔrəˌstiliŋ]
numéro (m)	nummer (n)	['nʉmər]

arène (f)	manesje, arena (m)	[mɑ'neʂə], [ɑ'renɑ]
pantomime (f)	pantomime (m)	[pɑntʉ'mimə]
clown (m)	klovn (m)	['klɔvn]
acrobate (m)	akrobat (m)	[ɑkrʉ'bɑt]
acrobatie (f)	akrobatikk (m)	[ɑkrʉbɑ'tik]
gymnaste (m)	gymnast (m)	[gʏm'nɑst]
gymnastique (f)	gymnastikk (m)	[gʏmnɑ'stik]
salto (m)	salto (m)	['sɑltʉ]
hercule (m)	atlet (m)	[ɑt'let]
dompteur (m)	dyretemmer (m)	['dyrə͵tɛmər]
écuyer (m)	rytter (m)	['rʏtər]
assistant (m)	assistent (m)	[ɑsi'stɛnt]
truc (m)	trikk, triks (n)	['trik], ['triks]
tour (m) de passe-passe	trylletriks (n)	['trʏlə͵triks]
magicien (m)	tryllekunstner (m)	['trʏlə͵kʉnstnər]
jongleur (m)	sjonglør (m)	[ʂɔŋ'lør]
jongler (vi)	å sjonglere	[ɔ 'ʂɔŋ͵lerə]
dresseur (m)	dressør (m)	[drɛ'sør]
dressage (m)	dressur (m)	[drɛ'sʉr]
dresser (vt)	å dressere	[ɔ drɛ'serə]

154. La musique

musique (f)	musikk (m)	[mʉ'sik]
musicien (m)	musiker (m)	['mʉsikər]
instrument (m) de musique	musikkinstrument (n)	[mʉ'sik instrʉ'mɛnt]
jouer de ...	å spille ...	[ɔ 'spilə ...]
guitare (f)	gitar (m)	['gi͵tɑr]
violon (m)	fiolin (m)	[fiʉ'lin]
violoncelle (m)	cello (m)	['sɛlʉ]
contrebasse (f)	kontrabass (m)	['kʉntrɑ͵bɑs]
harpe (f)	harpe (m)	['hɑrpə]
piano (m)	piano (n)	[pi'ɑnʉ]
piano (m) à queue	flygel (n)	['flygəl]
orgue (m)	orgel (n)	['ɔrgəl]
instruments (m pl) à vent	blåseinstrumenter (n pl)	['blo:sə instrʉ'mɛntər]
hautbois (m)	obo (m)	[ʉ'bʉ]
saxophone (m)	saksofon (m)	[sɑksʉ'fʉn]
clarinette (f)	klarinett (m)	[klɑri'nɛt]
flûte (f)	fløyte (m)	['fløjtə]
trompette (f)	trompet (m)	[trʉm'pet]
accordéon (m)	trekkspill (n)	['trɛk͵spil]
tambour (m)	tromme (m)	['trʉmə]
duo (m)	duett (m)	[dʉ'ɛt]
trio (m)	trio (m)	['triʉ]

quartette (m)	kvartett (m)	[kvɑːˈtɛt]
chœur (m)	kor (n)	[ˈkʊr]
orchestre (m)	orkester (n)	[ɔrˈkɛstər]

musique (f) pop	popmusikk (m)	[ˈpɔp mʉˈsik]
musique (f) rock	rockmusikk (m)	[ˈrɔk mʉˈsik]
groupe (m) de rock	rockeband (n)	[ˈrɔkəˌbɛnd]
jazz (m)	jazz (m)	[ˈjas]

| idole (f) | idol (n) | [iˈdʊl] |
| admirateur (m) | beundrer (m) | [beˈʉndrər] |

concert (m)	konsert (m)	[kʊnˈsæːt]
symphonie (f)	symfoni (m)	[sʏmfʊˈni]
œuvre (f) musicale	komposisjon (m)	[kʊmpʉziˈʂʉn]
composer (vt)	å komponere	[ɔ kʊmpʉˈnerə]

chant (m) (~ d'oiseau)	synging (m/f)	[ˈsʏŋiŋ]
chanson (f)	sang (m)	[ˈsɑŋ]
mélodie (f)	melodi (m)	[melɔˈdi]
rythme (m)	rytme (m)	[ˈrʏtmə]
blues (m)	blues (m)	[ˈblʉs]

notes (f pl)	noter (m pl)	[ˈnʊtər]
baguette (f)	taktstokk (m)	[ˈtaktˌstɔk]
archet (m)	bue, boge (m)	[ˈbʉːə], [ˈbɔɡə]
corde (f)	streng (m)	[ˈstrɛŋ]
étui (m)	futteral (n), kasse (m/f)	[fʉteˈral], [ˈkɑsə]

Les loisirs. Les voyages

155. Les voyages. Les excursions

tourisme (m)	turisme (m)	[tʉ'rismə]
touriste (m)	turist (m)	[tʉ'rist]
voyage (m) (à l'étranger)	reise (m/f)	['ræjsə]
aventure (f)	eventyr (n)	['ɛvən̩tyr]
voyage (m)	tripp (m)	['trip]
vacances (f pl)	ferie (m)	['fɛriə]
être en vacances	å være på ferie	[ɔ 'værə pɔ 'fɛriə]
repos (m) (jours de ~)	hvile (m/f)	['vilə]
train (m)	tog (n)	['tɔg]
en train	med tog	[me 'tɔg]
avion (m)	fly (n)	['fly]
en avion	med fly	[me 'fly]
en voiture	med bil	[me 'bil]
en bateau	med skip	[me 'ṣip]
bagage (m)	bagasje (m)	[ba'gaṣə]
malle (f)	koffert (m)	['kʉfɛ:t]
chariot (m)	bagasjetralle (m/f)	[ba'gaṣə̩tralə]
passeport (m)	pass (n)	['pas]
visa (m)	visum (n)	['visʉm]
ticket (m)	billett (m)	[bi'let]
billet (m) d'avion	flybillett (m)	['fly bi'let]
guide (m) (livre)	reisehåndbok (m/f)	['ræjsə̩hɔnbʉk]
carte (f)	kart (n)	['ka:t]
région (f) (~ rurale)	område (n)	['ɔm̩ro:də]
endroit (m)	sted (n)	['sted]
exotique (adj)	eksotisk	[ɛk'sʉtisk]
étonnant (adj)	forunderlig	[fɔ'rʉnde:[i]
groupe (m)	gruppe (m)	['grʉpə]
excursion (f)	utflukt (m/f)	['ʉt̩flʉkt]
guide (m) (personne)	guide (m)	['gajd]

156. L'hôtel

hôtel (m)	hotell (n)	[hʉ'tɛl]
motel (m)	motell (n)	[mʉ'tɛl]
3 étoiles	trestjernet	['tre̩stjæ:ŋə]
5 étoiles	femstjernet	['fɛm̩stjæ:ŋə]

139

descendre (à l'hôtel)	å bo	[ɔ 'buː]
chambre (f)	rom (n)	['rʊm]
chambre (f) simple	enkeltrom (n)	['ɛnkelt,rʊm]
chambre (f) double	dobbeltrom (n)	['dɔbelt,rʊm]
réserver une chambre	å reservere rom	[ɔ resɛr'verə 'rʊm]
demi-pension (f)	halvpensjon (m)	['hal pan,sʊn]
pension (f) complète	fullpensjon (m)	['fʉl pan,sʊn]
avec une salle de bain	med badekar	[me 'badə,kar]
avec une douche	med dusj	[me 'dʉʂ]
télévision (f) par satellite	satellitt-TV (m)	[satɛ'lit 'tɛvɛ]
climatiseur (m)	klimaanlegg (n)	['klima'an,leg]
serviette (f)	håndkle (n)	['hɔn,kle]
clé (f)	nøkkel (m)	['nøkel]
administrateur (m)	administrator (m)	[admini'straːtʊr]
femme (f) de chambre	stuepike (m/f)	['stʉə,pikə]
porteur (m)	pikkolo (m)	['pikɔlɔ]
portier (m)	portier (m)	[pɔːˈtje]
restaurant (m)	restaurant (m)	[rɛstʉ'raŋ]
bar (m)	bar (m)	['bar]
petit déjeuner (m)	frokost (m)	['frʊkɔst]
dîner (m)	middag (m)	['mi,da]
buffet (m)	buffet (m)	[bʉ'fɛ]
hall (m)	hall, lobby (m)	['hal], ['lɔbi]
ascenseur (m)	heis (m)	['hæjs]
PRIÈRE DE NE PAS DÉRANGER	VENNLIGST IKKE FORSTYRR!	['vɛnligt ikə fo'ʂtyr]
DÉFENSE DE FUMER	RØYKING FORBUDT	['røjkiŋ for'bʉt]

157. Le livre. La lecture

livre (m)	bok (m/f)	['bʊk]
auteur (m)	forfatter (m)	[for'fatər]
écrivain (m)	forfatter (m)	[for'fatər]
écrire (~ un livre)	å skrive	[ɔ 'skrivə]
lecteur (m)	leser (m)	['lesər]
lire (vi, vt)	å lese	[ɔ 'lesə]
lecture (f)	lesning (m/f)	['lesniŋ]
à part soi	for seg selv	[for sæj 'sɛl]
à haute voix	høyt	['højt]
éditer (vt)	å publisere	[ɔ pʉbli'serə]
édition (f) (~ des livres)	publisering (m/f)	[pʉbli'seriŋ]
éditeur (m)	forlegger (m)	['foː,legər]
maison (f) d'édition	forlag (n)	['foː,lag]
paraître (livre)	å komme ut	[ɔ 'komə ʉt]
sortie (f) (~ d'un livre)	utgivelse (m)	['ʉt,jivelsə]

tirage (m)	opplag (n)	['ɔp,lag]
librairie (f)	bokhandel (m)	['bʉk,handəl]
bibliothèque (f)	bibliotek (n)	[bibliʉ'tek]

nouvelle (f)	kortroman (m)	['kuːţ rʉ,man]
récit (m)	novelle (m/f)	[nʉ'vɛlə]
roman (m)	roman (m)	[rʉ'man]
roman (m) policier	kriminalroman (m)	[krimi'nal rʉ,man]

mémoires (m pl)	memoarer (pl)	[memʉ'arər]
légende (f)	legende (m)	['le'gɛndə]
mythe (m)	myte (m)	['myːtə]

vers (m pl)	dikt (n pl)	['dikt]
autobiographie (f)	selvbiografi (m)	['sɛl,biʉgra'fi]
les œuvres choisies	utvalgte verker (n pl)	['ʉt,valgtə 'værkər]
science-fiction (f)	science fiction (m)	['sajəns ,fikʂn]
titre (m)	tittel (m)	['titəl]
introduction (f)	innledning (m)	['in,lednin]
page (f) de titre	tittelblad (n)	['titəl,bla]

chapitre (m)	kapitel (n)	[ka'pitəl]
extrait (m)	utdrag (n)	['ʉt,drag]
épisode (m)	episode (m)	[ɛpi'sʉdə]

sujet (m)	handling (m/f)	['handlin]
sommaire (m)	innhold (n)	['in,hɔl]
table (f) des matières	innholdsfortegnelse (m)	['inhɔls fɔ:'ţæjnəlsə]
protagoniste (m)	hovedperson (m)	['hʉvəd pæ'ʂʉn]

volume (m)	bind (n)	['bin]
couverture (f)	omslag (n)	['ɔm,slag]
reliure (f)	bokbind (n)	['bʉk,bin]
marque-page (m)	bokmerke (n)	['bʉk,mærkə]

page (f)	side (m/f)	['sidə]
feuilleter (vt)	å bla	[ɔ 'bla]
marges (f pl)	marger (m pl)	['margər]
annotation (f)	annotering (n)	[anʉ'tɛrin]
note (f) de bas de page	anmerkning (m)	['an,mærknin]

texte (m)	tekst (m/f)	['tɛkst]
police (f)	skrift, font (m)	['skrift], ['fɔnt]
faute (f) d'impression	trykkfeil (m)	['trʏk,fæjl]

traduction (f)	oversettelse (m)	['ɔvə,sɛtəlsə]
traduire (vt)	å oversette	[ɔ 'ɔvə,sɛtə]
original (m)	original (m)	[ɔrigi'nal]

célèbre (adj)	berømt	[be'rømt]
inconnu (adj)	ukjent	['ʉ,çɛnt]
intéressant (adj)	interessant	[intere'san]
best-seller (m)	bestselger (m)	['bɛst,sɛlər]
dictionnaire (m)	ordbok (m/f)	['uːr,bʉk]
manuel (m)	lærebok (m/f)	['lærə,bʉk]
encyclopédie (f)	encyklopedi (m)	[ɛnsʏklope'di]

158. La chasse. La pêche

chasse (f)	jakt (m/f)	['jakt]
chasser (vi, vt)	å jage	[ɔ 'jagə]
chasseur (m)	jeger (m)	['jɛːgər]
tirer (vi)	å skyte	[ɔ 'ʂytə]
fusil (m)	gevær (n)	[ge'vær]
cartouche (f)	patron (m)	[pɑ'trʊn]
grains (m pl) de plomb	hagl (n)	['hɑgl]
piège (m) à mâchoires	saks (m/f)	['sɑks]
piège (m)	felle (m/f)	['fɛlə]
être pris dans un piège	å fanges i felle	[ɔ 'faŋəs i 'fɛlə]
mettre un piège	å sette opp felle	[ɔ 'sɛtə ɔp 'fɛlə]
braconnier (m)	tyvskytter (m)	['tyf,ʂytər]
gibier (m)	vilt (n)	['vilt]
chien (m) de chasse	jakthund (m)	['jakt,hʉn]
safari (m)	safari (m)	[sɑ'fɑri]
animal (m) empaillé	utstoppet dyr (n)	['ʉt,stɔpet ,dyr]
pêcheur (m)	fisker (m)	['fiskər]
pêche (f)	fiske (n)	['fiskə]
pêcher (vi)	å fiske	[ɔ 'fiskə]
canne (f) à pêche	fiskestang (m/f)	['fiskə,staŋ]
ligne (f) de pêche	fiskesnøre (n)	['fiskə,snøre]
hameçon (m)	krok (m)	['krʊk]
flotteur (m)	dupp (m)	['dʉp]
amorce (f)	agn (m)	['aŋn]
lancer la ligne	å kaste ut	[ɔ 'kastə ʉt]
mordre (vt)	å bite	[ɔ 'bitə]
pêche (f) (poisson capturé)	fangst (m)	['faŋst]
trou (m) dans la glace	hull (n) i isen	['hʉl i ,isən]
filet (m)	nett (n)	['nɛt]
barque (f)	båt (m)	['bot]
pêcher au filet	å fiske med nett	[ɔ 'fiskə me 'nɛt]
jeter un filet	å kaste nettet	[ɔ 'kastə 'nɛtə]
retirer le filet	å hale opp nettet	[ɔ 'halə ɔp 'nɛtə]
tomber dans le filet	å bli fanget i nett	[ɔ 'bli 'faŋət i 'nɛt]
baleinier (m)	hvalfanger (m)	['val,faŋər]
baleinière (f)	hvalbåt (m)	['val,bot]
harpon (m)	harpun (m)	[har'pʉn]

159. Les jeux. Le billard

billard (m)	biljard (m)	[bil'ja:ɖ]
salle (f) de billard	biljardsalong (m)	[bil'ja:ɖsɑ,lɔŋ]
bille (f) de billard	biljardkule (m/f)	[bil'ja:ɖkʉ:lə]

empocher une bille	à støte en kule	[ɔ 'støtə en 'kʉ:lə]
queue (f)	kø (m)	['kø]
poche (f)	hull (n)	['hʉl]

160. Les jeux de cartes

carreau (m)	ruter (m pl)	['rʉtər]
pique (m)	spar (m pl)	['spar]
cœur (m)	hjerter (m)	['jæ:ţər]
trèfle (m)	kløver (m)	['kløvər]

as (m)	ess (n)	['ɛs]
roi (m)	konge (m)	['kʊŋə]
dame (f)	dame (m/f)	['damə]
valet (m)	knekt (m)	['knɛkt]

carte (f)	kort (n)	['kɔ:ţ]
jeu (m) de cartes	kort (n pl)	['kɔ:ţ]
atout (m)	trumf (m)	['trʉmf]
paquet (m) de cartes	kortstokk (m)	['kɔ:ţˌstɔk]

point (m)	poeng (n)	[pɔ'ɛŋ]
distribuer (les cartes)	å gi, å dele ut	[ɔ 'ji], [ɔ 'delə ʉt]
battre les cartes	å blande	[ɔ 'blanə]
tour (m) de jouer	trekk (n)	['trɛk]
tricheur (m)	falskspiller (m)	['falskˌspilər]

161. Le casino. La roulette

casino (m)	kasino (n)	[ka'sinʊ]
roulette (f)	rulett (m)	[rʉ'let]
mise (f)	innsats (m)	['inˌsats]
miser (vt)	å satse	[ɔ 'satsə]

rouge (m)	rød (m)	['rø]
noir (m)	svart (m)	['sva:ţ]
miser sur le rouge	å satse på rød	[ɔ 'satsə pɔ 'rø]
miser sur le noir	å satse på svart	[ɔ 'satsə pɔ 'sva:ţ]

croupier (m)	croupier, dealer (m)	[kru'pje], ['dilər]
faire tourner la roue	å snurre hjulet	[ɔ 'snʉrə 'jʉle]
règles (f pl) du jeu	spilleregler (m pl)	['spiləˌrɛglər]
fiche (f)	sjetong (m)	[ʂɛ'toŋ]

| gagner (vi, vt) | å vinne | [ɔ 'vinə] |
| gain (m) | gevinst (m) | [ge'vinst] |

| perdre (vi) | å tape | [ɔ 'tapə] |
| perte (f) | tap (n) | ['tap] |

| joueur (m) | spiller (m) | ['spilər] |
| black-jack (m) | blackjack (m) | ['blekˌsɛk] |

jeu (m) de dés	terningspill (n)	['tæːŋiŋ‚spil]
dés (m pl)	terninger (m/f pl)	['tæːŋiŋər]
machine (f) à sous	spilleautomat (m)	['spilə autʊ'mɑt]

162. Les loisirs. Les jeux

se promener (vp)	å spasere	[ɔ spɑ'serə]
promenade (f)	spasertur (m)	[spɑ'sɛː‚tʉr]
promenade (f) (en voiture)	kjøretur (m)	['çœːrə‚tʉr]
aventure (f)	eventyr (n)	['ɛvən‚tyr]
pique-nique (m)	piknik (m)	['piknik]

jeu (m)	spill (n)	['spil]
joueur (m)	spiller (m)	['spilər]
partie (f) (~ de cartes, etc.)	parti (n)	[pɑː'ti]

collectionneur (m)	samler (m)	['samlər]
collectionner (vt)	å samle	[ɔ 'samlə]
collection (f)	samling (m/f)	['samliŋ]

mots (m pl) croisés	kryssord (n)	['krʏs‚uːr]
hippodrome (m)	travbane (m)	['trɑv‚banə]
discothèque (f)	diskotek (n)	[diskʊ'tek]

| sauna (m) | sauna (m) | ['saʊna] |
| loterie (f) | lotteri (n) | [lote'ri] |

trekking (m)	campingtur (m)	['kampiŋ‚tʉr]
camp (m)	leir (m)	['læjr]
tente (f)	telt (n)	['tɛlt]
boussole (f)	kompass (m/n)	[kʊm'pas]
campeur (m)	camper (m)	['kampər]

regarder (la télé)	å se på	[ɔ 'se pɔ]
téléspectateur (m)	TV-seer (m)	['tɛvɛ ‚seːər]
émission (f) de télé	TV-show (n)	['tɛvɛ ‚çɔːw]

163. La photographie

| appareil (m) photo | kamera (n) | ['kamera] |
| photo (f) | foto, fotografi (n) | ['fɔtɔ], ['fɔtɔgrɑ'fi] |

photographe (m)	fotograf (m)	[fɔtɔ'grɑf]
studio (m) de photo	fotostudio (n)	['fɔtɔ‚stʉdiɔ]
album (m) de photos	fotoalbum (n)	['fɔtɔ‚albʉm]

objectif (m)	objektiv (n)	[ɔbjɛk'tiv]
téléobjectif (m)	teleobjektiv (n)	['teleɔbjek'tiv]
filtre (m)	filter (n)	['filtər]
lentille (f)	linse (m/f)	['linsə]
optique (f)	optikk (m)	[ɔp'tik]
diaphragme (m)	blender (m)	['blenər]

temps (m) de pose	eksponeringstid (m/f)	[ɛkspʊ'nerɪŋsˌtid]
viseur (m)	søker (m)	['søkər]
appareil (m) photo numérique	digitalkamera (n)	[digi'tɑl ˌkɑmɛrɑ]
trépied (m)	stativ (m)	[stɑ'tiv]
flash (m)	blits (m)	['blits]
photographier (vt)	å fotografere	[ɔ fɔtɔgrɑ'ferə]
prendre en photo	å ta bilder	[ɔ 'ta 'bildər]
se faire prendre en photo	å bli fotografert	[ɔ 'bli fɔtɔgrɑ'fɛ:t̪]
mise (f) au point	fokus (n)	['fokʊs]
mettre au point	å stille skarphet	[ɔ 'stilə 'skɑrpˌhet]
net (adj)	skarp	['skɑrp]
netteté (f)	skarphet (m)	['skɑrpˌhet]
contraste (m)	kontrast (m)	[kʊn'trɑst]
contrasté (adj)	kontrast-	[kʊn'trɑst-]
épreuve (f)	bilde (n)	['bildə]
négatif (m)	negativ (m/n)	['negɑˌtiv]
pellicule (f)	film (m)	['film]
image (f)	bilde (n)	['bildə]
tirer (des photos)	å skrive ut	[ɔ skrivə ʉt]

164. La plage. La baignade

plage (f)	badestrand (m/f)	['bɑdəˌstrɑn]
sable (m)	sand (m)	['sɑn]
désert (plage ~e)	øde	['ødə]
bronzage (m)	solbrenthet (m)	['sʊlbrɛntˌhet]
se bronzer (vp)	å sole seg	[ɔ 'sʊlə sæj]
bronzé (adj)	solbrent	['sʊlˌbrɛnt]
crème (f) solaire	solkrem (m)	['sʊlˌkrɛm]
bikini (m)	bikini (m)	[bi'kini]
maillot (m) de bain	badedrakt (m/f)	['bɑdəˌdrɑkt]
slip (m) de bain	badebukser (m/f)	['bɑdəˌbʊksər]
piscine (f)	svømmebasseng (n)	['svœməˌbɑ'sɛŋ]
nager (vi)	å svømme	[ɔ 'svœmə]
douche (f)	dusj (m)	['dʉʂ]
se changer (vp)	å kle seg om	[ɔ 'kle sæj ˌɔm]
serviette (f)	håndkle (n)	['hɔnˌkle]
barque (f)	båt (m)	['bɔt]
canot (m) à moteur	motorbåt (m)	['mɔtʊrˌbɔt]
ski (m) nautique	vannski (m pl)	['vɑnˌʂi]
pédalo (m)	pedalbåt (m)	[pe'dalˌbɔt]
surf (m)	surfing (m/f)	['sørfɪŋ]
surfeur (m)	surfer (m)	['sørfər]
scaphandre (m) autonome	scuba (n)	['skʉbɑ]

palmes (f pl)	svømmeføtter (m pl)	['svœməˌfœtər]
masque (m)	maske (m/f)	['mɑskə]
plongeur (m)	dykker (m)	['dʏkər]
plonger (vi)	å dykke	[ɔ 'dʏkə]
sous l'eau (adv)	under vannet	['ʉnər 'vɑnə]

parasol (m)	parasoll (m)	[pɑrɑ'sɔl]
chaise (f) longue	liggestol (m)	['ligəˌstʉl]
lunettes (f pl) de soleil	solbriller (m pl)	['sʉlˌbrilər]
matelas (m) pneumatique	luftmadrass (m)	['lʉftmaˌdrɑs]

| jouer (s'amuser) | å leke | [ɔ 'lekə] |
| se baigner (vp) | å bade | [ɔ 'bɑdə] |

ballon (m) de plage	ball (m)	['bɑl]
gonfler (vt)	å blåse opp	[ɔ 'blɔːsə ɔp]
gonflable (adj)	luft-, oppblåsbar	['lʉft-], [ɔp'blɔːsbɑr]

vague (f)	bølge (m)	['bølgə]
bouée (f)	bøye (m)	['bøjə]
se noyer (vp)	å drukne	[ɔ 'drʉknə]

sauver (vt)	å redde	[ɔ 'rɛdə]
gilet (m) de sauvetage	redningsvest (m)	['rɛdniŋsˌvɛst]
observer (vt)	å observere	[ɔ ɔbsɛr'verə]
maître nageur (m)	badevakt (m/f)	['bɑdəˌvɑkt]

LE MATÉRIEL TECHNIQUE. LES TRANSPORTS

Le matériel technique

165. L'informatique

ordinateur (m)	datamaskin (m)	['data ma‚şin]
PC (m) portable	bærbar, laptop (m)	['bær‚bar], ['laptɔp]
allumer (vt)	å slå på	[ɔ 'şlɔ pɔ]
éteindre (vt)	å slå av	[ɔ 'şlɔ aː]
clavier (m)	tastatur (n)	[tasta'tʉr]
touche (f)	tast (m)	['tast]
souris (f)	mus (m/f)	['mʉs]
tapis (m) de souris	musematte (m/f)	['mʉse‚mate]
bouton (m)	knapp (m)	['knap]
curseur (m)	markør (m)	[mar'kør]
moniteur (m)	monitor (m)	['monitɔr]
écran (m)	skjerm (m)	['şærm]
disque (m) dur	harddisk (m)	['har‚disk]
capacité (f) du disque dur	harddiskkapasitet (m)	['har‚disk kapasi'tet]
mémoire (f)	minne (n)	['mine]
mémoire (f) vive	hovedminne (n)	['hɔved‚mine]
fichier (m)	fil (m)	['fil]
dossier (m)	mappe (m/f)	['mape]
ouvrir (vt)	å åpne	[ɔ 'ɔpne]
fermer (vt)	å lukke	[ɔ 'lʉke]
sauvegarder (vt)	å lagre	[ɔ 'lagre]
supprimer (vt)	å slette, å fjerne	[ɔ 'şlete], [ɔ 'fjæːɳe]
copier (vt)	å kopiere	[ɔ kʉ'pjere]
trier (vt)	å sortere	[ɔ sɔː'tere]
copier (vt)	å overføre	[ɔ 'ɔver‚føre]
programme (m)	program (n)	[prʉ'gram]
logiciel (m)	programvare (m/f)	[prʉ'gram‚vare]
programmeur (m)	programmerer (m)	[prʉgra'merer]
programmer (vt)	å programmere	[ɔ prʉgra'mere]
hacker (m)	hacker (m)	['haker]
mot (m) de passe	passord (n)	['pas‚uːr]
virus (m)	virus (m)	['virʉs]
découvrir (détecter)	å oppdage	[ɔ 'ɔp‚dage]
bit (m)	byte (m)	['bajt]

mégabit (m)	megabyte (m)	['megaˌbajt]
données (f pl)	data (m pl)	['data]
base (f) de données	database (m)	['dataˌbasə]

câble (m)	kabel (m)	['kabəl]
déconnecter (vt)	å koble fra	[ɔ 'koblə fra]
connecter (vt)	å koble	[ɔ 'koblə]

166. L'Internet. Le courrier électronique

Internet (m)	Internett	['intəˌnɛt]
navigateur (m)	nettleser (m)	['nɛtˌlesər]
moteur (m) de recherche	søkemotor (m)	['søkəˌmotʊr]
fournisseur (m) d'accès	leverandør (m)	[levəran'dør]

administrateur (m) de site	webmaster (m)	['vɛbˌmastər]
site (m) web	webside, hjemmeside (m/f)	['vɛbˌsidə], ['jɛməˌsidə]
page (f) web	nettside (m)	['nɛtˌsidə]

| adresse (f) | adresse (m) | [a'drɛsə] |
| carnet (m) d'adresses | adressebok (f) | [a'drɛsəˌbʊk] |

boîte (f) de réception	postkasse (m/f)	['postˌkasə]
courrier (m)	post (m)	['post]
pleine (adj)	full	['fʉl]

message (m)	melding (m/f)	['mɛliŋ]
messages (pl) entrants	innkommende meldinger	['inˌkomenə 'mɛliŋər]
messages (pl) sortants	utgående meldinger	['ʉtˌgɔənə 'mɛliŋər]
expéditeur (m)	avsender (m)	['afˌsɛnər]
envoyer (vt)	å sende	[ɔ 'sɛnə]
envoi (m)	avsending (m)	['afˌsɛniŋ]
destinataire (m)	mottaker (m)	['motˌtakər]
recevoir (vt)	å motta	[ɔ 'mota]

| correspondance (f) | korrespondanse (m) | [kʊrespon'dansə] |
| être en correspondance | å brevveksle | [ɔ 'brɛvˌvɛkslə] |

fichier (m)	fil (m)	['fil]
télécharger (vt)	å laste ned	[ɔ 'lastə 'ne]
créer (vt)	å opprette	[ɔ 'opˌrɛtə]
supprimer (vt)	å slette, å fjerne	[ɔ 'ʂletə], [ɔ 'fjæːɳə]
supprimé (adj)	slettet	['ʂletət]

connexion (f) (ADSL, etc.)	forbindelse (m)	[for'binəlsə]
vitesse (f)	hastighet (m/f)	['hastiˌhet]
modem (m)	modem (n)	['mʊ'dɛm]
accès (m)	tilgang (m)	['tilˌgaŋ]
port (m)	port (m)	['poːt]

connexion (f) (établir la ~)	tilkobling (m/f)	['tilˌkobliŋ]
se connecter à …	å koble	[ɔ 'koblə]
sélectionner (vt)	å velge	[ɔ 'vɛlgə]
rechercher (vt)	å søke etter …	[ɔ 'søke ˌɛtər …]

167. L'électricité

électricité (f)	elektrisitet (m)	[ɛlektrisi'tet]
électrique (adj)	elektrisk	[ɛ'lektrisk]
centrale (f) électrique	kraftverk (n)	['kraft̩værk]
énergie (f)	energi (m)	[ɛnær'gi]
énergie (f) électrique	elkraft (m/f)	['ɛl̩kraft]

ampoule (f)	lyspære (m/f)	['lys̩pærə]
torche (f)	lommelykt (m/f)	['lʊmə̩lʏkt]
réverbère (m)	gatelykt (m/f)	['gatə̩lʏkt]

lumière (f)	lys (n)	['lys]
allumer (vt)	å slå på	[ɔ 'ʂlɔ pɔ]
éteindre (vt)	å slå av	[ɔ 'ʂlɔ ɑ:]
éteindre la lumière	å slokke lyset	[ɔ 'ʂløkə 'lysə]

être grillé	å brenne ut	[ɔ 'brɛnə ʉt]
court-circuit (m)	kortslutning (m)	['kʊ:t̩slʉtniŋ]
rupture (f)	kabelbrudd (n)	['kabel̩brʉd]
contact (m)	kontakt (m)	[kʊn'takt]

interrupteur (m)	strømbryter (m)	['strøm̩brytər]
prise (f)	stikkontakt (m)	['stik kʊn̩takt]
fiche (f)	støpsel (n)	['støpsəl]
rallonge (f)	skjøteledning (m)	['ʂøtə̩lednɪŋ]

fusible (m)	sikring (m)	['sikriŋ]
fil (m)	ledning (m)	['lednɪŋ]
installation (f) électrique	ledningsnett (n)	['lednɪŋs̩nɛt]

ampère (m)	ampere (m)	[am'pɛr]
intensité (f) du courant	strømstyrke (m)	['strøm̩styrkə]
volt (m)	volt (m)	['vɔlt]
tension (f)	spenning (m/f)	['spɛniŋ]

| appareil (m) électrique | elektrisk apparat (n) | [ɛ'lektrisk apa'rat] |
| indicateur (m) | indikator (m) | [indi'katʊr] |

électricien (m)	elektriker (m)	[ɛ'lektrikər]
souder (vt)	å lodde	[ɔ 'lɔdə]
fer (m) à souder	loddebolt (m)	['lɔdə̩bɔlt]
courant (m)	strøm (m)	['strøm]

168. Les outils

outil (m)	verktøy (n)	['værk̩tøj]
outils (m pl)	verktøy (n pl)	['værk̩tøj]
équipement (m)	utstyr (n)	['ʉt̩styr]

marteau (m)	hammer (m)	['hamər]
tournevis (m)	skrutrekker (m)	['skrʉ̩trɛkər]
hache (f)	øks (m/f)	['øks]

scie (f)	sag (m/f)	['sɑg]
scier (vt)	å sage	[ɔ 'sɑgə]
rabot (m)	høvel (m)	['høvəl]
raboter (vt)	å høvle	[ɔ 'høvlə]
fer (m) à souder	loddebolt (m)	['lɔdə‚bɔlt]
souder (vt)	å lodde	[ɔ 'lɔdə]
lime (f)	fil (m/f)	['fil]
tenailles (f pl)	knipetang (m/f)	['knipə‚tɑŋ]
pince (f) plate	flattang (m/f)	['flɑt‚tɑŋ]
ciseau (m)	hoggjern, huggjern (n)	['hʊg‚jæːŋ]
foret (m)	bor (m/n)	['bʊr]
perceuse (f)	boremaskin (m)	['bɔre mɑ‚ʂin]
percer (vt)	å bore	[ɔ 'bɔrə]
couteau (m)	kniv (m)	['kniv]
canif (m)	lommekniv (m)	['lʊmə‚kniv]
pliant (adj)	folde-	['fɔlə-]
lame (f)	blad (n)	['blɑ]
bien affilé (adj)	skarp	['skɑrp]
émoussé (adj)	sløv	['sløv]
s'émousser (vp)	å bli sløv	[ɔ 'bli 'sløv]
affiler (vt)	å skjerpe, å slipe	[ɔ 'ʂɛrpə], [ɔ 'ʂlipə]
boulon (m)	bolt (m)	['bɔlt]
écrou (m)	mutter (m)	['mʉtər]
filetage (m)	gjenge (n)	['jɛŋə]
vis (f) à bois	skrue (m)	['skrʉə]
clou (m)	spiker (m)	['spikər]
tête (f) de clou	spikerhode (n)	['spikər‚hʊdə]
règle (f)	linjal (m)	[li'njɑl]
mètre (m) à ruban	målebånd (n)	['mɔːlə‚bɔn]
niveau (m) à bulle	vater, vaterpass (n)	['vɑtər], ['vɑtər‚pɑs]
loupe (f)	lupe (m/f)	['lʉpə]
appareil (m) de mesure	måleinstrument (n)	['mɔːlə instrʉ'mɛnt]
mesurer (vt)	å måle	[ɔ 'mɔːlə]
échelle (f) (~ métrique)	skala (m)	['skɑlɑ]
relevé (m)	avlesninger (m/f pl)	['ɑv‚lesniŋər]
compresseur (m)	kompressor (m)	[kʊm'presʊr]
microscope (m)	mikroskop (n)	[mikrʉ'skʊp]
pompe (f)	pumpe (m/f)	['pʉmpə]
robot (m)	robot (m)	['rɔbɔt]
laser (m)	laser (m)	['lɑsər]
clé (f) de serrage	skrunøkkel (m)	['skrʉ‚nøkəl]
ruban (m) adhésif	pakketeip (m)	['pɑkə‚tɛjp]
colle (f)	lim (n)	['lim]
papier (m) d'émeri	sandpapir (n)	['sɑnpɑ‚pir]
ressort (m)	fjær (m/f)	['fjæːr]

aimant (m)	magnet (m)	[maŋ'net]
gants (m pl)	hansker (m pl)	['hanskər]
corde (f)	reip, rep (n)	['ræjp], ['rɛp]
cordon (m)	snor (m/f)	['snʊr]
fil (m) (~ électrique)	ledning (m)	['ledniŋ]
câble (m)	kabel (m)	['kabəl]
masse (f)	slegge (m/f)	['ʂlegə]
pic (m)	spett, jernspett (n)	['spɛt], ['jæːɳˌspɛt]
escabeau (m)	stige (m)	['stiːə]
échelle (f) double	trappstige (m/f)	['trɑpˌstiːə]
visser (vt)	å skru fast	[ɔ 'skrʉ 'fast]
dévisser (vt)	å skru løs	[ɔ 'skrʉ ˌløs]
serrer (vt)	å klemme	[ɔ 'klemə]
coller (vt)	å klistre, å lime	[ɔ 'klistrə], [ɔ 'limə]
couper (vt)	å skjære	[ɔ 'ʂæːrə]
défaut (m)	funksjonsfeil (m)	['fʊnkʂɔnsˌfæjl]
réparation (f)	reparasjon (m)	[repɑrɑ'ʂʊn]
réparer (vt)	å reparere	[ɔ repɑ'rerə]
régler (vt)	å justere	[ɔ jʉ'sterə]
vérifier (vt)	å sjekke	[ɔ 'ʂɛkə]
vérification (f)	kontroll (m)	[kʊn'trɔl]
relevé (m)	avlesninger (m/f pl)	['ɑvˌlesniŋər]
fiable (machine ~)	pålitelig	[pɔ'liteli]
complexe (adj)	komplisert	[kʊmpli'sɛːt]
rouiller (vi)	å ruste	[ɔ 'rʉstə]
rouillé (adj)	rusten, rustet	['rʉstən], ['rʉstət]
rouille (f)	rust (m/f)	['rʉst]

Les transports

169. L'avion

avion (m)	fly (n)	['fly]
billet (m) d'avion	flybillett (m)	['fly bi'let]
compagnie (f) aérienne	flyselskap (n)	['flysel‚skɑp]
aéroport (m)	flyplass (m)	['fly‚plɑs]
supersonique (adj)	overlyds-	['ɔve‚lyds-]
commandant (m) de bord	kaptein (m)	[kɑp'tæjn]
équipage (m)	besetning (m/f)	[be'sɛtniŋ]
pilote (m)	pilot (m)	[pi'lot]
hôtesse (f) de l'air	flyvertinne (m/f)	[flyvɛ:'ʈinə]
navigateur (m)	styrmann (m)	['styr‚mɑn]
ailes (f pl)	vinger (m pl)	['viŋər]
queue (f)	hale (m)	['halə]
cabine (f)	cockpit, førerkabin (m)	['kɔkpit], ['førərkɑ‚bin]
moteur (m)	motor (m)	['motur]
train (m) d'atterrissage	landingshjul (n)	['lɑniŋsjʉl]
turbine (f)	turbin (m)	[tʉr'bin]
hélice (f)	propell (m)	[prʉ'pɛl]
boîte (f) noire	svart boks (m)	['svɑ:ʈ bɔks]
gouvernail (m)	ratt (n)	['rɑt]
carburant (m)	brensel (n)	['brɛnsəl]
consigne (f) de sécurité	sikkerhetsbrosjyre (m)	['sikərhɛts‚brɔ'ʂyrə]
masque (m) à oxygène	oksygenmaske (m/f)	['ɔksygən‚maskə]
uniforme (m)	uniform (m)	[ʉni'fɔrm]
gilet (m) de sauvetage	redningsvest (m)	['rɛdniŋs‚vɛst]
parachute (m)	fallskjerm (m)	['fɑl‚ʂærm]
décollage (m)	start (m)	['stɑ:ʈ]
décoller (vi)	å løfte	[ɔ 'lœftə]
piste (f) de décollage	startbane (m)	['stɑ:ʈ‚banə]
visibilité (f)	siktbarhet (m)	['siktbar‚het]
vol (m) (~ d'oiseau)	flyging (m/f)	['flygiŋ]
altitude (f)	høyde (m)	['højdə]
trou (m) d'air	lufthull (n)	['lʉft‚hʉl]
place (f)	plass (m)	['plɑs]
écouteurs (m pl)	hodetelefoner (n pl)	['hɔdətelə‚funər]
tablette (f)	klappbord (n)	['klɑp‚bur]
hublot (m)	vindu (n)	['vindʉ]
couloir (m)	midtgang (m)	['mit‚gɑŋ]

170. Le train

train (m)	tog (n)	['tɔg]
train (m) de banlieue	lokaltog (n)	[lɔ'kal,tɔg]
TGV (m)	ekspresstog (n)	[ɛks'prɛs,tɔg]
locomotive (f) diesel	diesellokomotiv (n)	['disəl lʊkɔmɔ'tiv]
locomotive (f) à vapeur	damplokomotiv (n)	['damp lʊkɔmɔ'tiv]
wagon (m)	vogn (m)	['vɔŋn]
wagon-restaurant (m)	restaurantvogn (m/f)	[rɛstʊ'raŋ,vɔŋn]
rails (m pl)	skinner (m/f pl)	['şinər]
chemin (m) de fer	jernbane (m)	['jæːn̩,banə]
traverse (f)	sville (m/f)	['svilə]
quai (m)	perrong, plattform (m/f)	[pɛ'rɔŋ], ['platfɔrm]
voie (f)	spor (n)	['spʊr]
sémaphore (m)	semafor (m)	[sema'fʊr]
station (f)	stasjon (m)	[sta'şʊn]
conducteur (m) de train	lokfører (m)	['lʊk,førər]
porteur (m)	bærer (m)	['bærər]
steward (m)	betjent (m)	['be'tjɛnt]
passager (m)	passasjer (m)	[pasa'şɛr]
contrôleur (m) de billets	billett inspektør (m)	[bi'let inspɛk'tør]
couloir (m)	korridor (m)	[kʊri'dɔr]
frein (m) d'urgence	nødbrems (m)	['nød,brɛms]
compartiment (m)	kupê (m)	[kʉ'pe]
couchette (f)	køye (m/f)	['køjə]
couchette (f) d'en haut	overkøye (m/f)	['ɔvər,køjə]
couchette (f) d'en bas	underkøye (m/f)	['ʉnər,køjə]
linge (m) de lit	sengetøy (n)	['sɛŋə,tøj]
ticket (m)	billett (m)	[bi'let]
horaire (m)	rutetabell (m)	['rʉtə,ta'bɛl]
tableau (m) d'informations	informasjonstavle (m/f)	[infɔrma'şʊns ,tavlə]
partir (vi)	å avgå	[ɔ 'avgɔ]
départ (m) (du train)	avgang (m)	['av,gaŋ]
arriver (le train)	å ankomme	[ɔ 'an,kɔmə]
arrivée (f)	ankomst (m)	['an,kɔmst]
arriver en train	å ankomme med toget	[ɔ 'an,kɔmə me 'tɔge]
prendre le train	å gå på toget	[ɔ 'gɔ pɔ 'tɔge]
descendre du train	å gå av toget	[ɔ 'gɔ a: 'tɔge]
accident (m) ferroviaire	togulykke (m/n)	['tɔg ʉ'lʏkə]
dérailler (vi)	å spore av	[ɔ 'spʉrə a:]
locomotive (f) à vapeur	damplokomotiv (n)	['damp lʊkɔmɔ'tiv]
chauffeur (m)	fyrbøter (m)	['fyr,bøtər]
chauffe (f)	fyrrom (n)	['fyr,rʊm]
charbon (m)	kull (n)	['kʉl]

153

171. Le bateau

bateau (m)	skip (n)	['şip]
navire (m)	fartøy (n)	['fɑːˌtøj]
bateau (m) à vapeur	dampskip (n)	['dɑmpˌşip]
paquebot (m)	elvebåt (m)	['ɛlvəˌbɔt]
bateau (m) de croisière	cruiseskip (n)	['krʉsˌşip]
croiseur (m)	krysser (m)	['krʏsər]
yacht (m)	jakt (m/f)	['jakt]
remorqueur (m)	bukserbåt (m)	[bʉk'serˌbɔt]
péniche (f)	lastepram (m)	['lɑstəˌprɑm]
ferry (m)	ferje, ferge (m/f)	['færjə], ['færgə]
voilier (m)	seilbåt (n)	['sæjlˌbɔt]
brigantin (m)	brigantin (m)	[brigɑn'tin]
brise-glace (m)	isbryter (m)	['isˌbrytər]
sous-marin (m)	ubåt (m)	['ʉːˌbɔt]
canot (m) à rames	båt (m)	['bɔt]
dinghy (m)	jolle (m/f)	['jɔlə]
canot (m) de sauvetage	livbåt (m)	['livˌbɔt]
canot (m) à moteur	motorbåt (m)	['mɔtʉrˌbɔt]
capitaine (m)	kaptein (m)	[kɑp'tæjn]
matelot (m)	matros (m)	[mɑ'trʊs]
marin (m)	sjømann (m)	['şøˌmɑn]
équipage (m)	besetning (m/f)	[be'sɛtniŋ]
maître (m) d'équipage	båtsmann (m)	['bɔsˌmɑn]
mousse (m)	skipsgutt, jungmann (m)	['şipsˌgʉt], ['jʉŋˌmɑn]
cuisinier (m) du bord	kokk (m)	['kʊk]
médecin (m) de bord	skipslege (m)	['şipsˌlegə]
pont (m)	dekk (n)	['dɛk]
mât (m)	mast (m/f)	['mɑst]
voile (f)	seil (n)	['sæjl]
cale (f)	lasterom (n)	['lɑstəˌrʊm]
proue (f)	baug (m)	['bæu]
poupe (f)	akterende (m)	['ɑktəˌrɛnə]
rame (f)	åre (f)	['oːrə]
hélice (f)	propell (m)	[prʊ'pɛl]
cabine (f)	hytte (m)	['hʏte]
carré (m) des officiers	offisersmesse (m/f)	[ɔfi'sɛrsˌmɛsə]
salle (f) des machines	maskinrom (n)	[mɑ'şinˌrʊm]
passerelle (f)	kommandobro (m/f)	[ko'mɑndʉˌbrʊ]
cabine (f) de T.S.F.	radiorom (m)	['rɑdiʉˌrʊm]
onde (f)	bølge (m)	['bølgə]
journal (m) de bord	loggbok (m/f)	['logˌbʉk]
longue-vue (f)	langkikkert (m)	['lɑŋˌkikeːt]
cloche (f)	klokke (m/f)	['klɔkə]

pavillon (m)	flagg (n)	['flɑg]
grosse corde (f) tressée	trosse (m/f)	['trʊsə]
nœud (m) marin	knute (m)	['knʉtə]
rampe (f)	rekkverk (n)	['rɛk‚værk]
passerelle (f)	landgang (m)	['lɑn‚gɑŋ]
ancre (f)	anker (n)	['ɑnkər]
lever l'ancre	å lette anker	[ɔ 'letə 'ɑnkər]
jeter l'ancre	å kaste anker	[ɔ 'kɑstə 'ɑnkər]
chaîne (f) d'ancrage	ankerkjetting (m)	['ɑnkər‚çɛtiŋ]
port (m)	havn (m/f)	['hɑvn]
embarcadère (m)	kai (m/f)	['kɑj]
accoster (vi)	å fortøye	[ɔ fɔːˈtøjə]
larguer les amarres	å kaste loss	[ɔ 'kɑstə lɔs]
voyage (m) (à l'étranger)	reise (m/f)	['ræjsə]
croisière (f)	cruise (n)	['krʉs]
cap (m) (suivre un ~)	kurs (m)	['kʉʂ]
itinéraire (m)	rute (m/f)	['rʉtə]
chenal (m)	seilrende (m)	['sæjl‚rɛnə]
bas-fond (m)	grunne (m/f)	['grʉnə]
échouer sur un bas-fond	å gå på grunn	[ɔ 'gɔ pɔ 'grʉn]
tempête (f)	storm (m)	['stɔrm]
signal (m)	signal (n)	[siŋ'nɑl]
sombrer (vi)	å synke	[ɔ 'sʏnkə]
Un homme à la mer!	Mann over bord!	['mɑn ‚ɔvər 'bʊr]
SOS (m)	SOS (n)	[ɛsʊ'ɛs]
bouée (f) de sauvetage	livbøye (m/f)	['liv‚bøjə]

172. L'aêroport

aéroport (m)	flyplass (m)	['fly‚plɑs]
avion (m)	fly (n)	['fly]
compagnie (f) aérienne	flyselskap (n)	['flysəl‚skɑp]
contrôleur (m) aérien	flygeleder (m)	['flygə‚ledər]
départ (m)	avgang (m)	['ɑv‚gɑŋ]
arrivée (f)	ankomst (m)	['ɑn‚kɔmst]
arriver (par avion)	å ankomme	[ɔ 'ɑn‚kɔmə]
temps (m) de départ	avgangstid (m/f)	['ɑvgɑŋs‚tid]
temps (m) d'arrivée	ankomsttid (m/f)	[ɑn'kɔms‚tid]
être retardé	å bli forsinket	[ɔ 'bli fɔ'ʂinkət]
retard (m) de l'avion	avgangsforsinkelse (m)	['ɑvgɑŋs fɔ'ʂinkəlsə]
tableau (m) d'informations	informasjonstavle (m/f)	[infɔrmɑ'ʂʉns ‚tɑvlə]
information (f)	informasjon (m)	[infɔrmɑ'ʂʉn]
annoncer (vt)	å meddele	[ɔ 'mɛd‚delə]
vol (m)	fly (n)	['fly]

| douane (f) | toll (m) | ['tɔl] |
| douanier (m) | tollbetjent (m) | ['tɔlbeˌtjɛnt] |

déclaration (f) de douane	tolldeklarasjon (m)	['tɔldɛklɑrɑ'ʂʉn]
remplir (vt)	å utfylle	[ɔ 'ʉtˌfʏlə]
remplir la déclaration	å utfylle en tolldeklarasjon	[ɔ 'ʉtˌfʏlə en 'tɔldɛklɑrɑˌʂʉn]
contrôle (m) de passeport	passkontroll (m)	['pɑskʉnˌtrɔl]

bagage (m)	bagasje (m)	[bɑ'gɑʂə]
bagage (m) à main	håndbagasje (m)	['hɔnˌbɑ'gɑʂə]
chariot (m)	bagasjetralle (m/f)	[bɑ'gɑʂəˌtrɑlə]

atterrissage (m)	landing (m)	['lɑniŋ]
piste (f) d'atterrissage	landingsbane (m)	['lɑniŋsˌbɑnə]
atterrir (vi)	å lande	[ɔ 'lɑnə]
escalier (m) d'avion	trapp (m/f)	['trɑp]

enregistrement (m)	innsjekking (m/f)	['inˌʂɛkiŋ]
comptoir (m) d'enregistrement	innsjekkingsskranke (m)	['inˌʂɛkiŋs ˌskrɑnkə]
s'enregistrer (vp)	å sjekke inn	[ɔ 'ʂɛkə in]
carte (f) d'embarquement	boardingkort (n)	['bɔːˌdiŋˌkɔːt]
porte (f) d'embarquement	gate (m/f)	['gejt]

transit (m)	transitt (m)	[trɑn'sit]
attendre (vt)	å vente	[ɔ 'vɛntə]
salle (f) d'attente	ventehall (m)	['vɛntəˌhɑl]
raccompagner (à l'aéroport, etc.)	å ta avskjed	[ɔ 'tɑ 'ɑfˌʂɛd]
dire au revoir	å si farvel	[ɔ 'si fɑr'vɛl]

173. Le vélo. La moto

vélo (m)	sykkel (m)	['sʏkəl]
scooter (m)	skooter (m)	['skutər]
moto (f)	motorsykkel (m)	['mɔtʉrˌsʏkəl]

faire du vélo	å sykle	[ɔ 'sʏklə]
guidon (m)	styre (n)	['styrə]
pédale (f)	pedal (m)	[pe'dɑl]
freins (m pl)	bremser (m pl)	['brɛmsər]
selle (f)	sete (n)	['setə]

pompe (f)	pumpe (m/f)	['pʉmpə]
porte-bagages (m)	bagasjebrett (n)	[bɑ'gɑʂəˌbrɛt]
phare (m)	lykt (m/f)	['lʏkt]
casque (m)	hjelm (m)	['jɛlm]

roue (f)	hjul (n)	['jʉl]
garde-boue (m)	skjerm (m)	['ʂærm]
jante (f)	felg (m)	['fɛlg]
rayon (m)	eik (m/f)	['æjk]

La voiture

174. Les différents types de voiture

automobile (f)	bil (m)	['bil]
voiture (f) de sport	sportsbil (m)	['spɔ:ʦ,bil]
limousine (f)	limousin (m)	[limʉ'sin]
tout-terrain (m)	terrengbil (m)	[tɛ'rɛŋ,bil]
cabriolet (m)	kabriolet (m)	[kabriʉ'le]
minibus (m)	minibuss (m)	['mini,bʉs]
ambulance (f)	ambulanse (m)	[ambʉ'lansə]
chasse-neige (m)	snøplog (m)	['snø,plɔg]
camion (m)	lastebil (m)	['lastə,bil]
camion-citerne (m)	tankbil (m)	['tank,bil]
fourgon (m)	skapbil (m)	['skap,bil]
tracteur (m) routier	trekkvogn (m/f)	['trɛk,vɔŋn]
remorque (f)	tilhenger (m)	['til,hɛŋər]
confortable (adj)	komfortabel	[kʉmfɔ:'tabəl]
d'occasion (adj)	brukt	['brʉkt]

175. La voiture. La carrosserie

capot (m)	panser (n)	['pansər]
aile (f)	skjerm (m)	['ʂærm]
toit (m)	tak (n)	['tak]
pare-brise (m)	frontrute (m/f)	['frɔnt,rʉtə]
rétroviseur (m)	bakspeil (n)	['bak,spæjl]
lave-glace (m)	vindusspyler (m)	['vindʉs,spylər]
essuie-glace (m)	viskerblader (n pl)	['viskəblaər]
fenêtre (f) latéral	siderute (m/f)	['sidə,rʉtə]
lève-glace (m)	vindusheis (m)	['vindʉs,hæjs]
antenne (f)	antenne (m)	[an'tɛnə]
toit (m) ouvrant	takluke (m/f), soltak (n)	['tak,lʉkə], ['sʉl,tak]
pare-chocs (m)	støtfanger (m)	['støt,faŋər]
coffre (m)	bagasjerom (n)	[ba'gaʂə,rʉm]
galerie (f) de toit	takgrind (m/f)	['tak,grin]
portière (f)	dør (m/f)	['dœr]
poignée (f)	dørhåndtak (n)	['dœr,hɔntak]
serrure (f)	dørlås (m/n)	['dœr,lɔs]
plaque (f) d'immatriculation	nummerskilt (n)	['nʉmər,ʂilt]
silencieux (m)	lyddemper (m)	['lyd,dɛmpər]

157

| réservoir (m) d'essence | bensintank (m) | [bɛn'sin,tank] |
| pot (m) d'échappement | eksosrør (n) | ['ɛksʉs,rør] |

accélérateur (m)	gass (m)	['gɑs]
pédale (f)	pedal (m)	[pe'dɑl]
pédale (f) d'accélérateur	gasspedal (m)	['gɑs pe'dɑl]

frein (m)	brems (m)	['brɛms]
pédale (f) de frein	bremsepedal (m)	['brɛmsə pe'dɑl]
freiner (vi)	å bremse	[ɔ 'brɛmsə]
frein (m) à main	håndbrekk (n)	['hɔn,brɛk]

embrayage (m)	koppling (m)	['kɔpliŋ]
pédale (f) d'embrayage	kopplingspedal (m)	['kɔpliŋs pe'dɑl]
disque (m) d'embrayage	koplingsskive (m/f)	['kɔpliŋs,ʂivə]
amortisseur (m)	støtdemper (m)	['støt,dɛmpər]

roue (f)	hjul (n)	['jʉl]
roue (f) de rechange	reservehjul (n)	[re'sɛrvə jʉl]
pneu (m)	dekk (n)	['dɛk]
enjoliveur (m)	hjulkapsel (m)	['jʉl,kapsəl]

roues (f pl) motrices	drivhjul (n pl)	['driv jʉl]
à traction avant	forhjulsdrevet	['fɔrjʉls,drevət]
à traction arrière	bakhjulsdrevet	['bakjʉls,drevət]
à traction intégrale	firehjulsdrevet	['firəjʉls,drevət]

boîte (f) de vitesses	girkasse (m/f)	['gir,kɑsə]
automatique (adj)	automatisk	[autʉ'mɑtisk]
mécanique (adj)	mekanisk	[me'kɑnisk]
levier (m) de vitesse	girspak (m)	['gi,ʂpɑk]

| phare (m) | lyskaster (m) | ['lys,kɑstər] |
| feux (m pl) | lyskastere (m pl) | ['lys,kɑstərə] |

feux (m pl) de croisement	nærlys (n)	['nær,lys]
feux (m pl) de route	fjernlys (n)	['fjæːn̩,lys]
feux (m pl) stop	stopplys, bremselys (n)	['stɔp,lys], ['brɛmsə,lys]

feux (m pl) de position	parkeringslys (n)	[par'keriŋs,lys]
feux (m pl) de détresse	varselblinklys (n)	['vaʂəl,blink lys]
feux (m pl) de brouillard	tåkelys (n)	['toːkə,lys]
clignotant (m)	blinklys (n)	['blink,lys]
feux (m pl) de recul	baklys (n)	['bak,lys]

176. La voiture. L'habitacle

habitacle (m)	interiør (n), innredning (m/f)	[inter'jør], ['in,rɛdniŋ]
en cuir (adj)	lær-	['lær-]
en velours (adj)	velur	[ve'lʉr]
revêtement (m)	trekk (n)	['trɛk]

| instrument (m) | instrument (n) | [instrʉ'mɛnt] |
| tableau (m) de bord | dashbord (n) | ['daʂbɔːd] |

| indicateur (m) de vitesse | speedometer (n) | [spidʉ'metər] |
| aiguille (f) | viser (m) | ['visər] |

compteur (m) de kilomètres	kilometerteller (m)	[çilʉ'metər,tɛlər]
indicateur (m)	indikator (m)	[indi'katʉr]
niveau (m)	nivå (n)	[ni'vo]
témoin (m)	varsellampe (m/f)	['vaʂəl,lampə]

volant (m)	ratt (n)	['rat]
klaxon (m)	horn (n)	['hʉːn̩]
bouton (m)	knapp (m)	['knap]
interrupteur (m)	bryter (m)	['brytər]

siège (m)	sete (n)	['setə]
dossier (m)	seterygg (m)	['setə,ryg]
appui-tête (m)	nakkestøtte (m/f)	['nakə,stœtə]
ceinture (f) de sécurité	sikkerhetsbelte (m)	['sikərhɛts,bɛltə]
mettre la ceinture	å spenne	[ɔ 'spɛnə
	fast sikkerhetsbeltet	fast 'sikərhets,bɛltə]
réglage (m)	justering (m/f)	[jʉ'steriŋ]

| airbag (m) | kollisjonspute (m/f) | ['kʉliʂʉns,pʉtə] |
| climatiseur (m) | klimaanlegg (n) | ['klima'an,leg] |

radio (f)	radio (m)	['radiʉ]
lecteur (m) de CD	CD-spiller (m)	['sɛdɛ ,spilər]
allumer (vt)	å slå på	[ɔ 'ʂlɔ pɔ]
antenne (f)	antenne (m)	[an'tɛnə]
boîte (f) à gants	hanskerom (n)	['hanskə,rʉm]
cendrier (m)	askebeger (n)	['askə,begər]

177. La voiture. Le moteur

moteur (m)	motor (m)	['motʉr]
diesel (adj)	diesel-	['disəl-]
à essence (adj)	bensin-	[bɛn'sin-]

capacité (f) du moteur	motorvolum (n)	['motʉr vɔ'lʉm]
puissance (f)	styrke (m)	['styrkə]
cheval-vapeur (m)	hestekraft (m/f)	['hɛstə,kraft]
piston (m)	stempel (n)	['stɛmpəl]
cylindre (m)	sylinder (m)	[sy'lindər]
soupape (f)	ventil (m)	[vɛn'til]

injecteur (m)	injektor (m)	[i'njɛktʉr]
générateur (m)	generator (m)	[gene'ratʉr]
carburateur (m)	forgasser (m)	[fɔr'gasər]
huile (f) moteur	motorolje (m)	['motʉr,oljə]

radiateur (m)	radiator (m)	[radi'atʉr]
liquide (m) de refroidissement	kjølevæske (m/f)	['çœlə,væskə]
ventilateur (m)	vifte (m/f)	['viftə]
batterie (f)	batteri (n)	[batɛ'ri]
starter (m)	starter (m)	['staːtər]

159

allumage (m)	tenning (m/f)	['tɛniŋ]
bougie (f) d'allumage	tennplugg (m)	['tɛn‚plʉg]
borne (f)	klemme (m/f)	['klemə]
borne (f) positive	plussklemme (m/f)	['plʉs‚klemə]
borne (f) négative	minusklemme (m/f)	['minʉs‚klemə]
fusible (m)	sikring (m)	['sikriŋ]
filtre (m) à air	luftfilter (n)	['lʉft‚filtər]
filtre (m) à huile	oljefilter (n)	['ɔljə‚filtər]
filtre (m) à essence	brenselsfilter (n)	['brɛnsəls‚filtər]

178. La voiture. La réparation

accident (m) de voiture	bilulykke (m/f)	['bil ʉ'lʏkə]
accident (m) de route	trafikkulykke (m/f)	[tra'fik ʉ'lʏkə]
percuter contre ...	å kjøre inn i ...	[ɔ 'çœːrə in i ...]
s'écraser (vp)	å havarere	[ɔ hava'rerə]
dégât (m)	skade (m)	['skadə]
intact (adj)	uskadd	['ʉ‚skad]
panne (f)	havari (n)	[hava'ri]
tomber en panne	å bryte sammen	[ɔ 'brytə 'samən]
corde (f) de remorquage	slepetau (n)	['ʂlepə‚taʉ]
crevaison (f)	punktering (m)	[pʉn'teriŋ]
crever (vi) (pneu)	å være punktert	[ɔ 'værə pʉnk'tɛːt]
gonfler (vt)	å pumpe opp	[ɔ 'pʉmpə ɔp]
pression (f)	trykk (n)	['trʏk]
vérifier (vt)	å sjekke	[ɔ 'ʂɛkə]
réparation (f)	reparasjon (m)	[repara'ʂʊn]
garage (m) (atelier)	bilverksted (n)	['bil 'værk‚sted]
pièce (f) détachée	reservedel (m)	[re'sɛrvə‚del]
pièce (f)	del (m)	['del]
boulon (m)	bolt (m)	['bɔlt]
vis (f)	skrue (m)	['skrʉə]
écrou (m)	mutter (m)	['mʉtər]
rondelle (f)	skive (m/f)	['ʂivə]
palier (m)	lager (n)	['lagər]
tuyau (m)	rør (m)	['rør]
joint (m)	pakning (m/f)	['pakniŋ]
fil (m)	ledning (m)	['ledniŋ]
cric (m)	jekk (m), donkraft (m/f)	['jɛk], ['dɔn‚kraft]
clé (f) de serrage	skrunøkkel (m)	['skrʉ‚nøkəl]
marteau (m)	hammer (m)	['hamər]
pompe (f)	pumpe (m/f)	['pʉmpə]
tournevis (m)	skrutrekker (m)	['skrʉ‚trɛkər]
extincteur (m)	brannslukker (n)	['bran‚ʂlʉkər]
triangle (m) de signalisation	varseltrekant (m)	['vaʂəl 'trɛ‚kant]

caler (vi)	à skjære	[ɔ 'ʂæːrə]
calage (m)	stans (m), stopp (m/n)	['stɑns], ['stɔp]
être en panne	à være ødelagt	[ɔ 'væːrə 'ødə‚lɑkt]

surchauffer (vi)	à bli overopphetet	[ɔ 'bli 'ɔvərɔp‚hetət]
se boucher (vp)	à bli tilstoppet	[ɔ 'bli til'stɔpət]
geler (vi)	à fryse	[ɔ 'frysə]
éclater (tuyau, etc.)	à sprekke, à briste	[ɔ 'sprɛkə], [ɔ 'bristə]

pression (f)	trykk (n)	['trʏk]
niveau (m)	nivå (n)	[ni'vo]
lâche (courroie ~)	slakk	['ʂlɑk]

fosse (f)	bulk (m)	['bʉlk]
bruit (m) anormal	bankelyd (m), dunk (m/n)	['bɑnkə‚lyd], ['dʉnk]
fissure (f)	sprekk (m)	['sprɛk]
égratignure (f)	ripe (m/f)	['ripə]

179. La voiture. La route

route (f)	vei (m)	['væj]
grande route (autoroute)	hovedvei (m)	['hʉvəd‚væj]
autoroute (f)	motorvei (m)	['mɔtʉr‚væj]
direction (f)	retning (m/f)	['rɛtniŋ]
distance (f)	avstand (m)	['ɑf‚stɑn]

pont (m)	bro (m/f)	['brʉ]
parking (m)	parkeringsplass (m)	[par'keriŋs‚plɑs]
place (f)	torg (n)	['tɔr]
échangeur (m)	trafikkmaskin (m)	[tra'fik mɑ‚ʂin]
tunnel (m)	tunnel (m)	['tʉnəl]

station-service (f)	bensinstasjon (m)	[bɛn'sin‚stɑ'ʂʉn]
parking (m)	parkeringsplass (m)	[par'keriŋs‚plɑs]
poste (m) d'essence	bensinpumpe (m/f)	[bɛn'sin‚pʉmpə]
garage (m) (atelier)	bilverksted (n)	['bil 'værk‚sted]
se ravitailler (vp)	à tanke opp	[ɔ 'tankə ɔp]
carburant (m)	brensel (n)	['brɛnsəl]
jerrycan (m)	bensinkanne (m/f)	[bɛn'sin‚kanə]

asphalte (m)	asfalt (m)	['ɑs‚falt]
marquage (m)	vegoppmerking (m/f)	['veg 'ɔp‚mærkiŋ]
bordure (f)	fortauskant (m)	['foːtɑʉs‚kant]
barrière (f) de sécurité	autovern, veirekkverk (n)	['aʉtɔ‚væːn], ['væj‚rekværk]
fossé (m)	veigrøft (m/f)	['væj‚grœft]
bas-côté (m)	veikant (m)	['væj‚kant]
réverbère (m)	lyktestolpe (m)	['lʏktə‚stɔlpə]

conduire (une voiture)	à kjøre	[ɔ 'çœːrə]
tourner (~ à gauche)	à svinge	[ɔ 'svinə]
faire un demi-tour	à ta en U-sving	[ɔ 'tɑ en 'ʉː‚sviŋ]
marche (f) arrière	revers (m)	[re'væʂ]
klaxonner (vi)	à tute	[ɔ 'tʉtə]
coup (m) de klaxon	tut (n)	['tʉt]

s'embourber (vp)	**å kjøre seg fast**	[ɔ 'çœ:rə sæj 'fɑst]
déraper (vi)	**å spinne**	[ɔ 'spinə]
couper (le moteur)	**å stanse**	[ɔ 'stɑnsə]
vitesse (f)	**hastighet** (m/f)	['hɑsti͵het]
dépasser la vitesse	**å overskride fartsgrensen**	[ɔ 'ɔvə͵ʂkridə 'fɑ:ʈs͵grɛnsən]
mettre une amende	**å gi bot**	[ɔ 'ji 'bʊt]
feux (m pl) de circulation	**trafikklys** (n)	[trɑ'fik͵lys]
permis (m) de conduire	**førerkort** (n)	['førər͵kɔ:ʈ]
passage (m) à niveau	**planovergang** (m)	['plɑn 'ɔvər͵gɑŋ]
carrefour (m)	**veikryss** (n)	['væjkrʏs]
passage (m) piéton	**fotgjengerovergang** (m)	['fʊt͵jɛŋər 'ɔvər͵gɑŋ]
virage (m)	**kurve** (m)	['kʉrvə]
zone (f) piétonne	**gågate** (m/f)	['go:͵gɑtə]

180. Les panneaux de signalisation

code (m) de la route	**trafikkregler** (m pl)	[trɑ'fik͵rɛglər]
signe (m)	**trafikkskilt** (n)	[trɑ'fik͵ʂilt]
dépassement (m)	**forbikjøring** (m/f)	['fɔrbi͵çœriŋ]
virage (m)	**Sving**	['sviŋ]
demi-tour (m)	**u-sving, u-vending**	['ʉ:͵sviŋ], ['ʉ:͵vɛniŋ]
sens (m) giratoire	**rundkjøring**	['rʉn͵çœriŋ]
sens interdit	**Innkjøring forbudt**	['in'çœriŋ fɔr'bʉt]
circulation interdite	**Trafikkforbud**	[trɑ'fik fɔr͵bʉt]
interdiction de dépasser	**Forbikjøring forbudt**	['fɔrbi͵çœriŋ fɔr'bʉt]
stationnement interdit	**Parkering forbudt**	[pɑr'keriŋ fɔr'bʉt]
arrêt interdit	**Stans forbudt**	['stɑns fɔr'bʉt]
virage dangereux	**Farlig sving**	['fɑ:ɭi ͵sviŋ]
descente dangereuse	**Bratt bakke**	['brɑt ͵bɑkə]
sens unique	**Enveiskjøring**	['ɛnvæjs͵ʂøriŋ]
passage (m) piéton	**fotgjengerovergang** (m)	['fʊt͵jɛŋər 'ɔvər͵gɑŋ]
chaussée glissante	**Glatt kjørebane**	['glɑt 'çœ:rə͵bɑnə]
cédez le passage	**Vikeplikt**	['vikə͵plikt]

LES GENS. LES ÉVÉNEMENTS

Les grands événements de la vie

181. Les fêtes et les événements

fête (f)	fest (m)	['fɛst]
fête (f) nationale	nasjonaldag (m)	[naʂuˈnalˌda]
jour (m) férié	festdag (m)	['fɛstˌda]
fêter (vt)	å feire	[ɔ ˈfæjrə]
événement (m) (~ du jour)	begivenhet (m/f)	[beˈjivenˌhet]
événement (m) (soirée, etc.)	evenement (n)	[ɛvenəˈmaŋ]
banquet (m)	bankett (m)	[banˈkɛt]
réception (f)	resepsjon (m)	[resɛpˈʂun]
festin (m)	fest (n)	['fɛst]
anniversaire (m)	årsdag (m)	['oːʂˌda]
jubilé (m)	jubileum (n)	[jubiˈleum]
célébrer (vt)	å feire	[ɔ ˈfæjrə]
Nouvel An (m)	nytt år (n)	['nʏt ˌoːr]
Bonne année!	Godt nytt år!	['gɔt nʏt ˌoːr]
Père Noël (m)	Julenissen	['juləˌnisən]
Noël (m)	Jul (m/f)	['jul]
Joyeux Noël!	Gledelig jul!	['gledəli 'jul]
arbre (m) de Noël	juletre (n)	['juləˌtrɛ]
feux (m pl) d'artifice	fyrverkeri (n)	[ˌfyrværkəˈri]
mariage (m)	bryllup (n)	['brʏlup]
fiancé (m)	brudgom (m)	['brudˌgɔm]
fiancée (f)	brud (m/f)	['brud]
inviter (vt)	å innby, å invitere	[ɔ 'inby], [ɔ inviˈterə]
lettre (f) d'invitation	innbydelse (m)	[inˈbydəlsə]
invité (m)	gjest (m)	['jɛst]
visiter (~ les amis)	å besøke	[ɔ beˈsøkə]
accueillir les invités	å hilse på gjestene	[ɔ 'hilsə pɔ 'jɛstenə]
cadeau (m)	gave (m/f)	['gavə]
offrir (un cadeau)	å gi	[ɔ 'ji]
recevoir des cadeaux	å få gaver	[ɔ 'fɔ 'gavər]
bouquet (m)	bukett (m)	[buˈkɛt]
félicitations (f pl)	lykkønskning (m/f)	['lʏkˌønskniŋ]
féliciter (vt)	å gratulere	[ɔ gratuˈlerə]
carte (f) de veux	gratulasjonskort (n)	[gratulaˈʂunsˌkɔːt]

| envoyer une carte | à sende postkort | [ɔ 'sɛnə 'posțkɔːt] |
| recevoir une carte | à få postkort | [ɔ 'fɔ 'posțkɔːt] |

toast (m)	skål (m/f)	['skɔl]
offrir (un verre, etc.)	à tilby	[ɔ 'tilby]
champagne (m)	champagne (m)	[ʂam'panjə]

s'amuser (vp)	à more seg	[ɔ 'mʊrə sæj]
gaieté (f)	munterhet (m)	['mʉntər̦het]
joie (f) (émotion)	glede (m/f)	['gledə]

| danse (f) | dans (m) | ['dans] |
| danser (vi, vt) | à danse | [ɔ 'dansə] |

| valse (f) | vals (m) | ['vals] |
| tango (m) | tango (m) | ['taŋgʊ] |

182. L'enterrement. Le deuil

cimetière (m)	gravplass, kirkegård (m)	['grav̦plas], ['çirkə̦gɔːr]
tombe (f)	grav (m)	['grav]
croix (f)	kors (n)	['kɔːʂ]
pierre (f) tombale	gravstein (m)	['graf̦stæjn]
clôture (f)	gjerde (n)	['jærə]
chapelle (f)	kapell (n)	[ka'pɛl]

mort (f)	død (m)	['dø]
mourir (vi)	à dø	[ɔ 'dø]
défunt (m)	den avdøde	[den 'av̦dødə]
deuil (m)	sorg (m/f)	['sɔr]

enterrer (vt)	à begrave	[ɔ be'gravə]
maison (f) funéraire	begravelsesbyrå (n)	[be'gravəlsəs by̦ro]
enterrement (m)	begravelse (m)	[be'gravəlsə]

couronne (f)	krans (m)	['krans]
cercueil (m)	likkiste (m/f)	['lik̦çistə]
corbillard (m)	likbil (m)	['lik̦bil]
linceul (m)	likklede (n)	['lik̦kledə]

cortège (m) funèbre	gravfølge (n)	['grav̦følgə]
urne (f) funéraire	askeurne (m/f)	['askə̦ʉːŋə]
crématoire (m)	krematorium (n)	[krɛma'tʊrium]

nécrologue (m)	nekrolog (m)	[nekrʊ'lɔg]
pleurer (vi)	à gråte	[ɔ 'groːtə]
sangloter (vi)	à hulke	[ɔ 'hʉlkə]

183. La guerre. Les soldats

| section (f) | tropp (m) | ['trɔp] |
| compagnie (f) | kompani (n) | [kʊmpa'ni] |

régiment (m)	regiment (n)	[rɛgi'mɛnt]
armée (f)	hær (m)	['hær]
division (f)	divisjon (m)	[divi'ʂʊn]

| détachement (m) | tropp (m) | ['trɔp] |
| armée (f) (Moyen Âge) | hær (m) | ['hær] |

| soldat (m) (un militaire) | soldat (m) | [sʊl'dɑt] |
| officier (m) | offiser (m) | [ɔfi'sɛr] |

soldat (m) (grade)	menig (m)	['meni]
sergent (m)	sersjant (m)	[sær'ʂɑnt]
lieutenant (m)	løytnant (m)	['løjt‚nɑnt]

capitaine (m)	kaptein (m)	[kɑp'tæjn]
commandant (m)	major (m)	[mɑ'jɔr]
colonel (m)	oberst (m)	['ʊbɛʂt]
général (m)	general (m)	[gene'rɑl]

marin (m)	sjømann (m)	['ʂø‚mɑn]
capitaine (m)	kaptein (m)	[kɑp'tæjn]
maître (m) d'équipage	båtsmann (m)	['bɔs‚mɑn]

artilleur (m)	artillerist (m)	[‚ɑːʈile'rist]
parachutiste (m)	fallskjermjeger (m)	['fɑl‚særm 'jɛːgər]
pilote (m)	flyger, flyver (m)	['flygər], ['flyvər]
navigateur (m)	styrmann (m)	['styr‚mɑn]
mécanicien (m)	mekaniker (m)	[me'kɑnikər]

démineur (m)	pioner (m)	[piʊ'ner]
parachutiste (m)	fallskjermhopper (m)	['fɑl‚særm 'hɔpər]
éclaireur (m)	oppklaringssoldat (m)	['ɔp‚klɑriŋ sʊl'dɑt]
tireur (m) d'élite	skarpskytte (m)	['skɑrp‚ʂʏtə]

patrouille (f)	patrulje (m)	[pɑ'trʉlje]
patrouiller (vi)	å patruljere	[ɔ patrʉ'ljerə]
sentinelle (f)	vakt (m)	['vɑkt]

guerrier (m)	kriger (m)	['krigər]
héros (m)	helt (m)	['hɛlt]
héroïne (f)	heltinne (m)	['hɛlt‚inə]
patriote (m)	patriot (m)	[patri'ɔt]

| traître (m) | forræder (m) | [fɔ'rædər] |
| trahir (vt) | å forråde | [ɔ fɔ'rɔːdə] |

| déserteur (m) | desertør (m) | [desæː'ʈør] |
| déserter (vt) | å desertere | [ɔ desæː'ʈerə] |

mercenaire (m)	leiesoldat (m)	['læjəsʊl‚dɑt]
recrue (f)	rekrutt (m)	[re'krʉt]
volontaire (m)	frivillig (m)	['fri‚vili]

mort (m)	drept (m)	['drɛpt]
blessé (m)	såret (m)	['soːrə]
prisonnier (m) de guerre	fange (m)	['fɑŋə]

T&P Books. Vocabulaire Français-Norvégien pour l'autoformation. 9000 mots

184. La guerre. Partie 1

guerre (f)	krig (m)	['krig]
faire la guerre	å være i krig	[ɔ 'værə i ˌkrig]
guerre (f) civile	borgerkrig (m)	['bɔrgərˌkrig]
perfidement (adv)	lumsk, forrædersk	['lʉmsk], [fo'rædərisk]
déclaration (f) de guerre	krigserklæring (m)	['krigs ær ˌklæriŋ]
déclarer (la guerre)	å erklære	[ɔ ær'klærə]
agression (f)	aggresjon (m)	[agre'ʂʉn]
attaquer (~ un pays)	å angripe	[ɔ 'anˌgripə]
envahir (vt)	å invadere	[ɔ inva'derə]
envahisseur (m)	angriper (m)	['anˌgripər]
conquérant (m)	erobrer (m)	[ɛ'rʉbrər]
défense (f)	forsvar (n)	['fʉˌʂvar]
défendre (vt)	å forsvare	[ɔ fo'ʂvarə]
se défendre (vp)	å forsvare seg	[ɔ fo'ʂvarə sæj]
ennemi (m)	fiende (m)	['fiɛndə]
adversaire (m)	motstander (m)	['mʉtˌstanər]
ennemi (adj) (territoire ~)	fiendtlig	['fjɛntli]
stratégie (f)	strategi (m)	[strate'gi]
tactique (f)	taktikk (m)	[tak'tik]
ordre (m)	ordre (m)	['ɔrdrə]
commande (f)	ordre, kommando (m/f)	['ɔrdrə], ['kʉ'mandʉ]
ordonner (vt)	å beordre	[ɔ be'ɔrdrə]
mission (f)	oppdrag (m)	['ɔpdrag]
secret (adj)	hemmelig	['hɛməli]
bataille (f)	batalje (m)	[ba'taljə]
bataille (f)	slag (n)	['ʂlag]
combat (m)	kamp (m)	['kamp]
attaque (f)	angrep (n)	['anˌgrɛp]
assaut (m)	storm (m)	['stɔrm]
prendre d'assaut	å storme	[ɔ 'stɔrmə]
siège (m)	beleiring (m/f)	[be'læjriŋ]
offensive (f)	offensiv (m), angrep (n)	['ɔfenˌsif], ['anˌgrɛp]
passer à l'offensive	å angripe	[ɔ 'anˌgripə]
retraite (f)	retrett (m)	[rɛ'trɛt]
faire retraite	å retirere	[ɔ reti'rerə]
encerclement (m)	omringing (m/f)	['ɔmˌriŋiŋ]
encercler (vt)	å omringe	[ɔ 'ɔmˌriŋə]
bombardement (m)	bombing (m/f)	['bʉmbiŋ]
lancer une bombe	å slippe bombe	[ɔ 'ʂlipə 'bʉmbə]
bombarder (vt)	å bombardere	[ɔ bʉmba:'ɖerə]
explosion (f)	eksplosjon (m)	[ɛksplʉ'ʂʉn]

166

coup (m) de feu	skudd (n)	['skʉd]
tirer un coup de feu	å skyte av	[ɔ 'ʂytə ɑː]
fusillade (f)	skytning (m/f)	['ʂytniŋ]

viser ... (cible)	å sikte på ...	[ɔ 'siktə pɔ ...]
pointer (sur ...)	å rette	[ɔ 'rɛtə]
atteindre (cible)	å treffe	[ɔ 'trɛfə]

faire sombrer	å senke	[ɔ 'sɛnkə]
trou (m) (dans un bateau)	hull (n)	['hʉl]
sombrer (navire)	å synke	[ɔ 'sʏnkə]

front (m)	front (m)	['frɔnt]
évacuation (f)	evakuering (m/f)	[ɛvɑkʉ'eriŋ]
évacuer (vt)	å evakuere	[ɔ ɛvɑkʉ'erə]

tranchée (f)	skyttergrav (m)	['ʂytə͵grɑv]
barbelés (m pl)	piggtråd (m)	['pig͵trod]
barrage (m) (~ antichar)	hinder (n), sperring (m/f)	['hindər], ['spɛriŋ]
tour (f) de guet	vakttårn (n)	['vɑkt͵tɔːɳ]

hôpital (m)	militærsykehus (n)	[mili'tær͵sykə'hʉs]
blesser (vt)	å såre	[ɔ 'soːrə]
blessure (f)	sår (n)	['sor]
blessé (m)	såret (n)	['soːrə]
être blessé	å bli såret	[ɔ 'bli 'soːrət]
grave (blessure)	alvorlig	[al'vɔːli̧]

185. La guerre. Partie 2

captivité (f)	fangeskap (n)	['faŋə͵skɑp]
captiver (vt)	å ta til fange	[ɔ 'tɑ til 'faŋə]
être prisonnier	å være i fangeskap	[ɔ 'værə i 'faŋə͵skɑp]
être fait prisonnier	å bli tatt til fange	[ɔ 'bli tɑt til 'faŋə]

camp (m) de concentration	konsentrasjonsleir (m)	[kʉnsəntra'ʂʉns͵læjr]
prisonnier (m) de guerre	fange (m)	['faŋə]
s'enfuir (vp)	å flykte	[ɔ 'flʏktə]

trahir (vt)	å forråde	[ɔ fɔ'rɔːdə]
traître (m)	forræder (m)	[fɔ'rædər]
trahison (f)	forræderi (n)	[forædə'ri]

| fusiller (vt) | å henrette ved skyting | [ɔ 'hɛn͵rɛtə ve 'ʂytiŋ] |
| fusillade (f) (exécution) | skyting (m/f) | ['ʂytiŋ] |

équipement (m) (uniforme, etc.)	mundering (m/f)	[mʉn'dɛriŋ]
épaulette (f)	skulderklaff (m)	['skʉldər͵klɑf]
masque (m) à gaz	gassmaske (m/f)	['gɑs͵mɑskə]

émetteur (m) radio	feltradio (m)	['fɛlt͵rɑdiʉ]
chiffre (m) (code)	chiffer (n)	['ʂifər]
conspiration (f)	hemmeligholdelse (m)	['hɛməli͵hɔləlsə]

mot (m) de passe	passord (n)	['pɑsˌuːr]
mine (f) terrestre	mine (m/f)	['minə]
miner (poser des mines)	å minelegge	[ɔ 'minəˌlegə]
champ (m) de mines	minefelt (n)	['minəˌfɛlt]

alerte (f) aérienne	flyalarm (m)	['fly ɑ'lɑrm]
signal (m) d'alarme	alarm (m)	[ɑ'lɑrm]
signal (m)	signal (n)	[siŋ'nɑl]
fusée signal (f)	signalrakett (m)	[siŋ'nɑl rɑ'kɛt]

état-major (m)	stab (m)	['stɑb]
reconnaissance (f)	oppklaring (m/f)	['ɔpˌklɑriŋ]
situation (f)	situasjon (m)	[situɑ'ʂun]
rapport (m)	rapport (m)	[rɑ'pɔːt]
embuscade (f)	bakhold (n)	['bɑkˌhɔl]
renfort (m)	forsterkning (m/f)	[fɔ'ʂtærkniŋ]
cible (f)	mål (n)	['mol]
polygone (m)	skytefelt (n)	['ʂytəˌfɛlt]
manœuvres (f pl)	manøverer (m pl)	[mɑ'nøvər]

panique (f)	panikk (m)	[pɑ'nik]
dévastation (f)	ødeleggelse (m)	['ødəˌlegəlsə]
destructions (f pl) (ruines)	ruiner (m pl)	[rʉ'inər]
détruire (vt)	å ødelegge	[ɔ 'ødəˌlegə]

survivre (vi)	å overleve	[ɔ 'ɔvəˌleve]
désarmer (vt)	å avvæpne	[ɔ 'ɑvˌvæpnə]
manier (une arme)	å handtere	[ɔ hɑn'terə]

| Garde-à-vous! Fixe! | Rett! \| Gi-akt! | ['rɛt], ['jiː'ɑkt] |
| Repos! | Hvil! | ['vil] |

exploit (m)	bedrift (m)	[be'drift]
serment (m)	ed (m)	['ɛd]
jurer (de faire qch)	å sverge	[ɔ 'sværgə]

décoration (f)	belønning (m/f)	[be'lœniŋ]
décorer (de la médaille)	å belønne	[ɔ be'lœnə]
médaille (f)	medalje (m)	[me'dɑljə]
ordre (m) (~ du Mérite)	orden (m)	['ɔrdən]

victoire (f)	seier (m)	['sæjər]
défaite (f)	nederlag (n)	['nedəˌlɑg]
armistice (m)	våpenhvile (m)	['vɔpənˌvilə]

drapeau (m)	fane (m)	['fɑnə]
gloire (f)	berømmelse (m)	[be'rœməlsə]
défilé (m)	parade (m)	[pɑ'rɑdə]
marcher (défiler)	å marsjere	[ɔ mɑ'ʂerə]

186. Les armes

| arme (f) | våpen (n) | ['vɔpən] |
| armes (f pl) à feu | skytevåpen (n) | ['ʂytəˌvɔpən] |

armes (f pl) blanches	blankvåpen (n)	['blaŋk,vɔpən]
arme (f) chimique	kjemisk våpen (n)	['çemisk ,vɔpən]
nucléaire (adj)	kjerne-	['çæ:ŋə-]
arme (f) nucléaire	kjernevåpen (n)	['çæ:ŋə,vɔpən]
bombe (f)	bombe (m)	['bʊmbə]
bombe (f) atomique	atombombe (m)	[a'tʊm,bʊmbə]
pistolet (m)	pistol (m)	[pi'stʊl]
fusil (m)	gevær (n)	[ge'vær]
mitraillette (f)	maskinpistol (m)	[ma'şin pi,stʊl]
mitrailleuse (f)	maskingevær (n)	[ma'şin ge,vær]
bouche (f)	munning (m)	['mʉniŋ]
canon (m)	løp (n)	['løp]
calibre (m)	kaliber (m/n)	[ka'libər]
gâchette (f)	avtrekker (m)	['av,trɛkər]
mire (f)	sikte (n)	['siktə]
magasin (m)	magasin (n)	[maga'sin]
crosse (f)	kolbe (m)	['kɔlbə]
grenade (f) à main	håndgranat (m)	['hɔn,gra'nat]
explosif (m)	sprengstoff (n)	['sprɛŋ,stɔf]
balle (f)	kule (m/f)	['kʉ:lə]
cartouche (f)	patron (m)	[pa'trʊn]
charge (f)	ladning (m)	['ladniŋ]
munitions (f pl)	ammunisjon (m)	[amʉni'şʊn]
bombardier (m)	bombefly (n)	['bʊmbə,fly]
avion (m) de chasse	jagerfly (n)	['jagər,fly]
hélicoptère (m)	helikopter (n)	[heli'kɔptər]
pièce (f) de D.C.A.	luftvernkanon (m)	['lʉftvɛ:n ka'nʊn]
char (m)	stridsvogn (m/f)	['strids,vɔŋn]
canon (m) d'un char	kanon (m)	[ka'nʊn]
artillerie (f)	artilleri (n)	[,a:țile'ri]
canon (m)	kanon (m)	[ka'nʊn]
pointer (~ l'arme)	å rette	[ɔ 'rɛtə]
obus (m)	projektil (m)	[prʊek'til]
obus (m) de mortier	granat (m/f)	[gra'nat]
mortier (m)	granatkaster (m)	[gra'nat,kastər]
éclat (m) d'obus	splint (m)	['splint]
sous-marin (m)	ubåt (m)	['ʉ:,bɔt]
torpille (f)	torpedo (m)	[tʊr'pedʊ]
missile (m)	rakett (m)	[ra'kɛt]
charger (arme)	å lade	[ɔ 'ladə]
tirer (vi)	å skyte	[ɔ 'şytə]
viser ... (cible)	å sikte på ...	[ɔ 'siktə pɔ ...]
baïonnette (f)	bajonett (m)	[bajo'nɛt]
épée (f)	kårde (m)	['ko:rdə]

sabre (m)	sabel (m)	['sɑbəl]
lance (f)	spyd (n)	['spyd]
arc (m)	bue (m)	['bʉːə]
flèche (f)	pil (m/f)	['pil]
mousquet (m)	muskett (m)	[mʉ'skɛt]
arbalète (f)	armbrøst (m)	['arm‚brøst]

187. Les hommes préhistoriques

primitif (adj)	ur-	['ʉr-]
préhistorique (adj)	forhistorisk	['forhi‚stʉrisk]
ancien (adj)	oldtidens, antikkens	['ɔl‚tidəns], [ɑn'tikəns]

Âge (m) de pierre	Steinalderen	['stæjn‚alderən]
Âge (m) de bronze	bronsealder (m)	['brɔnsə‚aldər]
période (f) glaciaire	istid (m/f)	['is‚tid]

tribu (f)	stamme (m)	['stɑmə]
cannibale (m)	kannibal (m)	[kɑni'bɑl]
chasseur (m)	jeger (m)	['jɛːgər]
chasser (vi, vt)	å jage	[ɔ 'jagə]
mammouth (m)	mammut (m)	['mɑmʉt]

caverne (f)	grotte (m/f)	['grɔtə]
feu (m)	ild (m)	['il]
feu (m) de bois	bål (n)	['bɔl]
dessin (m) rupestre	helleristning (m/f)	['hɛlə‚ristniŋ]

outil (m)	redskap (m/n)	['rɛd‚skɑp]
lance (f)	spyd (n)	['spyd]
hache (f) en pierre	steinøks (m/f)	['stæjn‚øks]
faire la guerre	å være i krig	[ɔ 'værə i ‚krig]
domestiquer (vt)	å temme	[ɔ 'tɛmə]

| idole (f) | idol (n) | [i'dʉl] |
| adorer, vénérer (vt) | å dyrke | [ɔ 'dyrkə] |

| superstition (f) | overtro (m) | ['ɔvə‚trʉ] |
| rite (m) | ritual (n) | [ritʉ'ɑl] |

| évolution (f) | evolusjon (m) | [ɛvolʉ'ʂʉn] |
| développement (m) | utvikling (m/f) | ['ʉt‚vikliŋ] |

| disparition (f) | forsvinning (m/f) | [fɔ'ʂviniŋ] |
| s'adapter (vp) | å tilpasse seg | [ɔ 'til‚pasə sæj] |

archéologie (f)	arkeologi (m)	[‚arkeʉlʉ'gi]
archéologue (m)	arkeolog (m)	[‚arkeʉ'lɔg]
archéologique (adj)	arkeologisk	[‚arkeʉ'lɔgisk]

site (m) d'excavation	utgravingssted (n)	['ʉt‚graviŋs ‚sted]
fouilles (f pl)	utgravinger (m/f pl)	['ʉt‚graviŋer]
trouvaille (f)	funn (n)	['fʉn]
fragment (m)	fragment (n)	[frɑg'mɛnt]

188. Le Moyen Âge

peuple (m)	folk (n)	['fɔlk]
peuples (m pl)	folk (n pl)	['fɔlk]
tribu (f)	stamme (m)	['stɑmə]
tribus (f pl)	stammer (m pl)	['stɑmər]
Barbares (m pl)	barbarer (m pl)	[bɑr'bɑrər]
Gaulois (m pl)	gallere (m pl)	['gɑlere]
Goths (m pl)	gotere (m pl)	['gotere]
Slaves (m pl)	slavere (m pl)	['slɑvɛrə]
Vikings (m pl)	vikinger (m pl)	['vikiŋər]
Romains (m pl)	romere (m pl)	['rʊmere]
romain (adj)	romersk	['rʊmæʂk]
byzantins (m pl)	bysantiner (m pl)	[bysɑn'tinər]
Byzance (f)	Bysants	[by'sɑnts]
byzantin (adj)	bysantinsk	[bysɑn'tinsk]
empereur (m)	keiser (m)	['kæjsər]
chef (m)	høvding (m)	['høvdiŋ]
puissant (adj)	mektig	['mɛkti]
roi (m)	konge (m)	['kʊŋə]
gouverneur (m)	hersker (m)	['hæʂkər]
chevalier (m)	ridder (m)	['ridər]
féodal (m)	føydalherre (m)	['føjdɑl͵hɛrə]
féodal (adj)	føydal	['føjdɑl]
vassal (m)	vasall (m)	[vɑ'sɑl]
duc (m)	hertug (m)	['hæːtʉg]
comte (m)	greve (m)	['grevə]
baron (m)	baron (m)	[bɑ'rʊn]
évêque (m)	biskop (m)	['biskɔp]
armure (f)	rustning (m/f)	['rʉstniŋ]
bouclier (m)	skjold (n)	['ʂɔl]
glaive (m)	sverd (n)	['sværd]
visière (f)	visir (n)	[vi'sir]
cotte (f) de mailles	ringbrynje (m/f)	['riŋ͵brynje]
croisade (f)	korstog (n)	['kɔːʂ͵tog]
croisé (m)	korsfarer (m)	['kɔːʂ͵fɑrər]
territoire (m)	territorium (n)	[tɛri'tʊrium]
attaquer (~ un pays)	å angripe	[ɔ 'ɑn͵gripə]
conquérir (vt)	å erobre	[ɔ ɛ'rʊbrə]
occuper (envahir)	å okkupere	[ɔ ɔkʉ'perə]
siège (m)	beleiring (m/f)	[be'læjriŋ]
assiégé (adj)	beleiret	[be'læjrət]
assiéger (vt)	å beleire	[ɔ be'læjre]
inquisition (f)	inkvisisjon (m)	[inkvisi'ʂʊn]
inquisiteur (m)	inkvisitor (m)	[inkvi'sitʉr]

torture (f)	tortur (m)	[tɔːˈtʉr]
cruel (adj)	brutal	[brʉˈtal]
hérétique (m)	kjetter (m)	[ˈçɛtər]
hérésie (f)	kjetteri (n)	[çɛtəˈri]

navigation (f) en mer	sjøfart (m)	[ˈʂøˌfaːt]
pirate (m)	pirat, sjørøver (m)	[ˈpiˈrat], [ˈʂøˌrøvər]
piraterie (f)	sjørøveri (n)	[ˈʂø røvɛˈri]
abordage (m)	entring (m/f)	[ˈɛntriŋ]
butin (m)	bytte (n)	[ˈbʏtə]
trésor (m)	skatter (m pl)	[ˈskatər]

découverte (f)	oppdagelse (m)	[ˈɔpˌdagəlsə]
découvrir (vt)	å oppdage	[ɔ ˈɔpˌdagə]
expédition (f)	ekspedisjon (m)	[ɛkspediˈʂʉn]

mousquetaire (m)	musketer (m)	[mʉskəˈter]
cardinal (m)	kardinal (m)	[kɑːɖiˈnal]
héraldique (f)	heraldikk (m)	[herɑlˈdik]
héraldique (adj)	heraldisk	[heˈrɑldisk]

189. Les dirigeants. Les responsables. Les autorités

roi (m)	konge (m)	[ˈkʊŋə]
reine (f)	dronning (m/f)	[ˈdrɔniŋ]
royal (adj)	kongelig	[ˈkʊŋəli]
royaume (m)	kongerike (n)	[ˈkʊŋəˌrikə]

| prince (m) | prins (m) | [ˈprins] |
| princesse (f) | prinsesse (m/f) | [prinˈsɛsə] |

président (m)	president (m)	[prɛsiˈdɛnt]
vice-président (m)	visepresident (m)	[ˈvisə prɛsiˈdɛnt]
sénateur (m)	senator (m)	[seˈnatʉr]

monarque (m)	monark (m)	[mʉˈnark]
gouverneur (m)	hersker (m)	[ˈhæʂkər]
dictateur (m)	diktator (m)	[dikˈtatʉr]
tyran (m)	tyrann (m)	[tyˈran]
magnat (m)	magnat (m)	[maŋˈnat]

directeur (m)	direktør (m)	[dirɛkˈtør]
chef (m)	sjef (m)	[ˈʂɛf]
gérant (m)	forstander (m)	[foˈʂtandər]
boss (m)	boss (m)	[ˈbɔs]
patron (m)	eier (m)	[ˈæjər]

leader (m)	leder (m)	[ˈledər]
chef (m) (~ d'une délégation)	leder (m)	[ˈledər]
autorités (f pl)	myndigheter (m pl)	[ˈmʏndiˌhetər]
supérieurs (m pl)	overordnede (pl)	[ˈɔvərˌɔrdnedə]

| gouverneur (m) | guvernør (m) | [gʉverˈnør] |
| consul (m) | konsul (m) | [ˈkʊnˌsʉl] |

diplomate (m)	diplomat (m)	[diplu'mat]
maire (m)	borgermester (m)	[bɔrgər'mɛstər]
shérif (m)	sheriff (m)	[sɛ'rif]

empereur (m)	keiser (m)	['kæjsər]
tsar (m)	tsar (m)	['tsɑr]
pharaon (m)	farao (m)	['fɑrɑu]
khan (m)	khan (m)	['kɑn]

190. L'itinéraire. La direction. Le chemin

| route (f) | vei (m) | ['væj] |
| voie (f) | vei (m) | ['væj] |

autoroute (f)	motorvei (m)	['mɔtʊrˌvæj]
grande route (autoroute)	hovedvei (m)	['hʊvədˌvæj]
route (f) nationale	riksvei (m)	['riksˌvæj]

| route (f) principale | hovedvei (m) | ['hʊvədˌvæj] |
| route (f) de campagne | bygdevei (m) | ['bʏgdəˌvæj] |

| chemin (m) (sentier) | sti (m) | ['sti] |
| sentier (m) | sti (m) | ['sti] |

Où?	Hvor?	['vʊr]
Où? (~ vas-tu?)	Hvorhen?	['vʊrhen]
D'où?	Hvorfra?	['vʊrfrɑ]

| direction (f) | retning (m/f) | ['rɛtniŋ] |
| indiquer (le chemin) | å peke | [ɔ 'pekə] |

à gauche (tournez ~)	til venstre	[til 'vɛnstrə]
à droite (tournez ~)	til høyre	[til 'højrə]
tout droit (adv)	rett frem	['rɛt frem]
en arrière (adv)	tilbake	[til'bɑkə]

virage (m)	kurve (m)	['kʉrvə]
tourner (~ à gauche)	å svinge	[ɔ 'sviŋə]
faire un demi-tour	å ta en U-sving	[ɔ 'tɑ en 'ʉːˌsviŋ]

| se dessiner (vp) | å være synlig | [ɔ 'værə 'sʏnli] |
| apparaître (vi) | å vise seg | [ɔ 'visə sæj] |

halte (f)	stopp (m), hvile (m/f)	['stɔp], ['vilə]
se reposer (vp)	å hvile	[ɔ 'vilə]
repos (m)	hvile (m/f)	['vilə]

s'égarer (vp)	å gå seg vill	[ɔ 'gɔ sæj 'vil]
mener à ... (le chemin)	å føre til ...	[ɔ 'førə til ...]
arriver à ...	å komme ut ...	[ɔ 'kɔmə ʉt ...]
tronçon (m) (de chemin)	strekning (m)	['strɛkniŋ]

| asphalte (m) | asfalt (m) | ['ɑsˌfalt] |
| bordure (f) | fortauskant (m) | ['fɔːʈɑʊsˌkant] |

fossé (m)	veigrøft (m/f)	['væj‚grœft]
bouche (f) d'égout	kum (m), kumlokk (n)	['kʉm], ['kʉm‚lɔk]
bas-côté (m)	veikant (m)	['væj‚kɑnt]
nid-de-poule (m)	grop (m/f)	['grʊp]

aller (à pied)	å gå	[ɔ 'gɔ]
dépasser (vt)	å passere	[ɔ pɑ'serə]

pas (m)	skritt (n)	['skrit]
à pied	til fots	[til 'fʊts]

barrer (vt)	å sperre	[ɔ 'spɛrə]
barrière (f)	bom (m)	['bʊm]
impasse (f)	blindgate (m/f)	['blin‚gɑtə]

191. Les crimes. Les criminels. Partie 1

bandit (m)	banditt (m)	[bɑn'dit]
crime (m)	forbrytelse (m)	[for'brytəlsə]
criminel (m)	forbryter (m)	[for'brytər]

voleur (m)	tyv (m)	['tyv]
voler (qch à qn)	å stjele	[ɔ 'stjelə]

kidnapper (vt)	å kidnappe	[ɔ 'kid‚nɛpə]
kidnapping (m)	kidnapping (m)	['kid‚nɛpiŋ]
kidnappeur (m)	kidnapper (m)	['kid‚nɛpər]

rançon (f)	løsepenger (m pl)	['løsə‚pɛŋər]
exiger une rançon	å kreve løsepenger	[ɔ 'krevə 'løsə‚pɛŋər]

cambrioler (vt)	å rane	[ɔ 'rɑnə]
cambriolage (m)	ran (n)	['rɑn]
cambrioleur (m)	raner (m)	['rɑnər]

extorquer (vt)	å presse ut	[ɔ 'prɛsə ʉt]
extorqueur (m)	utpresser (m)	['ʉt‚prɛsər]
extorsion (f)	utpressing (m/f)	['ʉt‚prɛsiŋ]

tuer (vt)	å myrde	[ɔ 'myːdə]
meurtre (m)	mord (n)	['mʊr]
meurtrier (m)	morder (m)	['mʊrdər]

coup (m) de feu	skudd (n)	['skʉd]
tirer un coup de feu	å skyte av	[ɔ 'ʂytə ɑː]
abattre (par balle)	å skyte ned	[ɔ 'ʂytə ne]
tirer (vi)	å skyte	[ɔ 'ʂytə]
coups (m pl) de feu	skyting, skytning (m/f)	['ʂytiŋ], ['ʂytniŋ]

incident (m)	hendelse (m)	['hɛndəlsə]
bagarre (f)	slagsmål (n)	['ʂlɑks‚mol]
Au secours!	Hjelp!	['jɛlp]
victime (f)	offer (n)	['ɔfər]
endommager (vt)	å skade	[ɔ 'skɑdə]

dommage (m)	skade (m)	['skadə]
cadavre (m)	lik (n)	['lik]
grave (~ crime)	alvorlig	[al'vɔː|i]

attaquer (vt)	å anfalle	[ɔ 'an‚falə]
battre (frapper)	å slå	[ɔ 'ṣlɔ]
passer à tabac	å klå opp	[ɔ 'klɔ ɔp]
prendre (voler)	å berøve	[ɔ be'røvə]
poignarder (vt)	å stikke i hjel	[ɔ 'stikə i 'jel]
mutiler (vt)	å lemleste	[ɔ 'lem‚lestə]
blesser (vt)	å såre	[ɔ 'soːrə]

chantage (m)	utpressing (m/f)	['ʉt‚prɛsiŋ]
faire chanter	å utpresse	[ɔ 'ʉt‚prɛsə]
maître (m) chanteur	utpresser (m)	['ʉt‚prɛsər]

racket (m) de protection	utpressing (m/f)	['ʉt‚prɛsiŋ]
racketteur (m)	utpresser (m)	['ʉt‚prɛsər]
gangster (m)	gangster (m)	['gɛŋstər]
mafia (f)	mafia (m)	['mafia]

pickpocket (m)	lommetyv (m)	['lʉmə‚tyv]
cambrioleur (m)	innbruddstyv (m)	['inbrʉds‚tyv]
contrebande (f) (trafic)	smugling (m/f)	['smʉgliŋ]
contrebandier (m)	smugler (m)	['smʉglər]

contrefaçon (f)	forfalskning (m/f)	[fɔr'falskniŋ]
falsifier (vt)	å forfalske	[ɔ fɔr'falskə]
faux (falsifié)	falsk	['falsk]

192. Les crimes. Les criminels. Partie 2

viol (m)	voldtekt (m)	['vɔl‚tɛkt]
violer (vt)	å voldta	[ɔ 'vɔl‚ta]
violeur (m)	voldtektsmann (m)	['vɔl‚tɛkts man]
maniaque (m)	maniker (m)	['manikər]

prostituée (f)	prostituert (m)	[prʉstitʉ'eːt]
prostitution (f)	prostitusjon (m)	[prʉstitʉ'ṣun]
souteneur (m)	hallik (m)	['halik]

| drogué (m) | narkoman (m) | [narkʉ'man] |
| trafiquant (m) de drogue | narkolanger (m) | ['narkɔ‚laŋər] |

faire exploser	å sprenge	[ɔ 'sprɛŋə]
explosion (f)	eksplosjon (m)	[eksplʉ'ṣun]
mettre feu	å sette fyr	[ɔ 'sɛtə ‚fyr]
incendiaire (m)	brannstifter (m)	['bran‚stiftər]

terrorisme (m)	terrorisme (m)	[tɛrʉ'rismə]
terroriste (m)	terrorist (m)	[tɛrʉ'rist]
otage (m)	gissel (m)	['jisəl]
escroquer (vt)	å bedra	[ɔ be'dra]
escroquerie (f)	bedrag (n)	[be'drag]

escroc (m)	bedrager, svindler (m)	[be'drɑgər], ['svindlər]
soudoyer (vt)	å bestikke	[ɔ be'stikə]
corruption (f)	bestikkelse (m)	[be'stikəlsə]
pot-de-vin (m)	bestikkelse (m)	[be'stikəlsə]

poison (m)	gift (m/f)	['jift]
empoisonner (vt)	å forgifte	[ɔ fɔr'jiftə]
s'empoisonner (vp)	å forgifte seg selv	[ɔ fɔr'jiftə sæj sɛl]

suicide (m)	selvmord (n)	['sɛlˌmʊr]
suicidé (m)	selvmorder (m)	['sɛlˌmʊrdər]

menacer (vt)	å true	[ɔ 'trʉə]
menace (f)	trussel (m)	['trʉsəl]
attenter (vt)	å begå mordforsøk	[ɔ be'gɔ 'mʊrdfɔˌsøk]
attentat (m)	mordforsøk (n)	['mʊrdfɔˌsøk]

voler (un auto)	å stjele	[ɔ 'stjelə]
détourner (un avion)	å kapre	[ɔ 'kɑprə]

vengeance (f)	hevn (m)	['hɛvn]
se venger (vp)	å hevne	[ɔ 'hɛvnə]

torturer (vt)	å torturere	[ɔ tɔ:ʈʉ'rerə]
torture (f)	tortur (m)	[tɔ:'ʈʉr]
tourmenter (vt)	å plage	[ɔ 'plɑgə]

pirate (m)	pirat, sjørøver (m)	['pi'rɑt], ['ʂøˌrøvər]
voyou (m)	bølle (m)	['bølə]
armé (adj)	bevæpnet	[be'væpnət]
violence (f)	vold (m)	['vɔl]
illégal (adj)	illegal	['ileˌgɑl]

espionnage (m)	spionasje (m)	[spiʉ'nɑʂə]
espionner (vt)	å spionere	[ɔ spiʉ'nerə]

193. La police. La justice. Partie 1

justice (f)	justis (m), rettspleie (m/f)	['jʉ'stis], ['rɛtsˌplæje]
tribunal (m)	rettssal (m)	['rɛtsˌsɑl]

juge (m)	dommer (m)	['dɔmər]
jury (m)	lagrettemedlemmer (n pl)	['lɑgˌrɛtə medle'mer]
cour (f) d'assises	lagrette, juryordning (m)	['lɑgˌrɛtə], ['jʉriˌɔrdniŋ]
juger (vt)	å dømme	[ɔ 'dœmə]

avocat (m)	advokat (m)	[ɑdvʉ'kɑt]
accusé (m)	anklaget (m)	['ɑnˌklɑget]
banc (m) des accusés	anklagebenk (m)	[ɑn'klɑgeˌbɛnk]

inculpation (f)	anklage (m)	['ɑnˌklɑgə]
inculpé (m)	anklagede (m)	['ɑnˌklɑgedə]
condamnation (f)	dom (m)	['dɔm]
condamner (vt)	å dømme	[ɔ 'dœmə]

coupable (m)	skyldige (m)	['ʂyldiə]
punir (vt)	å straffe	[ɔ 'strafə]
punition (f)	straff, avstraffelse (m)	['straf], ['afˌstrafəlsə]

amende (f)	bot (m/f)	['bʊt]
détention (f) à vie	livsvarig fengsel (n)	['lifsˌvari 'fɛŋsəl]
peine (f) de mort	dødsstraff (m/f)	['dødˌstraf]
chaise (f) électrique	elektrisk stol (m)	[ɛ'lektrisk ˌstʊl]
potence (f)	galge (m)	['galgə]

| exécuter (vt) | å henrette | [ɔ 'hɛnˌrɛtə] |
| exécution (f) | henrettelse (m) | ['hɛnˌrɛtəlsə] |

| prison (f) | fengsel (n) | ['fɛŋsəl] |
| cellule (f) | celle (m) | ['sɛlə] |

escorte (f)	eskorte (m)	[ɛs'kɔːtə]
gardien (m) de prison	fangevokter (m)	['faŋəˌvɔktər]
prisonnier (m)	fange (m)	['faŋə]

| menottes (f pl) | håndjern (n pl) | ['hɔnˌjæːn] |
| mettre les menottes | å sette håndjern | [ɔ 'sɛtə 'hɔnˌjæːn] |

évasion (f)	flykt (m/f)	['flʏkt]
s'évader (vp)	å flykte, å rømme	[ɔ 'flʏktə], [ɔ 'rœmə]
disparaître (vi)	å forsvinne	[ɔ fo'ʂvinə]
libérer (vt)	å løslate	[ɔ 'løsˌlatə]
amnistie (f)	amnesti (m)	[amnɛ'sti]

police (f)	politi (n)	[pʊli'ti]
policier (m)	politi (m)	[pʊli'ti]
commissariat (m) de police	politistasjon (m)	[pʊli'tiˌsta'ʂʊn]
matraque (f)	gummikølle (m/f)	['gʊmiˌkølə]
haut parleur (m)	megafon (m)	[mega'fʊn]

voiture (f) de patrouille	patruljebil (m)	[pa'trʊljəˌbil]
sirène (f)	sirene (m/f)	[si'renə]
enclencher la sirène	å slå på sirenen	[ɔ 'ʂlɔ pɔ si'renən]
hurlement (m) de la sirène	sirene hyl (n)	[si'renə ˌhyl]

lieu (m) du crime	åsted (n)	['ɔsted]
témoin (m)	vitne (n)	['vitnə]
liberté (f)	frihet (m)	['friˌhet]
complice (m)	medskyldig (m)	['mɛˌʂyldi]
s'enfuir (vp)	å flykte	[ɔ 'flʏktə]
trace (f)	spor (n)	['spʊr]

194. La police. La justice. Partie 2

recherche (f)	ettersøking (m/f)	['ɛtəˌsøkiŋ]
rechercher (vt)	å søke etter ...	[ɔ 'søkə ˌɛtər ...]
suspicion (f)	mistanke (m)	['misˌtankə]
suspect (adj)	mistenkelig	[mis'tɛnkəli]
arrêter (dans la rue)	å stoppe	[ɔ 'stɔpə]

détenir (vt)	à anholde	[ɔ 'anˌhɔlə]
affaire (f) (~ pénale)	sak (m/f)	['sɑk]
enquête (f)	etterforskning (m/f)	['ɛtərˌfɔʂkniŋ]
détective (m)	detektiv (m)	[detɛk'tiv]
enquêteur (m)	etterforsker (m)	['ɛtərˌfɔʂkər]
hypothèse (f)	versjon (m)	[væ'ʂʊn]

motif (m)	motiv (n)	[mʊ'tiv]
interrogatoire (m)	forhør (n)	[fɔr'hør]
interroger (vt)	å forhøre	[ɔ fɔr'hørə]
interroger (~ les voisins)	å avhøre	[ɔ 'avˌhørə]
inspection (f)	sjekking (m/f)	['ʂɛkiŋ]

rafle (f)	rassia, razzia (m)	['rɑsia]
perquisition (f)	ransakelse (m)	['ranˌsakəlsə]
poursuite (f)	jakt (m/f)	['jakt]
poursuivre (vt)	å forfølge	[ɔ fɔr'følə]
dépister (vt)	å spore	[ɔ 'spʊrə]

arrestation (f)	arrest (m)	[a'rɛst]
arrêter (vt)	å arrestere	[ɔ arɛ'sterə]
attraper (~ un criminel)	å fange	[ɔ 'faŋə]
capture (f)	pågripelse (m)	['pɔˌgripəlsə]

document (m)	dokument (n)	[dɔkʉ'mɛnt]
preuve (f)	bevis (n)	[be'vis]
prouver (vt)	å bevise	[ɔ be'visə]
empreinte (f) de pied	fotspor (n)	['fʊtˌspʊr]
empreintes (f pl) digitales	fingeravtrykk (n pl)	['fiŋərˌavtrʏk]
élément (m) de preuve	bevis (n)	[be'vis]

alibi (m)	alibi (n)	['ɑlibi]
innocent (non coupable)	uskyldig	[ʉ'ʂyldi]
injustice (f)	urettferdighet (m)	['ʉrɛtfærdiˌhet]
injuste (adj)	urettferdig	['ʉrɛtˌfærdi]

criminel (adj)	kriminell	[krimi'nɛl]
confisquer (vt)	å konfiskere	[ɔ kʉnfi'skerə]
drogue (f)	narkotika (m)	[nar'kɔtika]
arme (f)	våpen (n)	['vɔpən]
désarmer (vt)	å avvæpne	[ɔ 'avˌvæpnə]
ordonner (vt)	å befale	[ɔ be'falə]
disparaître (vi)	å forsvinne	[ɔ fɔ'ʂvinə]

loi (f)	lov (m)	['lɔv]
légal (adj)	lovlig	['lɔvli]
illégal (adj)	ulovlig	[ʉ'lɔvli]

responsabilité (f)	ansvar (n)	['anˌsvar]
responsable (adj)	ansvarlig	[ans'vɑːli̯]

LA NATURE

La Terre. Partie 1

195. L'espace cosmique

cosmos (m)	rommet, kosmos (n)	['rʊmə], ['kɔsmɔs]
cosmique (adj)	rom-	['rʊm-]
espace (m) cosmique	ytre rom (n)	['ytrə ˌrʊm]
monde (m)	verden (m)	['værdən]
univers (m)	univers (n)	[ʉni'væʂ]
galaxie (f)	galakse (m)	[ga'lɑksə]
étoile (f)	stjerne (m/f)	['stjæːŋə]
constellation (f)	stjernebilde (n)	['stjæːŋəˌbildə]
planète (f)	planet (m)	[pla'net]
satellite (m)	satellitt (m)	[satɛ'lit]
météorite (m)	meteoritt (m)	[meteʊ'rit]
comète (f)	komet (m)	[kʊ'met]
astéroïde (m)	asteroide (n)	[asterʊ'idə]
orbite (f)	bane (m)	['banə]
tourner (vi)	å rotere	[ɔ rɔ'terə]
atmosphère (f)	atmosfære (m)	[atmʊ'sfærə]
Soleil (m)	Solen	['sʊlən]
système (m) solaire	solsystem (n)	['sʊl sy'stem]
éclipse (f) de soleil	solformørkelse (m)	['sʊl fɔr'mœrkəlsə]
Terre (f)	Jorden	['juːrən]
Lune (f)	Månen	['moːnən]
Mars (m)	Mars	['maʂ]
Vénus (f)	Venus	['venʉs]
Jupiter (m)	Jupiter	['jʉpitər]
Saturne (m)	Saturn	['saˌtʉːŋ]
Mercure (m)	Merkur	[mær'kʉr]
Uranus (m)	Uranus	[ʉ'ranʉs]
Neptune	Neptun	[nɛp'tʉn]
Pluton (m)	Pluto	['plʉtʊ]
la Voie Lactée	Melkeveien	['mɛlkəˌvæjən]
la Grande Ours	den Store Bjørn	['dən 'stʉrə ˌbjœːŋ]
la Polaire	Nordstjernen, Polaris	['nʊːrˌstjæːŋən], [pɔ'laris]
martien (m)	marsbeboer (m)	['maʂˌbebʊər]
extraterrestre (m)	utenomjordisk vesen (n)	['ʉtənɔmˌjuːrdisk 'vesən]

| alien (m) | romvesen (n) | ['rʊmˌvesən] |
| soucoupe (f) volante | flygende tallerken (m) | ['flygenə taˈlærkən] |

vaisseau (m) spatial	romskip (n)	['rʊmˌʂip]
station (f) orbitale	romstasjon (m)	['rʊmˌstaˈʂʊn]
lancement (m)	start (m), oppskyting (m/f)	['stɑːt̮], ['ɔpˌʂytiŋ]

moteur (m)	motor (m)	['motʊr]
tuyère (f)	dyse (m)	['dysə]
carburant (m)	brensel (n), drivstoff (n)	['brɛnsəl], ['drifˌstɔf]

cabine (f)	cockpit (m), flydekk (n)	['kɔkpit], ['flyˌdɛk]
antenne (f)	antenne (m)	[ɑn'tɛnə]
hublot (m)	koøye (n)	['kʊˌøjə]
batterie (f) solaire	solbatteri (n)	['sʊl batɛ'ri]
scaphandre (m)	romdrakt (m/f)	['rʊmˌdrɑkt]

| apesanteur (f) | vektløshet (m/f) | ['vɛktløsˌhet] |
| oxygène (m) | oksygen (n) | ['ɔksy'gen] |

| arrimage (m) | dokking (m/f) | ['dɔkiŋ] |
| s'arrimer à ... | å dokke | [ɔ 'dɔkə] |

observatoire (m)	observatorium (n)	[ɔbsərvaˈtʊrium]
télescope (m)	teleskop (n)	[teleˈskʊp]
observer (vt)	å observere	[ɔ ɔbsɛr'verə]
explorer (un cosmos)	å utforske	[ɔ 'ʉtˌføʂkə]

196. La Terre

Terre (f)	Jorden	['juːrən]
globe (m) terrestre	jordklode (m)	['juːrˌklɔdə]
planète (f)	planet (m)	[plaˈnet]

atmosphère (f)	atmosfære (m)	[atmʉ'sfærə]
géographie (f)	geografi (m)	[geʊgraˈfi]
nature (f)	natur (m)	[naˈtʉr]

globe (m) de table	globus (m)	['glɔbʉs]
carte (f)	kart (n)	['kɑːt̮]
atlas (m)	atlas (n)	['atlɑs]

| Europe (f) | Europa | [ɛʉ'rʊpɑ] |
| Asie (f) | Asia | ['ɑsiɑ] |

| Afrique (f) | Afrika | ['ɑfrikɑ] |
| Australie (f) | Australia | [aʉ'strɑliɑ] |

Amérique (f)	Amerika	[a'merikɑ]
Amérique (f) du Nord	Nord-Amerika	['nuːr a'merikɑ]
Amérique (f) du Sud	Sør-Amerika	['sør a'merikɑ]

| l'Antarctique (m) | Antarktis | [ɑn'tɑrktis] |
| l'Arctique (m) | Arktis | ['ɑrktis] |

197. Les quatre parties du monde

nord (m)	nord (n)	['nuːr]
vers le nord	mot nord	[mʊt 'nuːr]
au nord	i nord	[i 'nuːr]
du nord (adj)	nordlig	['nuːrli]

sud (m)	syd, sør	['syd], ['sør]
vers le sud	mot sør	[mʊt 'sør]
au sud	i sør	[i 'sør]
du sud (adj)	sydlig, sørlig	['sydli], ['søːli]

ouest (m)	vest (m)	['vɛst]
vers l'occident	mot vest	[mʊt 'vɛst]
à l'occident	i vest	[i 'vɛst]
occidental (adj)	vestlig, vest-	['vɛstli]

est (m)	øst (m)	['øst]
vers l'orient	mot øst	[mʊt 'øst]
à l'orient	i øst	[i 'øst]
oriental (adj)	østlig	['østli]

198. Les océans et les mers

mer (f)	hav (n)	['hɑv]
océan (m)	verdenshav (n)	[værdəns'hɑv]
golfe (m)	bukt (m/f)	['bʉkt]
détroit (m)	sund (n)	['sʉn]

terre (f) ferme	fastland (n)	['fɑst‚lɑn]
continent (m)	fastland, kontinent (n)	['fɑst‚lɑn], [kʊnti'nɛnt]
île (f)	øy (m/f)	['øj]
presqu'île (f)	halvøy (m/f)	['hɑl‚øːj]
archipel (m)	skjærgård (m), arkipelag (n)	['şær‚gɔr], [ɑrkipe'lɑg]

baie (f)	bukt (m/f)	['bʉkt]
port (m)	havn (m/f)	['hɑvn]
lagune (f)	lagune (m)	[lɑ'gʉnə]
cap (m)	nes (n), kapp (n)	['nes], ['kɑp]

atoll (m)	atoll (m)	[ɑ'tɔl]
récif (m)	rev (n)	['rev]
corail (m)	korall (m)	[kʊ'rɑl]
récif (m) de corail	korallrev (n)	[kʊ'rɑl‚rɛv]

profond (adj)	dyp	['dyp]
profondeur (f)	dybde (m)	['dybdə]
abîme (m)	avgrunn (m)	['ɑv‚grʉn]
fosse (f) océanique	dyphavsgrop (m/f)	['dyphɑfs‚grɔp]

courant (m)	strøm (m)	['strøm]
baigner (vt) (mer)	å omgi	[ɔ 'ɔmˌji]
littoral (m)	kyst (m)	['çyst]

côte (f)	kyst (m)	['çyst]
marée (f) haute	flo (m/f)	['flʊ]
marée (f) basse	ebbe (m), fjære (m/f)	['ɛbə], ['fjærə]
banc (m) de sable	sandbanke (m)	['sɑnˌbɑnkə]
fond (m)	bunn (m)	['bʉn]
vague (f)	bølge (m)	['bølgə]
crête (f) de la vague	bølgekam (m)	['bølgəˌkɑm]
mousse (f)	skum (n)	['skʉm]
tempête (f) en mer	storm (m)	['stɔrm]
ouragan (m)	orkan (m)	[ɔr'kɑn]
tsunami (m)	tsunami (m)	[tsʉ'nɑmi]
calme (m)	stille (m/f)	['stilə]
calme (tranquille)	stille	['stilə]
pôle (m)	pol (m)	['pʊl]
polaire (adj)	pol-, polar	['pʊl-], [pʊ'lɑr]
latitude (f)	bredde, latitude (m)	['brɛdə], ['lɑtiˌtʉdə]
longitude (f)	lengde (m/f)	['leŋdə]
parallèle (f)	breddegrad (m)	['brɛdəˌgrɑd]
équateur (m)	ekvator (m)	[ɛ'kvɑtʊr]
ciel (m)	himmel (m)	['himəl]
horizon (m)	horisont (m)	[hʊri'sɔnt]
air (m)	luft (f)	['lʉft]
phare (m)	fyr (n)	['fyr]
plonger (vi)	å dykke	[ɔ 'dʏkə]
sombrer (vi)	å synke	[ɔ 'sʏnkə]
trésor (m)	skatter (m pl)	['skɑtər]

199. Les noms des mers et des océans

océan (m) Atlantique	Atlanterhavet	[at'lɑntərˌhɑve]
océan (m) Indien	Indiahavet	['indiɑˌhɑve]
océan (m) Pacifique	Stillehavet	['stiləˌhɑve]
océan (m) Glacial	Polhavet	['pɔlˌhɑve]
mer (f) Noire	Svartehavet	['svɑːtəˌhɑve]
mer (f) Rouge	Rødehavet	['rødəˌhɑve]
mer (f) Jaune	Gulehavet	['gʉləˌhɑve]
mer (f) Blanche	Kvitsjøen, Hvitehavet	['kvitˌʂøːn], ['vitˌhɑve]
mer (f) Caspienne	Kaspihavet	['kɑspiˌhɑve]
mer (f) Morte	Dødehavet	['dødə'hɑve]
mer (f) Méditerranée	Middelhavet	['midəlˌhɑve]
mer (f) Égée	Egeerhavet	[ɛ'geːərˌhɑve]
mer (f) Adriatique	Adriahavet	['ɑdriɑˌhɑve]
mer (f) Arabique	Arabiahavet	[ɑ'rɑbiɑˌhɑve]
mer (f) du Japon	Japanhavet	['jɑpɑnˌhɑve]

| mer (f) de Béring | Beringhavet | ['beriŋˌhave] |
| mer (f) de Chine Méridionale | Sør-Kina-havet | ['sørˌçina 'have] |

mer (f) de Corail	Korallhavet	[kɑ'rɑlˌhɑve]
mer (f) de Tasman	Tasmanhavet	[tɑs'manˌhave]
mer (f) Caraïbe	Karibhavet	[ka'ribˌhave]

| mer (f) de Barents | Barentshavet | ['barɛnsˌhave] |
| mer (f) de Kara | Karahavet | ['karaˌhave] |

mer (f) du Nord	Nordsjøen	['nuːrˌsøːn]
mer (f) Baltique	Østersjøen	['østeˌsøːn]
mer (f) de Norvège	Norskehavet	['nɔşkəˌhave]

200. Les montagnes

montagne (f)	fjell (n)	['fjɛl]
chaîne (f) de montagnes	fjellkjede (m)	['fjɛlˌçɛːdə]
crête (f)	fjellrygg (m)	['fjɛlˌrʏg]

sommet (m)	topp (m)	['tɔp]
pic (m)	tind (m)	['tin]
pied (m)	fot (m)	['fʊt]
pente (f)	skråning (m)	['skrɔniŋ]

volcan (m)	vulkan (m)	[vʉl'kan]
volcan (m) actif	virksom vulkan (m)	['virksɔm vʉl'kan]
volcan (m) éteint	utslukt vulkan (m)	['ʉtˌslʉkt vʉl'kan]

éruption (f)	utbrudd (n)	['ʉtˌbrʉd]
cratère (m)	krater (n)	['kratər]
magma (m)	magma (m/n)	['magma]
lave (f)	lava (m)	['lava]
en fusion (lave ~)	glødende	['glødenə]

canyon (m)	canyon (m)	['kanjən]
défilé (m) (gorge)	gjel (n), kløft (m)	['jel], ['klœft]
crevasse (f)	renne (m/f)	['rɛnə]
précipice (m)	avgrunn (m)	['avˌgrʉn]

col (m) de montagne	pass (n)	['pas]
plateau (m)	platå (n)	[pla'to]
rocher (m)	klippe (m)	['klipə]
colline (f)	ås (m)	['ɔs]

glacier (m)	bre, jøkel (m)	['bre], ['jøkəl]
chute (f) d'eau	foss (m)	['fɔs]
geyser (m)	geysir (m)	['gɛjsir]
lac (m)	innsjø (m)	['in'şø]

plaine (f)	slette (m/f)	['şletə]
paysage (m)	landskap (n)	['lanˌskap]
écho (m)	ekko (n)	['ɛkʊ]
alpiniste (m)	alpinist (m)	[alpi'nist]

varappeur (m)	fjellklatrer (m)	['fjɛl̩ˌklɑtrər]
conquérir (vt)	å erobre	[ɔ ɛ'rʊbrə]
ascension (f)	bestigning (m/f)	[be'stigniŋ]

201. Les noms des chaînes de montagne

Alpes (f pl)	Alpene	['ɑlpenə]
Mont Blanc (m)	Mont Blanc	[ˌmɔn'blɑn]
Pyrénées (f pl)	Pyreneene	[pyre'ne:ənə]

Carpates (f pl)	Karpatene	[kar'pɑtenə]
Monts Oural (m pl)	Uralfjellene	[ʉ'rɑl ˌfjɛlenə]
Caucase (m)	Kaukasus	['kɑʊkasʉs]
Elbrous (m)	Elbrus	[ɛl'brʉs]

Altaï (m)	Altaj	[ɑl'tɑj]
Tian Chan (m)	Tien Shan	[ti'enˌsɑn]
Pamir (m)	Pamir	[pɑ'mir]
Himalaya (m)	Himalaya	[himɑ'lɑjɑ]
Everest (m)	Everest	['ɛve'rɛst]

| Andes (f pl) | Andes | ['ɑndəs] |
| Kilimandjaro (m) | Kilimanjaro | [kilimɑn'dʂɑrʊ] |

202. Les fleuves

rivière (f), fleuve (m)	elv (m/f)	['ɛlv]
source (f)	kilde (m)	['çildə]
lit (m) (d'une rivière)	elveleie (n)	['ɛlvəˌlæje]
bassin (m)	flodbasseng (n)	['flʊd bɑˌseŋ]
se jeter dans ...	å munne ut ...	[ɔ 'mʉnə ʉt ...]

| affluent (m) | bielv (m/f) | ['biˌelv] |
| rive (f) | bredd (m) | ['brɛd] |

courant (m)	strøm (m)	['strøm]
en aval	medstrøms	['meˌstrøms]
en amont	motstrøms	['mʊtˌstrøms]

inondation (f)	oversvømmelse (m)	['ɔvəˌsvœmelsə]
les grandes crues	flom (m)	['flɔm]
déborder (vt)	å overflø	[ɔ 'ɔvərˌflø]
inonder (vt)	å oversvømme	[ɔ 'ɔvəˌsvœmə]

| bas-fond (m) | grunne (m/f) | ['grʉnə] |
| rapide (m) | stryk (m/n) | ['stryk] |

barrage (m)	demning (m)	['dɛmniŋ]
canal (m)	kanal (m)	[kɑ'nɑl]
lac (m) de barrage	reservoar (n)	[resɛrvʊ'ɑr]
écluse (f)	sluse (m)	['şlʉsə]
plan (m) d'eau	vannmasse (m)	['vɑnˌmɑsə]

marais (m)	myr, sump (m)	['myr], ['sʉmp]
fondrière (f)	hengemyr (m)	['hɛŋeˌmyr]
tourbillon (m)	virvel (m)	['virvel]

ruisseau (m)	bekk (m)	['bɛk]
potable (adj)	drikke-	['drike-]
douce (l'eau ~)	fersk-	['fæʂk-]

| glace (f) | is (m) | ['is] |
| être gelé | å fryse til | [ɔ 'fryse til] |

203. Les noms des fleuves

| Seine (f) | Seine | ['sɛːn] |
| Loire (f) | Loire | [lu'ɑːr] |

Tamise (f)	Themsen	['tɛmsen]
Rhin (m)	Rhinen	['riːnen]
Danube (m)	Donau	['dɔnaʊ]

Volga (f)	Volga	['vɔlgɑ]
Don (m)	Don	['dɔn]
Lena (f)	Lena	['lena]

Huang He (m)	Huang He	[ˌhwɑn'hɛ]
Yangzi Jiang (m)	Yangtze	['jɑɲtse]
Mékong (m)	Mekong	[me'kɔŋ]
Gange (m)	Ganges	['gɑɲes]

Nil (m)	Nilen	['nilen]
Congo (m)	Kongo	['kɔŋgʊ]
Okavango (m)	Okavango	[ʊkɑ'vɑngʊ]
Zambèze (m)	Zambezi	[sɑm'besi]
Limpopo (m)	Limpopo	[limpɔ'pɔ]
Mississippi (m)	Mississippi	['misi'sipi]

204. La forêt

| forêt (f) | skog (m) | ['skʊg] |
| forestier (adj) | skog- | ['skʊg-] |

fourré (m)	tett skog (n)	['tɛt ˌskʊg]
bosquet (m)	lund (m)	['lʉn]
clairière (f)	glenne (m/f)	['glene]

| broussailles (f pl) | krattskog (m) | ['kratˌskʊg] |
| taillis (m) | kratt (n) | ['krat] |

sentier (m)	sti (m)	['sti]
ravin (m)	ravine (m)	[ra'vine]
arbre (m)	tre (n)	['trɛ]
feuille (f)	blad (n)	['blɑ]

feuillage (m)	løv (n)	['løv]
chute (f) de feuilles	løvfall (n)	['løv‚fɑl]
tomber (feuilles)	å falle	[ɔ 'fɑlə]
sommet (m)	tretopp (m)	['trɛ‚tɔp]

rameau (m)	kvist, gren (m)	['kvist], ['gren]
branche (f)	gren, grein (m/f)	['gren], ['græjn]
bourgeon (m)	knopp (m)	['knɔp]
aiguille (f)	nål (m/f)	['nɔl]
pomme (f) de pin	kongle (m/f)	['kʊŋlə]

creux (m)	trehull (n)	['trɛ‚hʉl]
nid (m)	reir (n)	['ræjr]
terrier (m) (~ d'un renard)	hule (m/f)	['hʉlə]

tronc (m)	stamme (m)	['stɑmə]
racine (f)	rot (m/f)	['rʊt]
écorce (f)	bark (m)	['bɑrk]
mousse (f)	mose (m)	['mʊsə]

déraciner (vt)	å rykke opp med roten	[ɔ 'rʏkə ɔp me 'rutən]
abattre (un arbre)	å felle	[ɔ 'fɛlə]
déboiser (vt)	å hogge ned	[ɔ 'hɔgə 'ne]
souche (f)	stubbe (m)	['stʉbə]

feu (m) de bois	bål (n)	['bɔl]
incendie (m)	skogbrann (m)	['skʊg‚brɑn]
éteindre (feu)	å slokke	[ɔ 'ʂløkə]

garde (m) forestier	skogvokter (m)	['skʊg‚vɔktər]
protection (f)	vern (n), beskyttelse (m)	['væːɳ], ['be'ʂytəlsə]
protéger (vt)	å beskytte	[ɔ be'ʂytə]
braconnier (m)	tyvskytter (m)	['tyf‚ʂytər]
piège (m) à mâchoires	saks (m/f)	['sɑks]

| cueillir (vt) | å plukke | [ɔ 'plʉkə] |
| s'égarer (vp) | å gå seg vill | [ɔ 'gɔ sæj 'vil] |

205. Les ressources naturelles

ressources (f pl) naturelles	naturressurser (m pl)	[nɑ'tʉr rɛ'sʉʂər]
minéraux (m pl)	mineraler (n pl)	[minə'rɑlər]
gisement (m)	forekomster (m pl)	['fɔrə‚kɔmstər]
champ (m) (~ pétrolifère)	felt (m)	['fɛlt]

extraire (vt)	å utvinne	[ɔ 'ʉt‚vinə]
extraction (f)	utvinning (m/f)	['ʉt‚viniŋ]
minerai (m)	malm (m)	['mɑlm]
mine (f) (site)	gruve (m/f)	['grʉvə]
puits (m) de mine	gruvesjakt (m/f)	['grʉvə‚ʂɑkt]
mineur (m)	gruvearbeider (m)	['grʉvə'ɑr‚bæjdər]

| gaz (m) | gass (m) | ['gɑs] |
| gazoduc (m) | gassledning (m) | ['gɑs‚ledniŋ] |

pétrole (m)	olje (m)	['ɔljə]
pipeline (m)	oljeledning (m)	['ɔljə‚ledniŋ]
tour (f) de forage	oljebrønn (m)	['ɔljə‚brœn]
derrick (m)	boretårn (n)	['boːrə‚tɔːn]
pétrolier (m)	tankskip (n)	['tank‚ʂip]

sable (m)	sand (m)	['san]
calcaire (m)	kalkstein (m)	['kalk‚stæjn]
gravier (m)	grus (m)	['grʉs]
tourbe (f)	torv (m/f)	['tɔrv]
argile (f)	leir (n)	['læjr]
charbon (m)	kull (n)	['kʉl]

fer (m)	jern (n)	['jæːn]
or (m)	gull (n)	['gʉl]
argent (m)	sølv (n)	['søl]
nickel (m)	nikkel (m)	['nikəl]
cuivre (m)	kobber (n)	['kɔbər]

zinc (m)	sink (m/n)	['sink]
manganèse (m)	mangan (m/n)	[ma'ŋan]
mercure (m)	kvikksølv (n)	['kvik‚søl]
plomb (m)	bly (n)	['bly]

minéral (m)	mineral (n)	[minə'ral]
cristal (m)	krystall (m/n)	[kry'stal]
marbre (m)	marmor (m/n)	['marmʉr]
uranium (m)	uran (m/n)	[ʉ'ran]

La Terre. Partie 2

206. Le temps

temps (m)	vær (n)	['vær]
météo (f)	værvarsel (n)	['vær,vaşəl]
température (f)	temperatur (m)	[tɛmpəra'tʉr]
thermomètre (m)	termometer (n)	[tɛrmʉ'metər]
baromètre (m)	barometer (n)	[barʉ'metər]
humide (adj)	fuktig	['fʉkti]
humidité (f)	fuktighet (m)	['fʉkti,het]
chaleur (f) (canicule)	hete (m)	['he:tə]
torride (adj)	het	['het]
il fait très chaud	det er hett	[de ær 'het]
il fait chaud	det er varmt	[de ær 'varmt]
chaud (modérément)	varm	['varm]
il fait froid	det er kaldt	[de ær 'kalt]
froid (adj)	kald	['kal]
soleil (m)	sol (m/f)	['sʉl]
briller (soleil)	å skinne	[ɔ 'şinə]
ensoleillé (jour ~)	solrik	['sʉl,rik]
se lever (vp)	å gå opp	[ɔ 'gɔ ɔp]
se coucher (vp)	å gå ned	[ɔ 'gɔ ne]
nuage (m)	sky (m)	['şy]
nuageux (adj)	skyet	['şy:ət]
nuée (f)	regnsky (m/f)	['ræjn,şy]
sombre (adj)	mørk	['mœrk]
pluie (f)	regn (n)	['ræjn]
il pleut	det regner	[de 'ræjnər]
pluvieux (adj)	regnværs-	['ræjn,væş-]
bruiner (v imp)	å småregne	[ɔ 'smo:ræjnə]
pluie (f) torrentielle	piskende regn (n)	['piskenə ,ræjn]
averse (f)	styrtregn (n)	['sty:t,ræjn]
forte (la pluie ~)	kraftig, sterk	['krafti], ['stærk]
flaque (f)	vannpytt (m)	['van,pyt]
se faire mouiller	å bli våt	[ɔ 'bli 'vɔt]
brouillard (m)	tåke (m/f)	['to:kə]
brumeux (adj)	tåke	['to:kə]
neige (f)	snø (m)	['snø]
il neige	det snør	[de 'snør]

188

207. Les intempêries. Les catastrophes naturelles

orage (m)	tordenvær (n)	['tʉrdən‚vær]
éclair (m)	lyn (n)	['lyn]
éclater (foudre)	å glimte	[ɔ 'glimtə]

tonnerre (m)	torden (m)	['tʉrdən]
gronder (tonnerre)	å tordne	[ɔ 'tʉrdnə]
le tonnerre gronde	det tordner	[de 'tʉrdnər]

grêle (f)	hagle (m/f)	['haglə]
il grêle	det hagler	[de 'haglər]

inonder (vt)	å oversvømme	[ɔ 'ovə‚svœmə]
inondation (f)	oversvømmelse (m)	['ovə‚svœməlsə]

tremblement (m) de terre	jordskjelv (n)	['juːr‚sɛlv]
secousse (f)	skjelv (n)	['sɛlv]
épicentre (m)	episenter (n)	[ɛpi'sɛntər]

éruption (f)	utbrudd (n)	['ʉt‚brʉd]
lave (f)	lava (m)	['lava]

tourbillon (m)	skypumpe (m/f)	['sy‚pʉmpə]
tornade (f)	tornado (m)	[tʉː'nɑdʉ]
typhon (m)	tyfon (m)	[ty'fʉn]

ouragan (m)	orkan (m)	[ɔr'kan]
tempête (f)	storm (m)	['stɔrm]
tsunami (m)	tsunami (m)	[tsʉ'nami]

cyclone (m)	syklon (m)	[sy'klun]
intempéries (f pl)	uvær (n)	['ʉː‚vær]
incendie (m)	brann (m)	['bran]
catastrophe (f)	katastrofe (m)	[kata'strɔfə]
météorite (m)	meteoritt (m)	[meteʉ'rit]

avalanche (f)	lavine (m)	[la'vinə]
éboulement (m)	snøskred, snøras (n)	['snø‚skred], ['snørɑs]
blizzard (m)	snøstorm (m)	['snø‚stɔrm]
tempête (f) de neige	snøstorm (m)	['snø‚stɔrm]

208. Les bruits. Les sons

silence (m)	stillhet (m/f)	['stil‚het]
son (m)	lyd (m)	['lyd]
bruit (m)	støy (m)	['støj]
faire du bruit	å støye	[ɔ 'støjə]
bruyant (adj)	støyende	['støjənə]

fort (adv)	høylytt	['højlʏt]
fort (voix ~e)	høy	['høj]
constant (bruit, etc.)	konstant	[kʉn'stɑnt]

cri (m)	skrik (n)	['skrik]
crier (vi)	å skrike	[ɔ 'skrikə]
chuchotement (m)	hvisking (m/f)	['viskiŋ]
chuchoter (vi, vt)	å hviske	[ɔ 'viskə]
aboiement (m)	gjøing (m/f)	['jøːiŋ]
aboyer (vi)	å gjø	[ɔ 'jø]
gémissement (m)	stønn (n)	['stœn]
gémir (vi)	å stønne	[ɔ 'stœnə]
toux (f)	hoste (m)	['hʊstə]
tousser (vi)	å hoste	[ɔ 'hʊstə]
sifflement (m)	plystring (m/f)	['plystriŋ]
siffler (vi)	å plystre	[ɔ 'plystrə]
coups (m pl) à la porte	knakk (m/n)	['knɑk]
frapper (~ à la porte)	å knakke	[ɔ 'knɑkə]
craquer (vi)	å knake	[ɔ 'knɑkə]
craquement (m)	knak (n)	['knɑk]
sirène (f)	sirene (m/f)	[si'renə]
sifflement (m) (de train)	fløyte (m/f)	['fløjtə]
siffler (train, etc.)	å tute	[ɔ 'tʉtə]
coup (m) de klaxon	tut (n)	['tʉt]
klaxonner (vi)	å tute	[ɔ 'tʉtə]

209. L'hiver

hiver (m)	vinter (m)	['vintər]
d'hiver (adj)	vinter-	['vintər-]
en hiver	om vinteren	[ɔm 'vinterən]
neige (f)	snø (m)	['snø]
il neige	det snør	[de 'snør]
chute (f) de neige	snøfall (n)	['snø,fɑl]
congère (f)	snødrive (m/f)	['snø,drivə]
flocon (m) de neige	snøfnugg (n)	['snø,fnʉg]
boule (f) de neige	snøball (m)	['snø,bɑl]
bonhomme (m) de neige	snømann (m)	['snø,mɑn]
glaçon (m)	istapp (m)	['is,tɑp]
décembre (m)	desember (m)	[de'sɛmbər]
janvier (m)	januar (m)	['janʉ,ɑr]
février (m)	februar (m)	['febrʉ,ɑr]
gel (m)	frost (m/f)	['frɔst]
glacial (nuit ~)	frost	['frɔst]
au-dessous de zéro	under null	['ʉnər nʉl]
premières gelées (f pl)	lett frost (m)	['let 'frɔst]
givre (m)	rimfrost (m)	['rim,frɔst]
froid (m)	kulde (m/f)	['kʉlə]

il fait froid	det er kaldt	[de ær 'kɑlt]
manteau (m) de fourrure	pels (m), pelskåpe (m/f)	['pɛls], ['pɛls̩koːpə]
moufles (f pl)	votter (m pl)	['vɔtər]

tomber malade	å bli syk	[ɔ 'bli 'syk]
refroidissement (m)	forkjølelse (m)	[fɔr'çœləlsə]
prendre froid	å forkjøle seg	[ɔ fɔr'çœlə sæj]

glace (f)	is (m)	['is]
verglas (m)	islag (n)	['is̩lɑg]
être gelé	å fryse til	[ɔ 'frysə til]
bloc (m) de glace	isflak (n)	['is̩flɑk]

skis (m pl)	ski (m/f pl)	['ṣi]
skieur (m)	skigåer (m)	['ṣi̩goər]
faire du ski	å gå på ski	[ɔ 'gɔ pɔ 'ṣi]
patiner (vi)	å gå på skøyter	[ɔ 'gɔ pɔ 'ṣøjtər]

La faune

210. Les mammifères. Les prédateurs

prédateur (m)	rovdyr (n)	['rɔv‚dyr]
tigre (m)	tiger (m)	['tigər]
lion (m)	løve (m/f)	['løve]
loup (m)	ulv (m)	['ʉlv]
renard (m)	rev (m)	['rev]
jaguar (m)	jaguar (m)	[jagʉ'ɑr]
léopard (m)	leopard (m)	[leʉ'pɑrd]
guépard (m)	gepard (m)	[ge'pɑrd]
panthère (f)	panter (m)	['pɑntər]
puma (m)	puma (m)	['pʉmɑ]
léopard (m) de neiges	snøleopard (m)	['snø leʉ'pɑrd]
lynx (m)	gaupe (m/f)	['gaʉpə]
coyote (m)	coyote, prærieulv (m)	[kɔ'jotə], ['præri‚ʉlv]
chacal (m)	sjakal (m)	[ʂa'kɑl]
hyène (f)	hyene (m)	[hy'enə]

211. Les animaux sauvages

animal (m)	dyr (n)	['dyr]
bête (f)	best, udyr (n)	['bɛst], ['ʉ‚dyr]
écureuil (m)	ekorn (n)	['ɛkʉ:ŋ]
hérisson (m)	pinnsvin (n)	['pin‚svin]
lièvre (m)	hare (m)	['harə]
lapin (m)	kanin (m)	[ka'nin]
blaireau (m)	grevling (m)	['grɛvliŋ]
raton (m)	vaskebjørn (m)	['vaskə‚bjœ:ŋ]
hamster (m)	hamster (m)	['hamstər]
marmotte (f)	murmeldyr (n)	['mʉrmel‚dyr]
taupe (f)	muldvarp (m)	['mʉl‚varp]
souris (f)	mus (m/f)	['mʉs]
rat (m)	rotte (m/f)	['rotə]
chauve-souris (f)	flaggermus (m/f)	['flagər‚mʉs]
hermine (f)	røyskatt (m)	['røjskat]
zibeline (f)	sobel (m)	['sʉbəl]
martre (f)	mår (m)	['mor]
belette (f)	snømus (m/f)	['snø‚mʉs]
vison (m)	mink (m)	['mink]

| castor (m) | bever (m) | ['bevər] |
| loutre (f) | oter (m) | ['ʊtər] |

cheval (m)	hest (m)	['hɛ‚st]
élan (m)	elg (m)	['ɛlg]
cerf (m)	hjort (m)	['jɔ:t]
chameau (m)	kamel (m)	[ka'mel]

bison (m)	bison (m)	['bisɔn]
aurochs (m)	urokse (m)	['ʉr‚ʊksə]
buffle (m)	bøffel (m)	['bøfəl]

zèbre (m)	sebra (m)	['sebra]
antilope (f)	antilope (m)	[anti'lʉpə]
chevreuil (m)	rådyr (n)	['rɔ‚dyr]
biche (f)	dåhjort, dådyr (n)	['dɔ‚jɔ:t], ['dɔ‚dyr]
chamois (m)	gemse (m)	['gɛmsə]
sanglier (m)	villsvin (n)	['vil‚svin]

baleine (f)	hval (m)	['val]
phoque (m)	sel (m)	['sel]
morse (m)	hvalross (m)	['val‚rɔs]
ours (m) de mer	pelssel (m)	['pɛls‚sel]
dauphin (m)	delfin (m)	[dɛl'fin]

ours (m)	bjørn (m)	['bjœ:n]
ours (m) blanc	isbjørn (m)	['is‚bjœ:n]
panda (m)	panda (m)	['panda]

singe (m)	ape (m/f)	['ape]
chimpanzé (m)	sjimpanse (m)	[ʂim'pansə]
orang-outang (m)	orangutang (m)	[ʊ'raŋgʉ‚taŋ]
gorille (m)	gorilla (m)	[gɔ'rila]
macaque (m)	makak (m)	[ma'kak]
gibbon (m)	gibbon (m)	['gibʊn]

éléphant (m)	elefant (m)	[ɛle'fant]
rhinocéros (m)	neshorn (n)	['nes‚hʊ:n]
girafe (f)	sjiraff (m)	[si'raf]
hippopotame (m)	flodhest (m)	['flʊd‚hɛst]

| kangourou (m) | kenguru (m) | ['kɛŋgʉrʉ] |
| koala (m) | koala (m) | [kʊ'ala] |

mangouste (f)	mangust, mungo (m)	[maŋ'gʉst], ['mʉŋgu]
chinchilla (m)	chinchilla (m)	[ʂin'ʂila]
mouffette (f)	skunk (m)	['skunk]
porc-épic (m)	hulepinnsvin (n)	['hʉlə‚pinsvin]

212. Les animaux domestiques

chat (m) (femelle)	katt (m)	['kat]
chat (m) (mâle)	hannkatt (m)	['han‚kat]
chien (m)	hund (m)	['hʉn]

cheval (m)	hest (m)	['hɛst]
étalon (m)	hingst (m)	['hiŋst]
jument (f)	hoppe, merr (m/f)	['hɔpə], ['mɛr]
vache (f)	ku (f)	['kʉ]
taureau (m)	tyr (m)	['tyr]
bœuf (m)	okse (m)	['ɔksə]
brebis (f)	sau (m)	['saʉ]
mouton (m)	vær, saubukk (m)	['vær], ['saʉˌbʉk]
chèvre (f)	geit (m/f)	['jæjt]
bouc (m)	geitebukk (m)	['jæjtəˌbʉk]
âne (m)	esel (n)	['ɛsəl]
mulet (m)	muldyr (n)	['mʉlˌdyr]
cochon (m)	svin (n)	['svin]
pourceau (m)	gris (m)	['gris]
lapin (m)	kanin (m)	[ka'nin]
poule (f)	høne (m/f)	['hønə]
coq (m)	hane (m)	['hanə]
canard (m)	and (m/f)	['an]
canard (m) mâle	andrik (m)	['andrik]
oie (f)	gås (m/f)	['gɔs]
dindon (m)	kalkunhane (m)	[kal'kʉnˌhanə]
dinde (f)	kalkunhøne (m/f)	[kal'kʉnˌhønə]
animaux (m pl) domestiques	husdyr (n pl)	['hʉsˌdyr]
apprivoisé (adj)	tam	['tam]
apprivoiser (vt)	å temme	[ɔ 'tɛmə]
élever (vt)	å avle, å oppdrette	[ɔ 'avlə], [ɔ 'ɔpˌdrɛtə]
ferme (f)	farm, gård (m)	['farm], ['gɔ:r]
volaille (f)	fjærfe (n)	['fjærˌfɛ]
bétail (m)	kveg (n)	['kvɛg]
troupeau (m)	flokk, bøling (m)	['flɔk], ['bøliŋ]
écurie (f)	stall (m)	['stal]
porcherie (f)	grisehus (n)	['grisəˌhʉs]
vacherie (f)	kufjøs (m/n)	['kʉˌfjøs]
cabane (f) à lapins	kaninbur (n)	[ka'ninˌbʉr]
poulailler (m)	hønsehus (n)	['hønsəˌhʉs]

213. Le chien. Les races

chien (m)	hund (m)	['hʉn]
berger (m)	fårehund (m)	['fo:rəˌhʉn]
berger (m) allemand	schäferhund (m)	['ʂɛfærˌhʉn]
caniche (f)	puddel (m)	['pʉdəl]
teckel (m)	dachshund (m)	['daʂˌhʉn]
bouledogue (m)	bulldogg (m)	['bʉlˌdɔg]

boxer (m)	bokser (m)	['boksər]
mastiff (m)	mastiff (m)	[mɑs'tif]
rottweiler (m)	rottweiler (m)	['rot͵væjlər]
doberman (m)	dobermann (m)	['dɔbermɑn]

basset (m)	basset (m)	['basɛt]
bobtail (m)	bobtail (m)	['bobtɛjl]
dalmatien (m)	dalmatiner (m)	[dɑlmɑ'tinər]
cocker (m)	cocker spaniel (m)	['kɔker ͵spaniəl]

| terre-neuve (m) | newfoundlandshund (m) | [njʉ'fawnd͵lənds 'hʉn] |
| saint-bernard (m) | sankt bernhardshund (m) | [͵sankt 'bɛ:ŋads͵hʉn] |

husky (m)	husky (m)	['hɑski]
chow-chow (m)	chihuahua (m)	[tʂi'vava]
spitz (m)	spisshund (m)	['spis͵hʉn]
carlin (m)	mops (m)	['mɔps]

214. Les cris des animaux

aboiement (m)	gjøing (m/f)	['jø:iŋ]
aboyer (vi)	å gjø	[ɔ 'jø]
miauler (vi)	å mjaue	[ɔ 'mjaʉe]
ronronner (vi)	å spinne	[ɔ 'spinə]

meugler (vi)	å raute	[ɔ 'raʉtə]
beugler (taureau)	å belje, å brøle	[ɔ 'belje], [ɔ 'brøle]
rugir (chien)	å knurre	[ɔ 'knʉrə]

hurlement (m)	hyl (n)	['hyl]
hurler (loup)	å hyle	[ɔ 'hylə]
geindre (vi)	å klynke	[ɔ 'klʏnkə]

bêler (vi)	å breke	[ɔ 'brekə]
grogner (cochon)	å grynte	[ɔ 'grʏntə]
glapir (cochon)	å hvine	[ɔ 'vinə]

coasser (vi)	å kvekke	[ɔ 'kvɛkə]
bourdonner (vi)	å surre	[ɔ 'sʉrə]
striduler (vi)	å gnisse	[ɔ 'gnisə]

215. Les jeunes animaux

bébé (m) (~ lapin)	unge (m)	['ʉŋə]
chaton (m)	kattunge (m)	['kat͵ʉŋə]
souriceau (m)	museunge (m)	['mʉsə͵ʉŋə]
chiot (m)	valp (m)	['valp]

levraut (m)	hareunge (m)	['harə͵ʉŋə]
lapereau (m)	kaninunge (m)	[kɑ'nin͵ʉŋə]
louveteau (m)	ulvunge (m)	['ʉlv͵ʉŋə]
renardeau (m)	revevalp (m)	['revə͵valp]

195

ourson (m)	bjørnunge (m)	['bjœːn̩ˌʉŋə]
lionceau (m)	løveunge (m)	['løvəˌʉŋə]
bébé (m) tigre	tigerunge (m)	['tigərˌʉŋə]
éléphanteau (m)	elefantunge (m)	[ɛle'fantˌʉŋə]

pourceau (m)	gris (m)	['gris]
veau (m)	kalv (m)	['kɑlv]
chevreau (m)	kje (n), geitekilling (m)	['çe], ['jæjtəˌçiliŋ]
agneau (m)	lam (n)	['lɑm]
faon (m)	hjortekalv (m)	['joː̩təˌkɑlv]
bébé (m) chameau	kamelunge (m)	[kɑ'melˌʉŋə]

| serpenteau (m) | slangeyngel (m) | ['ṣlaŋəˌyŋəl] |
| bébé (m) grenouille | froskeunge (m) | ['frɔskəˌʉŋə] |

oisillon (m)	fugleunge (m)	['fʉləˌʉŋə]
poussin (m)	kylling (m)	['çyliŋ]
canardeau (m)	andunge (m)	['ɑnˌʉŋə]

216. Les oiseaux

oiseau (m)	fugl (m)	['fʉl]
pigeon (m)	due (m/f)	['dʉə]
moineau (m)	spurv (m)	['spʉrv]
mésange (f)	kjøttmeis (m/f)	['çœtˌmæjs]
pie (f)	skjære (m/f)	['ṣærə]

corbeau (m)	ravn (m)	['rɑvn]
corneille (f)	kråke (m)	['kroːkə]
choucas (m)	kaie (m/f)	['kɑjə]
freux (m)	kornkråke (m/f)	['kuːn̩ˌkroːkə]

canard (m)	and (m/f)	['ɑn]
oie (f)	gås (m/f)	['gɔs]
faisan (m)	fasan (m)	[fɑ'sɑn]

aigle (m)	ørn (m/f)	['œːn̩]
épervier (m)	hauk (m)	['hɑʉk]
faucon (m)	falk (m)	['fɑlk]
vautour (m)	gribb (m)	['grib]
condor (m)	kondor (m)	[kʊn'dʊr]

cygne (m)	svane (m/f)	['svɑnə]
grue (f)	trane (m/f)	['trɑnə]
cigogne (f)	stork (m)	['stork]

perroquet (m)	papegøye (m)	[pɑpe'gøjə]
colibri (m)	kolibri (m)	[kʊ'libri]
paon (m)	påfugl (m)	['poˌfʉl]

autruche (f)	struts (m)	['struts]
héron (m)	hegre (m)	['hæjrə]
flamant (m)	flamingo (m)	[flɑ'miŋʊ]
pélican (m)	pelikan (m)	[peli'kɑn]

| rossignol (m) | nattergal (m) | ['natər,gal] |
| hirondelle (f) | svale (m/f) | ['svalə] |

merle (m)	trost (m)	['trʊst]
grive (f)	måltrost (m)	['moːl,trʊst]
merle (m) noir	svarttrost (m)	['svaː,trʊst]

martinet (m)	tårnseiler (m), tårnsvale (m/f)	['toːn̩,sæjlə], ['toːn̩,svalə]
alouette (f) des champs	lerke (m/f)	['lærkə]
caille (f)	vaktel (m)	['vaktəl]

pivert (m)	hakkespett (m)	['hakə,spɛt]
coucou (m)	gjøk, gauk (m)	['jøk], ['gaʊk]
chouette (f)	ugle (m/f)	['ʉglə]
hibou (m)	hubro (m)	['hʉbrʊ]
tétras (m)	storfugl (m)	['stʊr,fʉl]
tétras-lyre (m)	orrfugl (m)	['ɔr,fʉl]
perdrix (f)	rapphøne (m/f)	['rap,hønə]

étourneau (m)	stær (m)	['stær]
canari (m)	kanarifugl (m)	[ka'nari,fʉl]
gélinotte (f) des bois	jerpe (m/f)	['jærpə]
pinson (m)	bokfink (m)	['bʊk,fink]
bouvreuil (m)	dompap (m)	['dʊmpap]

mouette (f)	måke (m/f)	['moːkə]
albatros (m)	albatross (m)	['alba,trɔs]
pingouin (m)	pingvin (m)	[piŋ'vin]

217. Les oiseaux. Le chant, les cris

chanter (vi)	å synge	[ɔ 'sʏŋə]
crier (vi)	å skrike	[ɔ 'skrikə]
chanter (le coq)	å gale	[ɔ 'galə]
cocorico (m)	kykeliky	[kykəli'kyː]

glousser (vi)	å kakle	[ɔ 'kaklə]
croasser (vi)	å krae	[ɔ 'kraə]
cancaner (vi)	å snadre, å rappe	[ɔ 'snadrə], [ɔ 'rapə]
piauler (vi)	å pipe	[ɔ 'pipə]
pépier (vi)	å kvitre	[ɔ 'kvitrə]

218. Les poissons. Les animaux marins

brème (f)	brasme (m/f)	['brasmə]
carpe (f)	karpe (m)	['karpə]
perche (f)	åbor (m)	['ɔbɔr]
silure (m)	malle (m)	['malə]
brochet (m)	gjedde (m/f)	['jɛdə]

| saumon (m) | laks (m) | ['laks] |
| esturgeon (m) | stør (m) | ['stør] |

hareng (m)	sild (m/f)	['sil]
saumon (m) atlantique	atlanterhavslaks (m)	[at'lantərhafs,laks]
maquereau (m)	makrell (m)	[ma'krɛl]
flet (m)	rødspette (m/f)	['rø,spɛtə]

sandre (f)	gjørs (m)	['jøːʂ]
morue (f)	torsk (m)	['tɔʂk]
thon (m)	tunfisk (m)	['tʉn,fisk]
truite (f)	ørret (m)	['øret]

anguille (f)	ål (m)	['ɔl]
torpille (f)	elektrisk rokke (m/f)	[ɛ'lektrisk ,rɔkə]
murène (f)	murene (m)	[mʉ'rɛnə]
piranha (m)	piraja (m)	[pi'raja]

requin (m)	hai (m)	['haj]
dauphin (m)	delfin (m)	[dɛl'fin]
baleine (f)	hval (m)	['val]

crabe (m)	krabbe (m)	['krabə]
méduse (f)	manet (m/f), meduse (m)	['manet], [me'dʉsə]
pieuvre (f), poulpe (m)	blekksprut (m)	['blek,sprʉt]

étoile (f) de mer	sjøstjerne (m/f)	['ʂø,stjæːɳə]
oursin (m)	sjøpinnsvin (n)	['ʂøː'pin,svin]
hippocampe (m)	sjøhest (m)	['ʂø,hɛst]

huître (f)	østers (m)	['østəʂ]
crevette (f)	reke (m/f)	['rekə]
homard (m)	hummer (m)	['hʉmər]
langoustine (f)	langust (m)	[laŋ'gʉst]

219. Les amphibiens. Les reptiles

serpent (m)	slange (m)	['ʂlaŋə]
venimeux (adj)	giftig	['jifti]

vipère (f)	hoggorm, huggorm (m)	['hʉg,ɔrm], ['hʉg,ɔrm]
cobra (m)	kobra (m)	['kʉbra]
python (m)	pyton (m)	['pyton]
boa (m)	boaslange (m)	['bɔa,slaŋə]

couleuvre (f)	snok (m)	['snʉk]
serpent (m) à sonnettes	klapperslange (m)	['klapə,slaŋə]
anaconda (m)	anakonda (m)	[ana'kɔnda]

lézard (m)	øgle (m/f)	['øglə]
iguane (m)	iguan (m)	[igʉ'an]
varan (n)	varan (m)	[va'ran]
salamandre (f)	salamander (m)	[sala'mandər]
caméléon (m)	kameleon (m)	[kamələ'ʉn]
scorpion (m)	skorpion (m)	[skɔrpi'ʉn]
tortue (f)	skilpadde (m/f)	['ʂil,padə]
grenouille (f)	frosk (m)	['frɔsk]

| crapaud (m) | padde (m/f) | ['padə] |
| crocodile (m) | krokodille (m) | [krʊkə'dilə] |

220. Les insectes

insecte (m)	insekt (n)	['insɛkt]
papillon (m)	sommerfugl (m)	['sɔmər̩fʉl]
fourmi (f)	maur (m)	['maʊr]
mouche (f)	flue (m/f)	['flʉə]
moustique (m)	mygg (m)	['mʏg]
scarabée (m)	bille (m)	['bilə]

guêpe (f)	veps (m)	['vɛps]
abeille (f)	bie (m/f)	['biə]
bourdon (m)	humle (m/f)	['hʉmlə]
œstre (m)	brems (m)	['brɛms]

| araignée (f) | edderkopp (m) | ['ɛdər̩kɔp] |
| toile (f) d'araignée | edderkoppnett (n) | ['ɛdərkɔp̩nɛt] |

libellule (f)	øyenstikker (m)	['øjən̩stikər]
sauterelle (f)	gresshoppe (m/f)	['grɛs̩hɔpə]
papillon (m)	nattsvermer (m)	['nat̩sværmər]

cafard (m)	kakerlakk (m)	[kakə'lak]
tique (f)	flått, midd (m)	['flɔt], ['mid]
puce (f)	loppe (f)	['lɔpə]
moucheron (m)	knott (m)	['knɔt]

criquet (m)	vandgresshoppe (m/f)	['van 'grɛs̩hɔpə]
escargot (m)	snegl (m)	['snæjl]
grillon (m)	siriss (m)	['si̩ris]
luciole (f)	ildflue (m/f), lysbille (m)	['il̩flʉə], ['lys̩bilə]
coccinelle (f)	marihøne (m/f)	['mari̩hønə]
hanneton (m)	oldenborre (f)	['ɔldən̩borə]

sangsue (f)	igle (m/f)	['iglə]
chenille (f)	sommerfugllarve (m/f)	['sɔmərfʉl̩larvə]
ver (m)	meitemark (m)	['mæjtə̩mark]
larve (f)	larve (m/f)	['larvə]

221. Les parties du corps des animaux

bec (m)	nebb (n)	['nɛb]
ailes (f pl)	vinger (m pl)	['viŋər]
patte (f)	fot (m)	['fʊt]
plumage (m)	fjærdrakt (m/f)	['fjær̩drakt]
plume (f)	fjær (m/f)	['fjær]
houppe (f)	fjærtopp (m)	['fjæːˌtɔp]

| ouïes (f pl) | gjeller (m/f pl) | ['jɛlər] |
| œufs (m pl) | rogn (m/f) | ['rɔŋn] |

199

larve (f)	larve (m/f)	['lɑrvə]
nageoire (f)	finne (m)	['finə]
écaille (f)	skjell (n)	['ʂɛl]

croc (m)	hoggtann (m/f)	['hɔg̩tan]
patte (f)	pote (m)	['pɔːtə]
museau (m)	snute (m/f)	['snʉtə]
gueule (f)	kjeft (m)	['çɛft]
queue (f)	hale (m)	['halə]
moustaches (f pl)	værhår (n)	['vær̩hɔr]

| sabot (m) | klov, hov (m) | ['klɔv], ['hɔv] |
| corne (f) | horn (n) | ['hʊːn] |

carapace (f)	ryggskjold (n)	['rʏg̩ʂɔl]
coquillage (m)	skall (n)	['skal]
coquille (f) d'œuf	eggeskall (n)	['ɛgə̩skal]

| poil (m) | pels (m) | ['pɛls] |
| peau (f) | skinn (n) | ['ʂin] |

222. Les mouvements des animaux

| voler (vi) | å fly | [ɔ 'fly] |
| faire des cercles | å kretse | [ɔ 'krɛtsə] |

| s'envoler (vp) | å fly bort | [ɔ 'fly ̩buːt] |
| battre des ailes | å flakse | [ɔ 'flaksə] |

| picorer (vt) | å pikke | [ɔ 'pikə] |
| couver (vt) | å ruge på eggene | [ɔ 'rʉgə pɔ 'ɛgenə] |

| éclore (vt) | å klekkes | [ɔ 'klekəs] |
| faire un nid | å bygge reir | [ɔ 'bʏgə 'ræir] |

ramper (vi)	å krype	[ɔ 'krypə]
piquer (insecte)	å stikke	[ɔ 'stikə]
mordre (animal)	å bite	[ɔ 'bitə]

flairer (vt)	å snuse	[ɔ 'snʉsə]
aboyer (vi)	å gjø	[ɔ 'jø]
siffler (serpent)	å hvese	[ɔ 'vesə]

| effrayer (vt) | å skremme | [ɔ 'skrɛmə] |
| attaquer (vt) | å overfalle | [ɔ 'ɔvər̩falə] |

ronger (vt)	å gnage	[ɔ 'gnagə]
griffer (vt)	å klore	[ɔ 'klɔrə]
se cacher (vp)	å gjemme seg	[ɔ 'jɛmə sæj]

jouer (chatons, etc.)	å leke	[ɔ 'lekə]
chasser (vi, vt)	å jage	[ɔ 'jagə]
être en hibernation	å ligge i dvale	[ɔ 'ligə i 'dvalə]
disparaître (dinosaures)	å dø ut	[ɔ 'dø ʉt]

223. Les habitats des animaux

habitat (m) naturel	habitat (n)	[habi'tat]
migration (f)	migrasjon (m)	[migra'ʂʊn]
montagne (f)	fjell (n)	['fjɛl]
récif (m)	rev (n)	['rev]
rocher (m)	klippe (m)	['klipə]
forêt (f)	skog (m)	['skʊg]
jungle (f)	jungel (m)	['jʉŋəl]
savane (f)	savanne (m)	[sɑ'vɑnə]
toundra (f)	tundra (m)	['tʉndrɑ]
steppe (f)	steppe (m)	['stɛpə]
désert (m)	ørken (m)	['œrkən]
oasis (f)	oase (m)	[ʊ'ɑsə]
mer (f)	hav (n)	['hɑv]
lac (m)	innsjø (m)	['in'ʂø]
océan (m)	verdenshav (n)	[værdəns'hɑv]
marais (m)	myr (m/f)	['myr]
d'eau douce (adj)	ferskvanns-	['fæʂk‚vɑns-]
étang (m)	dam (m)	['dɑm]
rivière (f), fleuve (m)	elv (m/f)	['ɛlv]
tanière (f)	hi (n)	['hi]
nid (m)	reir (n)	['ræjr]
creux (m)	trehull (n)	['trɛ‚hʉl]
terrier (m) (~ d'un renard)	hule (m/f)	['hʉlə]
fourmilière (f)	maurtue (m/f)	['mɑʊː‚tʉə]

224. Les soins aux animaux

zoo (m)	zoo, dyrepark (m)	['sʊː], [dyrə'pɑrk]
réserve (f) naturelle	naturreservat (n)	[nɑ'tʉr resɛr'vɑt]
pépinière (f)	oppdretter (m)	['ɔp‚drɛtər]
volière (f)	voliere (m)	[vɔ'ljer]
cage (f)	bur (n)	['bʉr]
niche (f)	kennel (m)	['kɛnəl]
pigeonnier (m)	duehus (n)	['dʉə‚hʉs]
aquarium (m)	akvarium (n)	[ɑ'kvɑrium]
delphinarium (m)	delfinarium (n)	[dɛlfi'nɑrium]
élever (vt)	à avle, à oppdrette	[ɔ 'ɑvlə], [ɔ 'ɔp‚drɛtə]
nichée (f), portée (f)	avkom (n)	['ɑv‚kɔm]
apprivoiser (vt)	à temme	[ɔ 'tɛmə]
aliments (pl) pour animaux	fôr (n)	['fʊr]
nourrir (vt)	à utfore	[ɔ 'ʉt‚forə]
dresser (un chien)	à dressere	[ɔ drɛ'serə]

magasin (m) d'animaux	dyrebutikk (m)	['dyrəbʉ'tik]
muselière (f)	munnkurv (m)	['mʉnˌkʉrv]
collier (m)	halsbånd (n)	['halsˌbɔn]
nom (m) (d'un animal)	navn (n)	['navn]
pedigree (m)	stamtavle (m/f)	['stamˌtavlə]

225. Les animaux. Divers

meute (f) (~ de loups)	flokk (m)	['flɔk]
volée (f) d'oiseaux	flokk (m)	['flɔk]
banc (m) de poissons	stim (m/n)	['stim]
troupeau (m)	flokk (m)	['flɔk]

| mâle (m) | hann (m) | ['han] |
| femelle (f) | hunn (m) | ['hʉn] |

affamé (adj)	sulten	['sʉltən]
sauvage (adj)	vill	['vil]
dangereux (adj)	farlig	['fɑːˌli]

226. Les chevaux

| cheval (m) | hest (m) | ['hɛst] |
| race (f) | rase (m) | ['rasə] |

| poulain (m) | føll (n) | ['føl] |
| jument (f) | hoppe, merr (m/f) | ['hɔpə], ['mɛr] |

mustang (m)	mustang (m)	['mʉstaŋ]
poney (m)	ponni (m)	['pɔni]
cheval (m) de trait	kaldblodshest (m)	['kalblʉdsˌhɛst]

| crin (m) | man (m/f) | ['man] |
| queue (f) | hale (m) | ['halə] |

sabot (m)	hov (m)	['hɔv]
fer (m) à cheval	hestesko (m)	['hɛstəˌskʉ]
ferrer (vt)	å sko	[ɔ 'skʉː]
maréchal-ferrant (m)	smed, hovslager (m)	['sme], ['hɔfsˌlagər]

selle (f)	sal (m)	['sɑl]
étrier (m)	stigbøyle (m)	['stigˌbøjlə]
bride (f)	bissel (n)	['bisəl]
rênes (f pl)	tømmer (m pl)	['tœmər]
fouet (m)	pisk (m)	['pisk]

cavalier (m)	rytter (m)	['rʏtər]
seller (vt)	å sale	[ɔ 'salə]
se mettre en selle	å stige opp på hesten	[ɔ 'stiːə ɔp pɔ 'hɛstən]

| galop (m) | galopp (m) | [ga'lɔp] |
| aller au galop | å galoppere | [ɔ galo'perə] |

trot (m)	trav (n)	['trɑv]
au trot (adv)	i trav	[i 'trɑv]
aller au trot	å trave	[ɔ 'trɑvə]

| cheval (m) de course | veddeløpshest (m) | ['vɛde‚løps hɛst] |
| courses (f pl) à chevaux | hesteveddeløp (n) | ['hɛstə 'vede‚løp] |

écurie (f)	stall (m)	['stɑl]
nourrir (vt)	å utfore	[ɔ 'ʉt‚forə]
foin (m)	høy (n)	['høj]
abreuver (vt)	å vanne	[ɔ 'vɑnə]
laver (le cheval)	å børste	[ɔ 'bøʂtə]

charrette (f)	hestevogn (m/f)	['hɛstə‚vɔŋn]
paître (vi)	å beite	[ɔ 'bæjtə]
hennir (vi)	å vrinske, å knegge	[ɔ 'vrinskə], [ɔ 'knɛgə]
ruer (vi)	å sparke bakut	[ɔ 'spɑrkə 'bɑk‚ʉt]

La flore

227. Les arbres

arbre (m)	tre (n)	['trɛ]
à feuilles caduques	løv-	['løv-]
conifère (adj)	bar-	['bar-]
à feuilles persistantes	eviggrønt	['ɛviˌgrœnt]
pommier (m)	epletre (n)	['ɛpləˌtrɛ]
poirier (m)	pæretre (n)	['pærəˌtrɛ]
merisier (m)	morelltre (n)	[muˈrɛlˌtrɛ]
cerisier (m)	kirsebærtre (n)	['çişəbærˌtrɛ]
prunier (m)	plommetre (n)	['plʉməˌtrɛ]
bouleau (m)	bjørk (f)	['bjœrk]
chêne (m)	eik (f)	['æjk]
tilleul (m)	lind (m/f)	['lin]
tremble (m)	osp (m/f)	['ɔsp]
érable (m)	lønn (m/f)	['lœn]
épicéa (m)	gran (m/f)	['gran]
pin (m)	furu (m/f)	['fʉrʉ]
mélèze (m)	lerk (m)	['lærk]
sapin (m)	edelgran (m/f)	['ɛdəlˌgran]
cèdre (m)	seder (m)	['sedər]
peuplier (m)	poppel (m)	['pɔpəl]
sorbier (m)	rogn (m/f)	['rɔŋn]
saule (m)	pil (m/f)	['pil]
aune (m)	or, older (m/f)	['ʊr], ['ɔldər]
hêtre (m)	bøk (m)	['bøk]
orme (m)	alm (m)	['alm]
frêne (m)	ask (m/f)	['ask]
marronnier (m)	kastanjetre (n)	[kaˈstanjeˌtrɛ]
magnolia (m)	magnolia (m)	[maŋˈnʉlia]
palmier (m)	palme (m)	['palmə]
cyprès (m)	sypress (m)	[sʏˈprɛs]
palétuvier (m)	mangrove (m)	[maŋˈgrʊvə]
baobab (m)	apebrødtre (n)	['apebrøˌtrɛ]
eucalyptus (m)	eukalyptus (m)	[ɛvkaˈlyptʉs]
séquoia (m)	sequoia (m)	['sekˌvoja]

228. Les arbustes

buisson (m)	busk (m)	['bʉsk]
arbrisseau (m)	busk (m)	['bʉsk]

vigne (f)	vinranke (m)	['vin‚rɑnkə]
vigne (f) (vignoble)	vinmark (m/f)	['vin‚mɑrk]

framboise (f)	bringebærbusk (m)	['briŋə‚bær bʉsk]
cassis (m)	solbærbusk (m)	['sʉlbær‚bʉsk]
groseille (f) rouge	ripsbusk (m)	['rips‚bʉsk]
groseille (f) verte	stikkelsbærbusk (m)	['stikəlsbær‚bʉsk]

acacia (m)	akasie (m)	[ɑ'kɑsiə]
berbéris (m)	berberis (m)	['bærberis]
jasmin (m)	sjasmin (m)	[ʂɑs'min]

genévrier (m)	einer (m)	['æjnər]
rosier (m)	rosenbusk (m)	['rʉsən‚bʉsk]
églantier (m)	steinnype (m/f)	['stæjn‚nypə]

229. Les champignons

champignon (m)	sopp (m)	['sɔp]
champignon (m) comestible	spiselig sopp (m)	['spiseli ‚sɔp]
champignon (m) vénéneux	giftig sopp (m)	['jifti ‚sɔp]
chapeau (m)	hatt (m)	['hɑt]
pied (m)	stilk (m)	['stilk]

cèpe (m)	steinsopp (m)	['stæjn‚sɔp]
bolet (m) orangé	rødskrubb (m/n)	['rø‚skrʉb]
bolet (m) bai	brunskrubb (m/n)	['brʉn‚skrʉb]
girolle (f)	kantarell (m)	[kɑntɑ'rel]
russule (f)	kremle (m/f)	['krɛmlə]

morille (f)	morkel (m)	['mɔrkəl]
amanite (f) tue-mouches	fluesopp (m)	['flʉə‚sɔp]
oronge (f) verte	grønn fluesopp (m)	['grœn 'flʉə‚sɔp]

230. Les fruits. Les baies

fruit (m)	frukt (m/f)	['frʉkt]
fruits (m pl)	frukter (m/f pl)	['frʉktər]
pomme (f)	eple (n)	['ɛplə]
poire (f)	pære (m/f)	['pærə]
prune (f)	plomme (m/f)	['plʉmə]

fraise (f)	jordbær (n)	['ju:r‚bær]
cerise (f)	kirsebær (n)	['çiʂə‚bær]
merise (f)	morell (m)	[mʉ'rɛl]
raisin (m)	drue (m)	['drʉə]

framboise (f)	bringebær (n)	['briŋə‚bær]
cassis (m)	solbær (n)	['sʉl‚bær]
groseille (f) rouge	rips (m)	['rips]
groseille (f) verte	stikkelsbær (n)	['stikəls‚bær]
canneberge (f)	tranebær (n)	['trɑnə‚bær]

orange (f)	appelsin (m)	[apel'sin]
mandarine (f)	mandarin (m)	[manda'rin]
ananas (m)	ananas (m)	['ananas]
banane (f)	banan (m)	[ba'nan]
datte (f)	daddel (m)	['dadəl]

citron (m)	sitron (m)	[si'trʊn]
abricot (m)	aprikos (m)	[apri'kʊs]
pêche (f)	fersken (m)	['fæʂkən]
kiwi (m)	kiwi (m)	['kivi]
pamplemousse (m)	grapefrukt (m/f)	['grɛjpˌfrʉkt]

baie (f)	bær (n)	['bær]
baies (f pl)	bær (n pl)	['bær]
airelle (f) rouge	tyttebær (n)	['tʏtəˌbær]
fraise (f) des bois	markjordbær (n)	['mark juːrˌbær]
myrtille (f)	blåbær (n)	['bloˌbær]

231. Les fleurs. Les plantes

| fleur (f) | blomst (m) | ['blɔmst] |
| bouquet (m) | bukett (m) | [bʉ'kɛt] |

rose (f)	rose (m/f)	['rʊsə]
tulipe (f)	tulipan (m)	[tʉli'pan]
oeillet (m)	nellik (m)	['nɛlik]
glaïeul (m)	gladiolus (m)	[gladi'ɔlʉs]

bleuet (m)	kornblomst (m)	['kʊːn̩ˌblɔmst]
campanule (f)	blåklokke (m/f)	['bloˌklɔkə]
dent-de-lion (f)	løvetann (m/f)	['løvəˌtan]
marguerite (f)	kamille (m)	[ka'milə]

aloès (m)	aloe (m)	['alʊe]
cactus (m)	kaktus (m)	['kaktʉs]
ficus (m)	gummiplante (m/f)	['gʉmiˌplantə]

lis (m)	lilje (m)	['liljə]
géranium (m)	geranium (m)	[ge'ranium]
jacinthe (f)	hyasint (m)	[hia'sint]

mimosa (m)	mimose (m/f)	[mi'mɔsə]
jonquille (f)	narsiss (m)	[na'ʂis]
capucine (f)	blomkarse (m)	['blɔmˌkaʂə]

orchidée (f)	orkidê (m)	[ɔrki'de]
pivoine (f)	peon, pion (m)	[pe'ʊn], [pi'ʊn]
violette (f)	fiol (m)	[fi'ʊl]

pensée (f)	stemorsblomst (m)	['stemʉʂˌblɔmst]
myosotis (m)	forglemmegei (m)	[fɔr'gleməˌjæj]
pâquerette (f)	tusenfryd (m)	['tʉsənˌfryd]
coquelicot (m)	valmue (m)	['valmʉe]
chanvre (m)	hamp (m)	['hamp]

menthe (f)	mynte (m/f)	['mʏntə]
muguet (m)	liljekonvall (m)	['liljə kɔn'val]
perce-neige (f)	snøklokke (m/f)	['snø,klɔkə]

ortie (f)	nesle (m/f)	['nɛslə]
oseille (f)	syre (m/f)	['syrə]
nénuphar (m)	nøkkerose (m/f)	['nøkə,rʉse]
fougère (f)	bregne (m/f)	['brɛjnə]
lichen (m)	lav (m/n)	['lav]

serre (f) tropicale	drivhus (n)	['driv,hʉs]
gazon (m)	gressplen (m)	['grɛs,plen]
parterre (m) de fleurs	blomsterbed (n)	['blɔmstər,bed]

plante (f)	plante (m/f), vekst (m)	['plantə], ['vɛkst]
herbe (f)	gras (n)	['gras]
brin (m) d'herbe	grasstrå (n)	['gras,strɔ]

feuille (f)	blad (n)	['bla]
pétale (m)	kronblad (n)	['krɔn,bla]
tige (f)	stilk (m)	['stilk]
tubercule (m)	rotknoll (m)	['rʉt,knɔl]

| pousse (f) | spire (m/f) | ['spirə] |
| épine (f) | torn (m) | ['tʉːŋ] |

fleurir (vi)	å blomstre	[ɔ 'blɔmstrə]
se faner (vp)	å visne	[ɔ 'visnə]
odeur (f)	lukt (m/f)	['lʉkt]
couper (vt)	å skjære av	[ɔ 'ʂæːrə aː]
cueillir (fleurs)	å plukke	[ɔ 'plʉkə]

232. Les céréales

grains (m pl)	korn (n)	['kʉːŋ]
céréales (f pl) (plantes)	cerealer (n pl)	[sere'alər]
épi (m)	aks (n)	['aks]

blé (m)	hvete (m)	['vetə]
seigle (m)	rug (m)	['rʉg]
avoine (f)	havre (m)	['havrə]

| millet (m) | hirse (m) | ['hiʂə] |
| orge (f) | bygg (m/n) | ['bʏg] |

maïs (m)	mais (m)	['mais]
riz (m)	ris (m)	['ris]
sarrasin (m)	bokhvete (m)	['bʉk,vetə]

pois (m)	ert (m/f)	['æːt]
haricot (m)	bønne (m/f)	['bœnə]
soja (m)	soya (m)	['sɔja]
lentille (f)	linse (m/f)	['linsə]
fèves (f pl)	bønner (m/f pl)	['bœnər]

207

233. Les légumes

| légumes (m pl) | grønnsaker (m pl) | ['grœn‚sakər] |
| verdure (f) | grønnsaker (m pl) | ['grœn‚sakər] |

tomate (f)	tomat (m)	[tʉ'mat]
concombre (m)	agurk (m)	[a'gʉrk]
carotte (f)	gulrot (m/f)	['gʉl‚rʉt]
pomme (f) de terre	potet (m/f)	[pʉ'tet]
oignon (m)	løk (m)	['løk]
ail (m)	hvitløk (m)	['vit‚løk]

chou (m)	kål (m)	['kɔl]
chou-fleur (m)	blomkål (m)	['blɔm‚kɔl]
chou (m) de Bruxelles	rosenkål (m)	['rʉsən‚kɔl]
brocoli (m)	brokkoli (m)	['brɔkɔli]

betterave (f)	rødbete (m/f)	['rø‚betə]
aubergine (f)	aubergine (m)	[ɔbɛr'ʂin]
courgette (f)	squash (m)	['skvɔʂ]
potiron (m)	gresskar (n)	['grɛskar]
navet (m)	nepe (m/f)	['nepə]

persil (m)	persille (m/f)	[pæ'ʂilə]
fenouil (m)	dill (m)	['dil]
laitue (f) (salade)	salat (m)	[sa'lat]
céleri (m)	selleri (m/n)	[sɛle‚ri]
asperge (f)	asparges (m)	[a'sparʂəs]
épinard (m)	spinat (m)	[spi'nat]

pois (m)	erter (m pl)	['æːtər]
fèves (f pl)	bønner (m/f pl)	['bœnər]
maïs (m)	mais (m)	['mais]
haricot (m)	bønne (m/f)	['bœnə]

poivron (m)	pepper (m)	['pɛpər]
radis (m)	reddik (m)	['rɛdik]
artichaut (m)	artisjokk (m)	[‚aːʈi'ʂɔk]

LA GÉOGRAPHIE RÉGIONALE

Les pays du monde. Les nationalités

234. L'Europe de l'Ouest

Europe (f)	Europa	[ɛʉ'rʊpa]
Union (f) européenne	Den Europeiske Union	[dɛn ɛʉrʊ'pɛiskə ʉni'ɔn]
européen (m)	europeer (m)	[ɛʉrʊ'peər]
européen (adj)	europeisk	[ɛʉrʊ'pɛisk]
Autriche (f)	Østerrike	['østə‚rikə]
Autrichien (m)	østerriker (m)	['østə‚rikər]
Autrichienne (f)	østerriksk kvinne (m/f)	['østə‚riksk ‚kvinə]
autrichien (adj)	østerriksk	['østə‚riksk]
Grande-Bretagne (f)	Storbritannia	['stʉr bri‚tania]
Angleterre (f)	England	['ɛŋlan]
Anglais (m)	brite (m)	['britə]
Anglaise (f)	brite (m)	['britə]
anglais (adj)	engelsk, britisk	['ɛŋelsk], ['britisk]
Belgique (f)	Belgia	['bɛlgia]
Belge (m)	belgier (m)	['bɛlgiər]
Belge (f)	belgisk kvinne (m/f)	['bɛlgisk ‚kvinə]
belge (adj)	belgisk	['bɛlgisk]
Allemagne (f)	Tyskland	['tʏsklan]
Allemand (m)	tysker (m)	['tʏskər]
Allemande (f)	tysk kvinne (m/f)	['tʏsk ‚kvinə]
allemand (adj)	tysk	['tʏsk]
Pays-Bas (m)	Nederland	['nedə‚lan]
Hollande (f)	Holland	['hɔlan]
Hollandais (m)	hollender (m)	['hɔ‚lendər]
Hollandaise (f)	hollandsk kvinne (m/f)	['hɔ‚lansk ‚kvinə]
hollandais (adj)	hollandsk	['hɔ‚lansk]
Grèce (f)	Hellas	['hɛlas]
Grec (m)	greker (m)	['grekər]
Grecque (f)	gresk kvinne (m/f)	['grɛsk ‚kvinə]
grec (adj)	gresk	['grɛsk]
Danemark (m)	Danmark	['danmark]
Danois (m)	danske (m)	['danskə]
Danoise (f)	dansk kvinne (m/f)	['dansk ‚kvinə]
danois (adj)	dansk	['dansk]
Irlande (f)	Irland	['irlan]
Irlandais (m)	irlender, irlending (m)	['ir‚lenər], ['ir‚leniŋ]

Irlandaise (f)	irsk kvinne (m/f)	['iːʂk ˌkvinə]
irlandais (adj)	irsk	['iːʂk]
Islande (f)	Island	['islɑn]
Islandais (m)	islending (m)	['isˌleniŋ]
Islandaise (f)	islandsk kvinne (m/f)	['isˌlɑnsk ˌkvinə]
islandais (adj)	islandsk	['isˌlɑnsk]
Espagne (f)	Spania	['spɑniɑ]
Espagnol (m)	spanier (m)	['spɑniər]
Espagnole (f)	spansk kvinne (m/f)	['spɑnsk ˌkvinə]
espagnol (adj)	spansk	['spɑnsk]
Italie (f)	Italia	[i'tɑliɑ]
Italien (m)	italiener (m)	[itɑ'ljɛnər]
Italienne (f)	italiensk kvinne (m/f)	[itɑ'ljɛnsk ˌkvinə]
italien (adj)	italiensk	[itɑ'ljɛnsk]
Chypre (m)	Kypros	['kyprʊs]
Chypriote (m)	kypriot (m)	[kypri'ʊt]
Chypriote (f)	kypriotisk kvinne (m/f)	[kypri'ʊtisk ˌkvinə]
chypriote (adj)	kypriotisk	[kypri'ʊtisk]
Malte (f)	Malta	['mɑltɑ]
Maltais (m)	malteser (m)	[mɑl'tesər]
Maltaise (f)	maltesisk kvinne (m/f)	[mɑl'tesisk ˌkvinə]
maltais (adj)	maltesisk	[mɑl'tesisk]
Norvège (f)	Norge	['nɔrgə]
Norvégien (m)	nordmann (m)	['nuːrmɑn]
Norvégienne (f)	norsk kvinne (m/f)	['nɔʂk ˌkvinə]
norvégien (adj)	norsk	['nɔʂk]
Portugal (m)	Portugal	[pɔːtʉ'gɑl]
Portugais (m)	portugiser (m)	[pɔːtʉ'gisər]
Portugaise (f)	portugisisk kvinne (m/f)	[pɔːtʉ'gisisk ˌkvinə]
portugais (adj)	portugisisk	[pɔːtʉ'gisisk]
Finlande (f)	Finland	['finlɑn]
Finlandais (m)	finne (m)	['finə]
Finlandaise (f)	finsk kvinne (m/f)	['finsk ˌkvinə]
finlandais (adj)	finsk	['finsk]
France (f)	Frankrike	['frɑnkrikə]
Français (m)	franskmann (m)	['frɑnskˌmɑn]
Française (f)	fransk kvinne (m/f)	['frɑnsk ˌkvinə]
français (adj)	fransk	['frɑnsk]
Suède (f)	Sverige	['sværiə]
Suédois (m)	svenske (m)	['svɛnskə]
Suédoise (f)	svensk kvinne (m/f)	['svɛnsk ˌkvinə]
suédois (adj)	svensk	['svɛnsk]
Suisse (f)	Sveits	['svæjts]
Suisse (m)	sveitser (m)	['svæjtsər]
Suissesse (f)	sveitsisk kvinne (m/f)	['svæjtsisk ˌkvinə]

suisse (adj)	sveitsisk	['svæjtsisk]
Écosse (f)	Skottland	['skɔtlɑn]
Écossais (m)	skotte (m)	['skɔtə]
Écossaise (f)	skotsk kvinne (m/f)	['skɔtsk ˌkvinə]
écossais (adj)	skotsk	['skɔtsk]

Vatican (m)	Vatikanet	['vɑtiˌkɑne]
Liechtenstein (m)	Liechtenstein	['lihtɛnʂtæjn]
Luxembourg (m)	Luxembourg	['lʉksɛmˌbʉrg]
Monaco (m)	Monaco	[mʉ'nɑkʉ]

235. L'Europe Centrale et l'Europe de l'Est

Albanie (f)	Albania	[ɑl'bɑniɑ]
Albanais (m)	albaner (m)	[ɑl'bɑnər]
Albanaise (f)	albansk kvinne (m)	[ɑl'bɑnsk ˌkvinə]
albanais (adj)	albansk	[ɑl'bɑnsk]

Bulgarie (f)	Bulgaria	[bʉl'gɑriɑ]
Bulgare (m)	bulgarer (m)	[bʉl'gɑrər]
Bulgare (f)	bulgarsk kvinne (m/f)	[bʉl'gɑʂk ˌkvinə]
bulgare (adj)	bulgarsk	[bʉl'gɑʂk]

Hongrie (f)	Ungarn	['ʉŋɑːŋ]
Hongrois (m)	ungarer (m)	['ʉŋɑrər]
Hongroise (f)	ungarsk kvinne (m/f)	['ʉŋɑʂk ˌkvinə]
hongrois (adj)	ungarsk	['ʉŋɑʂk]

Lettonie (f)	Latvia	['lɑtviɑ]
Letton (m)	latvier (m)	['lɑtviər]
Lettonne (f)	latvisk kvinne (m/f)	['lɑtvisk ˌkvinə]
letton (adj)	latvisk	['lɑtvisk]

Lituanie (f)	Litauen	['liˌtɑʉən]
Lituanien (m)	litauer (m)	['liˌtɑʉər]
Lituanienne (f)	litauisk kvinne (m/f)	['liˌtɑʉisk ˌkvinə]
lituanien (adj)	litauisk	['liˌtɑʉisk]

Pologne (f)	Polen	['pʉlen]
Polonais (m)	polakk (m)	[pʉ'lɑk]
Polonaise (f)	polsk kvinne (m/f)	['pʉlsk ˌkvinə]
polonais (adj)	polsk	['pʉlsk]

Roumanie (f)	Romania	[rʉ'mɑniɑ]
Roumain (m)	rumener (m)	[rʉ'menər]
Roumaine (f)	rumensk kvinne (m/f)	[rʉ'mɛnsk ˌkvinə]
roumain (adj)	rumensk	[rʉ'mɛnsk]

Serbie (f)	Serbia	['særbiɑ]
Serbe (m)	serber (m)	['særbər]
Serbe (f)	serbisk kvinne (m/f)	['særbisk ˌkvinə]
serbe (adj)	serbisk	['særbisk]
Slovaquie (f)	Slovakia	[ʂlʉ'vɑkiɑ]
Slovaque (m)	slovak (m)	[ʂlʉ'vɑk]

| Slovaque (f) | slovakisk kvinne (m/f) | [slʉ'vakisk ˌkvinə] |
| slovaque (adj) | slovakisk | [slʉ'vakisk] |

Croatie (f)	Kroatia	[krʉ'atia]
Croate (m)	kroat (m)	[krʉ'at]
Croate (f)	kroatisk kvinne (m/f)	[krʉ'atisk ˌkvinə]
croate (adj)	kroatisk	[krʉ'atisk]

République (f) Tchèque	Tsjekkia	['tʂɛkija]
Tchèque (m)	tsjekker (m)	['tʂɛkər]
Tchèque (f)	tsjekkisk kvinne (m/f)	['tʂɛkisk ˌkvinə]
tchèque (adj)	tsjekkisk	['tʂɛkisk]

Estonie (f)	Estland	['ɛstlan]
Estonien (m)	estlender (m)	['ɛstˌlendər]
Estonienne (f)	estisk kvinne (m/f)	['ɛstisk ˌkvinə]
estonien (adj)	estisk	['ɛstisk]

Bosnie (f)	Bosnia-Hercegovina	['bɔsnia hersegɔˌvina]
Macédoine (f)	Makedonia	[make'dɔnia]
Slovénie (f)	Slovenia	[slʉ'venia]
Monténégro (m)	Montenegro	['mɔntəˌnɛgrʉ]

236. Les pays de l'ex-U.R.S.S.

Azerbaïdjan (m)	Aserbajdsjan	[aserbajd'ʂan]
Azerbaïdjanais (m)	aserbajdsjaner (m)	[aserbajd'ʂanər]
Azerbaïdjanaise (f)	aserbajdsjansk kvinne (m)	[aserbajd'ʂansk ˌkvinə]
azerbaïdjanais (adj)	aserbajdsjansk	[aserbajd'ʂansk]

Arménie (f)	Armenia	[ar'menia]
Arménien (m)	armener (m)	[ar'menər]
Arménienne (f)	armensk kvinne (m)	[ar'mensk ˌkvinə]
arménien (adj)	armensk	[ar'mensk]

Biélorussie (f)	Hviterussland	['vitəˌrʉslan]
Biélorusse (m)	hviterusser (m)	['vitəˌrʉsər]
Biélorusse (f)	hviterussisk kvinne (m/f)	['vitəˌrʉsisk ˌkvinə]
biélorusse (adj)	hviterussisk	['vitəˌrʉsisk]

Géorgie (f)	Georgia	[ge'ɔrgia]
Géorgien (m)	georgier (m)	[ge'ɔrgiər]
Géorgienne (f)	georgisk kvinne (m/f)	[ge'ɔrgisk ˌkvinə]
géorgien (adj)	georgisk	[ge'ɔrgisk]

Kazakhstan (m)	Kasakhstan	[ka'sakˌstan]
Kazakh (m)	kasakh (m)	[ka'sak]
Kazakhe (f)	kasakhisk kvinne (m/f)	[ka'sakisk ˌkvinə]
kazakh (adj)	kasakhisk	[ka'sakisk]

Kirghizistan (m)	Kirgisistan	[kir'gisiˌstan]
Kirghiz (m)	kirgiser (m)	[kir'gisər]
Kirghize (f)	kirgisisk kvinne (m/f)	[kir'gisisk ˌkvinə]
kirghiz (adj)	kirgisisk	[kir'gisisk]

Moldavie (f)	Moldova	[mɔl'dɔva]
Moldave (m)	moldover (m)	[mɔl'dɔvər]
Moldave (f)	moldovsk kvinne (m/f)	[mɔl'dɔvsk ˌkvinə]
moldave (adj)	moldovsk	[mɔl'dɔvsk]

Russie (f)	Russland	['rʉslan]
Russe (m)	russer (m)	['rʉsər]
Russe (f)	russisk kvinne (m/f)	['rʉsisk ˌkvinə]
russe (adj)	russisk	['rʉsisk]

Tadjikistan (m)	Tadsjikistan	[ta'dʂikiˌstan]
Tadjik (m)	tadsjik, tadsjiker (m)	[ta'dʂik], [ta'dʂikər]
Tadjik (f)	tadsjikisk kvinne (m/f)	[ta'dʂikisk ˌkvinə]
tadjik (adj)	tadsjikisk	[ta'dʂikisk]

Turkménistan (m)	Turkmenistan	[tʉrk'meniˌstan]
Turkmène (m)	turkmen (m)	[tʉrk'men]
Turkmène (f)	turkmensk kvinne (m/f)	[tʉrk'mensk ˌkvinə]
turkmène (adj)	turkmensk	[tʉrk'mensk]

Ouzbékistan (m)	Usbekistan	[ʉs'bekiˌstan]
Ouzbek (m)	usbek, usbeker (m)	[ʉs'bek], [ʉs'bekər]
Ouzbek (f)	usbekisk kvinne (m/f)	[ʉs'bekisk ˌkvinə]
ouzbek (adj)	usbekisk	[ʉs'bekisk]

Ukraine (f)	Ukraina	[ʉkra'ina]
Ukrainien (m)	ukrainer (m)	[ʉkra'inər]
Ukrainienne (f)	ukrainsk kvinne (m/f)	[ʉkra'insk ˌkvinə]
ukrainien (adj)	ukrainsk	[ʉkra'insk]

237. L'Asie

| Asie (f) | Asia | ['asia] |
| asiatique (adj) | asiatisk | [asi'atisk] |

Vietnam (m)	Vietnam	['vjɛtnam]
Vietnamien (m)	vietnameser (m)	[vjɛtna'mesər]
Vietnamienne (f)	vietnamesisk kvinne (m/f)	[vjɛtna'mesisk ˌkvinə]
vietnamien (adj)	vietnamesisk	[vjɛtna'mesisk]

Inde (f)	India	['india]
Indien (m)	inder (m)	['indər]
Indienne (f)	indisk kvinne (m/f)	['indisk ˌkvinə]
indien (adj)	indisk	['indisk]

Israël (m)	Israel	['israel]
Israélien (m)	israeler (m)	[isra'elər]
Israélienne (f)	israelsk kvinne (m/f)	[isra'elsk ˌkvinə]
israélien (adj)	israelsk	[isra'elsk]

Juif (m)	jøde (m)	['jødə]
Juive (f)	jødisk kvinne (m/f)	['jødisk ˌkvinə]
juif (adj)	jødisk	['jødisk]
Chine (f)	Kina	['çina]

Chinois (m)	kineser (m)	[çi'nesər]
Chinoise (f)	kinesisk kvinne (m/f)	[çi'nesisk ˌkvinə]
chinois (adj)	kinesisk	[çi'nesisk]
Coréen (m)	koreaner (m)	[kʊre'anər]
Coréenne (f)	koreansk kvinne (m/f)	[kʊre'ansk ˌkvinə]
coréen (adj)	koreansk	[kʊre'ansk]
Liban (m)	Libanon	['libanɔn]
Libanais (m)	libaneser (m)	[liba'nesər]
Libanaise (f)	libanesisk kvinne (m/f)	[liba'nesisk ˌkvinə]
libanais (adj)	libanesisk	[liba'nesisk]
Mongolie (f)	Mongolia	[mʊŋ'gulia]
Mongole (m)	mongol (m)	[mʊŋ'gul]
Mongole (f)	mongolsk kvinne (m/f)	[mʊn'gɔlsk ˌkvinə]
mongole (adj)	mongolsk	[mʊn'gɔlsk]
Malaisie (f)	Malaysia	[ma'lajsia]
Malaisien (m)	malayer (m)	[ma'lajər]
Malaisienne (f)	malayisk kvinne (m/f)	[ma'lajisk ˌkvinə]
malais (adj)	malayisk	[ma'lajisk]
Pakistan (m)	Pakistan	['pakiˌstan]
Pakistanais (m)	pakistaner (m)	[paki'stanər]
Pakistanaise (f)	pakistansk kvinne (m/f)	[paki'stansk ˌkvinə]
pakistanais (adj)	pakistansk	[paki'stansk]
Arabie (f) Saoudite	Saudi-Arabia	['saʊdi a'rabia]
Arabe (m)	araber (m)	[a'rabər]
Arabe (f)	arabisk kvinne (m)	[a'rabisk ˌkvinə]
arabe (adj)	arabisk	[a'rabisk]
Thaïlande (f)	Thailand	['tajlan]
Thaïlandais (m)	thailender (m)	['tajlendər]
Thaïlandaise (f)	thailandsk kvinne (m/f)	['tajlansk ˌkvinə]
thaïlandais (adj)	thailandsk	['tajlansk]
Taïwan (m)	Taiwan	['tajˌvan]
Taïwanais (m)	taiwaner (m)	[taj'vanər]
Taïwanaise (f)	taiwansk kvinne (m/f)	[taj'vansk ˌkvinə]
taïwanais (adj)	taiwansk	[taj'vansk]
Turquie (f)	Tyrkia	[tyrkia]
Turc (m)	tyrker (m)	['tyrkər]
Turque (f)	tyrkisk kvinne (m/f)	['tyrkisk ˌkvinə]
turc (adj)	tyrkisk	['tyrkisk]
Japon (m)	Japan	['japan]
Japonais (m)	japaner (m)	[ja'panər]
Japonaise (f)	japansk kvinne (m/f)	['japansk ˌkvinə]
japonais (adj)	japansk	['japansk]
Afghanistan (m)	Afghanistan	[af'ganiˌstan]
Bangladesh (m)	Bangladesh	[bangla'dɛʂ]
Indonésie (f)	Indonesia	[indʊ'nesia]

Jordanie (f)	Jordan	['jɔrdan]
Iraq (m)	Irak	['irak]
Iran (m)	Iran	['iran]
Cambodge (m)	Kambodsja	[kam'bɔdʂa]
Koweït (m)	Kuwait	['kʉvajt]

Laos (m)	Laos	['laɔs]
Myanmar (m)	Myanmar	['mjænma]
Népal (m)	Nepal	['nepal]
Fédération (f) des Émirats Arabes Unis	Forente Arabiske Emiratene	[fɔ'rentə a'rabiskə ɛmi'ratenə]

Syrie (f)	Syria	['syria]
Palestine (f)	Palestina	[pale'stina]
Corée (f) du Sud	Sør-Korea	['sør kʉˌrea]
Corée (f) du Nord	Nord-Korea	['nuːr kʉ'rɛa]

238. L'Amérique du Nord

Les États Unis	Amerikas Forente Stater	[a'merikas fɔ'rɛntə 'statər]
Américain (m)	amerikaner (m)	[ameri'kanər]
Américaine (f)	amerikansk kvinne (m)	[ameri'kansk ˌkvinə]
américain (adj)	amerikansk	[ameri'kansk]

Canada (m)	Canada	['kanada]
Canadien (m)	kanadier (m)	[ka'nadiər]
Canadienne (f)	kanadisk kvinne (m/f)	[ka'nadisk ˌkvinə]
canadien (adj)	kanadisk	[ka'nadisk]

Mexique (m)	Mexico	['mɛksikʉ]
Mexicain (m)	meksikaner (m)	[mɛksi'kanər]
Mexicaine (f)	meksikansk kvinne (m/f)	[mɛksi'kansk ˌkvinə]
mexicain (adj)	meksikansk	[mɛksi'kansk]

239. L'Amérique Centrale et l'Amérique du Sud

Argentine (f)	Argentina	[argɛn'tina]
Argentin (m)	argentiner (m)	[argɛn'tinər]
Argentine (f)	argentinsk kvinne (m)	[argɛn'tinsk ˌkvinə]
argentin (adj)	argentinsk	[argɛn'tinsk]

Brésil (m)	Brasilia	[bra'silia]
Brésilien (m)	brasilianer (m)	[brasili'anər]
Brésilienne (f)	brasiliansk kvinne (m/f)	[brasili'ansk ˌkvinə]
brésilien (adj)	brasiliansk	[brasili'ansk]

Colombie (f)	Colombia	[kɔ'lʉmbia]
Colombien (m)	colombianer (m)	[kɔlʉmbi'anər]
Colombienne (f)	colombiansk kvinne (m/f)	[kɔlʉmbi'ansk ˌkvinə]
colombien (adj)	colombiansk	[kɔlʉmbi'ansk]
Cuba (f)	Cuba	['kʉba]
Cubain (m)	kubaner (m)	[kʉ'banər]

| Cubaine (f) | kubansk kvinne (m/f) | [kʉ'bɑnsk ˌkvinə] |
| cubain (adj) | kubansk | [kʉ'bɑnsk] |

Chili (m)	Chile	['tʂilə]
Chilien (m)	chilener (m)	[tʂi'lenər]
Chilienne (f)	chilensk kvinne (m/f)	[tʂi'lensk ˌkvinə]
chilien (adj)	chilensk	[tʂi'lensk]

Bolivie (f)	Bolivia	[bɔ'livia]
Venezuela (f)	Venezuela	[venesʉ'ɛla]
Paraguay (m)	Paraguay	[parag'waj]
Pérou (m)	Peru	[pe'ru:]

Surinam (m)	Surinam	['sʉriˌnam]
Uruguay (m)	Uruguay	[ʉrygʉ'aj]
Équateur (m)	Ecuador	[ɛkʉa'dɔr]

Bahamas (f pl)	Bahamas	[ba'hamas]
Haïti (m)	Haiti	[ha'iti]
République (f) Dominicaine	Dominikanske Republikken	[dʉmini'kanskə repʉ'blikən]
Panamá (m)	Panama	['panama]
Jamaïque (f)	Jamaica	[ʂa'majka]

240. L'Afrique

Égypte (f)	Egypt	[ɛ'gypt]
Égyptien (m)	egypter (m)	[ɛ'gyptər]
Égyptienne (f)	egyptisk kvinne (m/f)	[ɛ'gyptisk ˌkvinə]
égyptien (adj)	egyptisk	[ɛ'gyptisk]

Maroc (m)	Marokko	[ma'rɔkʉ]
Marocain (m)	marokkaner (m)	[marɔ'kanər]
Marocaine (f)	marokkansk kvinne (m/f)	[marɔ'kansk ˌkvinə]
marocain (adj)	marokkansk	[marɔ'kansk]

Tunisie (f)	Tunisia	['tʉ'nisia]
Tunisien (m)	tuneser (m)	[tʉ'nesər]
Tunisienne (f)	tunesisk kvinne (m/f)	[tʉ'nesisk ˌkvinə]
tunisien (adj)	tunesisk	[tʉ'nesisk]

Ghana (m)	Ghana	['gana]
Zanzibar (m)	Zanzibar	['sansibar]
Kenya (m)	Kenya	['kenya]
Libye (f)	Libya	['libia]
Madagascar (f)	Madagaskar	[mada'gaskar]

Namibie (f)	Namibia	[na'mibia]
Sénégal (m)	Senegal	[sene'gal]
Tanzanie (f)	Tanzania	['tansaˌnia]
République (f) Sud-africaine	Republikken Sør-Afrika	[repʉ'bliken 'sørˌafrika]

Africain (m)	afrikaner (m)	[afri'kanər]
Africaine (f)	afrikansk kvinne (m)	[afri'kansk ˌkvinə]
africain (adj)	afrikansk	[afri'kansk]

241. L'Australie et Océanie

Australie (f)	Australia	[aɹˈstrɑliɑ]
Australien (m)	australier (m)	[auˈstralier]
Australienne (f)	australsk kvinne (m/f)	[auˈstralsk ˌkvinə]
australien (adj)	australsk	[auˈstralsk]
Nouvelle Zélande (f)	New Zealand	[njuˈselan]
Néo-Zélandais (m)	newzealender (m)	[njuˈselendər]
Néo-Zélandaise (f)	newzealandsk kvinne (m/f)	[njuˈselansk ˌkvinə]
néo-zélandais (adj)	newzealandsk	[njuˈselansk]
Tasmanie (f)	Tasmania	[tasˈmania]
Polynésie (f) Française	Fransk Polynesia	[ˈfransk polyˈnesia]

242. Les grandes villes

Amsterdam (f)	Amsterdam	[ˈamstɛrˌdam]
Ankara (m)	Ankara	[ˈankara]
Athènes (m)	Athen, Aten	[aˈten]
Bagdad (m)	Bagdad	[ˈbagdad]
Bangkok (m)	Bangkok	[ˈbankɔk]
Barcelone (f)	Barcelona	[barsəˈluna]
Berlin (m)	Berlin	[bɛrˈlin]
Beyrouth (m)	Beirut	[ˈbæjˌrʉt]
Bombay (m)	Bombay	[ˈbombɛj]
Bonn (f)	Bonn	[ˈbɔn]
Bordeaux (f)	Bordeaux	[borˈdɔː]
Bratislava (m)	Bratislava	[bratiˈslava]
Bruxelles (m)	Brussel	[ˈbrʉsɛl]
Bucarest (m)	Bukarest	[ˈbʉkaˈrɛst]
Budapest (m)	Budapest	[ˈbʉdapɛst]
Caire (m)	Kairo	[ˈkajrʉ]
Calcutta (f)	Calcutta	[kalˈkʉta]
Chicago (f)	Chicago	[ʂiˈkagʉ]
Copenhague (f)	København	[ˈçøbənˌhavn]
Dar es-Salaam (f)	Dar-es-Salaam	[ˈdaresaˌlam]
Delhi (f)	Delhi	[ˈdɛli]
Dubaï (f)	Dubai	[ˈdʉbaj]
Dublin (f)	Dublin	[ˈdøblin]
Düsseldorf (f)	Düsseldorf	[ˈdʉsəlˌdɔrf]
Florence (f)	Firenze	[fiˈrɛnsə]
Francfort (f)	Frankfurt	[ˈfrankfʉːt]
Genève (f)	Genève	[ʂeˈnɛv]
Hague (f)	Haag	[ˈhag]
Hambourg (f)	Hamburg	[ˈhambʉrg]
Hanoi (f)	Hanoi	[ˈhanɔj]

217

Havane (f)	Havana	[haˈvana]
Helsinki (f)	Helsinki	[ˈhɛlsinki]
Hiroshima (f)	Hiroshima	[hirʉˈʂima]
Hong Kong (m)	Hongkong	[ˈhɔnˌkɔŋ]

Istanbul (f)	Istanbul	[ˈistanbʉl]
Jérusalem (f)	Jerusalem	[jeˈrʉsalem]
Kiev (f)	Kiev	[ˈkiːef]
Kuala Lumpur (f)	Kuala Lumpur	[kʉˈala ˈlʉmpʉr]
Lisbonne (f)	Lisboa	[ˈlisbʉa]
Londres (m)	London	[ˈlɔndɔn]
Los Angeles (f)	Los Angeles	[ˌlɔsˈændʒələs]
Lyon (f)	Lyon	[liˈɔn]

Madrid (f)	Madrid	[maˈdrid]
Marseille (f)	Marseille	[marˈsɛj]
Mexico (f)	Mexico City	[ˈmɛksikʉ ˈsiti]
Miami (f)	Miami	[maˈjami]
Montréal (f)	Montreal	[mɔntriˈɔl]
Moscou (f)	Moskva	[mɔˈskva]
Munich (f)	München	[ˈmʉnhən]

Nairobi (f)	Nairobi	[najˈrʉbi]
Naples (f)	Napoli	[ˈnapʉli]
New York (f)	New York	[njʉ ˈjork]
Nice (f)	Nice	[ˈnis]
Oslo (m)	Oslo	[ˈɔʂlʉ]
Ottawa (m)	Ottawa	[ˈɔtava]

Paris (m)	Paris	[paˈris]
Pékin (m)	Peking, Beijing	[ˈpekiŋ], [ˈbɛjʒin]
Prague (m)	Praha	[ˈpraha]
Rio de Janeiro (m)	Rio de Janeiro	[ˈriu de ʂaˈnæjrʉ]
Rome (f)	Roma	[ˈrʉma]

Saint-Pétersbourg (m)	Sankt Petersburg	[ˌsankt ˈpetɛʂˌbʉrg]
Séoul (m)	Seoul	[seˈuːl]
Shanghai (m)	Shanghai	[ˈʂaŋhaj]
Sidney (m)	Sydney	[ˈsidni]
Singapour (f)	Singapore	[ˈsiŋaˈpɔr]
Stockholm (m)	Stockholm	[ˈstɔkhɔlm]

Taipei (m)	Taipei	[ˈtajpæj]
Tokyo (m)	Tokyo	[ˈtɔkiʉ]
Toronto (m)	Toronto	[tɔˈrɔntʉ]
Varsovie (f)	Warszawa	[vaˈʂava]
Venise (f)	Venezia	[veˈnetsia]
Vienne (f)	Wien	[ˈvin]
Washington (f)	Washington	[ˈvɔsiŋtən]

243. La politique. Le gouvernement. Partie 1

politique (f)	politikk (m)	[pʉliˈtik]
politique (adj)	politisk	[pʉˈlitisk]

homme (m) politique	politiker (m)	[pu'litikər]
état (m)	stat (m)	['stɑt]
citoyen (m)	statsborger (m)	['stɑts,bɔrgər]
citoyenneté (f)	statsborgerskap (n)	['stɑtshɔrgə,skɑp]

| armoiries (f pl) nationales | riksvåpen (n) | ['riks,vɔpən] |
| hymne (m) national | nasjonalsang (m) | [nɑʂu'nɑl,sɑŋ] |

gouvernement (m)	regjering (m/f)	[rɛ'jeriŋ]
chef (m) d'état	landets leder (m)	['lɑnɛts ,ledər]
parlement (m)	parlament (n)	[pɑːʃɑ'mɛnt]
parti (m)	parti (n)	[pɑː'ʈi]

| capitalisme (m) | kapitalisme (n) | [kɑpitɑ'lismə] |
| capitaliste (adj) | kapitalistisk | [kɑpitɑ'listisk] |

| socialisme (m) | sosialisme (m) | [susiɑ'lismə] |
| socialiste (adj) | sosialistisk | [susiɑ'listisk] |

communisme (m)	kommunisme (m)	[kumu'nismə]
communiste (adj)	kommunistisk	[kumu'nistisk]
communiste (m)	kommunist (m)	[kumu'nist]

démocratie (f)	demokrati (n)	[demukrɑ'ti]
démocrate (m)	demokrat (m)	[demu'krɑt]
démocratique (adj)	demokratisk	[demu'krɑtisk]
parti (m) démocratique	demokratisk parti (n)	[demu'krɑtisk pɑː'ʈi]

libéral (m)	liberaler (m)	[libə'rɑlər]
libéral (adj)	liberal	[libə'rɑl]
conservateur (m)	konservativ (m)	[kun'sɛrvɑ,tiv]
conservateur (adj)	konservativ	[kun'sɛrvɑ,tiv]

république (f)	republikk (m)	[repu'blik]
républicain (m)	republikaner (m)	[republi'kɑnər]
parti (m) républicain	republikanske parti (n)	[republi'kɑnskə pɑː'ʈi]

élections (f pl)	valg (n)	['vɑlg]
élire (vt)	å velge	[ɔ 'vɛlgə]
électeur (m)	velger (m)	['vɛlgər]
campagne (f) électorale	valgkampanje (m)	['vɑlg kɑm'pɑnjə]

vote (m)	avstemning, votering (m)	['ɑf,stɛmniŋ], ['vɔteriŋ]
voter (vi)	å stemme	[ɔ 'stɛmə]
droit (m) de vote	stemmerett (m)	['stɛmə,rɛt]

candidat (m)	kandidat (m)	[kɑndi'dɑt]
poser sa candidature	å kandidere	[ɔ kɑndi'derə]
campagne (f)	kampanje (m)	[kɑm'pɑnjə]

| d'opposition (adj) | opposisjons- | [ɔpusi'ʂuns-] |
| opposition (f) | opposisjon (m) | [ɔpusi'ʂun] |

visite (f)	besøk (n)	[be'søk]
visite (f) officielle	offisielt besøk (n)	[ɔfi'sjɛlt be'søk]
international (adj)	internasjonal	['intɛːnɑʂu,nɑl]

219

| négociations (f pl) | forhandlinger (m pl) | [for'handliŋər] |
| négocier (vi) | å forhandle | [ɔ for'handlə] |

244. La politique. Le gouvernement. Partie 2

société (f)	samfunn (n)	['sam,fʉn]
constitution (f)	grunnlov (m)	['grʉn,lɔv]
pouvoir (m)	makt (m)	['makt]
corruption (f)	korrupsjon (m)	[kʉrʉp'sʉn]

| loi (f) | lov (m) | ['lɔv] |
| légal (adj) | lovlig | ['lɔvli] |

| justice (f) | rettferdighet (m) | [rɛt'færdi,het] |
| juste (adj) | rettferdig | [rɛt'færdi] |

comité (m)	komité (m)	[kʉmi'te]
projet (m) de loi	lovforslag (n)	['lɔv,fɔʂlag]
budget (m)	budsjett (n)	[bʉd'ʂɛt]
politique (f)	politikk (m)	[pʉli'tik]
réforme (f)	reform (m/f)	[rɛ'fɔrm]
radical (adj)	radikal	[radi'kal]

puissance (f)	kraft (m/f)	['kraft]
puissant (adj)	mektig	['mɛkti]
partisan (m)	tilhenger (m)	['til,hɛŋər]
influence (f)	innflytelse (m)	['in,flytəlse]

régime (m)	regime (n)	[rɛ'ʂimə]
conflit (m)	konflikt (m)	[kʉn'flikt]
complot (m)	sammensvergelse (m)	['samən,sværgəlsə]
provocation (f)	provokasjon (m)	[prʉvʉka'ʂʉn]

renverser (le régime)	å styrte	[ɔ 'sty:ʈə]
renversement (m)	styrting (m/f)	['sty:ʈiŋ]
révolution (f)	revolusjon (m)	[revʉlʉ'ʂʉn]

| coup (m) d'État | statskupp (n) | ['stats,kʉp] |
| coup (m) d'État militaire | militærkupp (n) | [mili'tær,kʉp] |

crise (f)	krise (m/f)	['krisə]
baisse (f) économique	økonomisk nedgang (m)	[økʉ'nɔmisk 'ned,gaŋ]
manifestant (m)	demonstrant (m)	[demɔn'strant]
manifestation (f)	demonstrasjon (m)	[demɔnstra'ʂʉn]
loi (f) martiale	krigstilstand (m)	['krigstil,stan]
base (f) militaire	militærbase (m)	[mili'tær,basə]

| stabilité (f) | stabilitet (m) | [stabili'tet] |
| stable (adj) | stabil | [sta'bil] |

exploitation (f)	utbytting (m/f)	['ʉt,bytiŋ]
exploiter (vt)	å utbytte	[ɔ 'ʉt,bytə]
racisme (m)	rasisme (m)	[ra'sismə]
raciste (m)	rasist (m)	[ra'sist]

| fascisme (m) | fascisme (m) | [fa'ṣismə] |
| fasciste (m) | fascist (m) | [fa'ṣist] |

245. Les différents pays du monde. Divers

étranger (m)	utlending (m)	['ʉt‚leniŋ]
étranger (adj)	utenlandsk	['ʉtən‚lɑnsk]
à l'étranger (adv)	i utlandet	[i 'ʉt‚lɑnə]

émigré (m)	emigrant (m)	[ɛmi'grɑnt]
émigration (f)	emigrasjon (m)	[ɛmigrɑ'ṣʉn]
émigrer (vi)	å emigrere	[ɔ ɛmi'grɛrə]

Ouest (m)	Vesten	['vɛstən]
Est (m)	Østen	['østən]
Extrême Orient (m)	Det fjerne østen	['de 'fjæːŋə ‚østɛn]

civilisation (f)	sivilisasjon (m)	[sivilisɑ'ṣʉn]
humanité (f)	menneskehet (m)	['mɛnəske‚het]
monde (m)	verden (m)	['værdən]
paix (f)	fred (m)	['frɛd]
mondial (adj)	verdens-	['værdəns-]

patrie (f)	fedreland (n)	['fædrə‚lɑn]
peuple (m)	folk (n)	['fɔlk]
population (f)	befolkning (m)	[be'fɔlkniŋ]
gens (m pl)	folk (n)	['fɔlk]
nation (f)	nasjon (m)	[nɑ'ṣʉn]
génération (f)	generasjon (m)	[generɑ'ṣʉn]
territoire (m)	territorium (n)	[tɛri'tʉrium]
région (f)	region (m)	[rɛgi'ʉn]
état (m) (partie du pays)	delstat (m)	['del‚stɑt]

tradition (f)	tradisjon (m)	[trɑdi'ṣʉn]
coutume (f)	skikk, sedvane (m)	['ṣik], ['sɛd‚vɑnə]
écologie (f)	økologi (m)	[økʉlu'gi]

indien (m)	indianer (m)	[indi'ɑnər]
bohémien (m)	sigøyner (m)	[si'gøjnər]
bohémienne (f)	sigøynerske (m/f)	[si'gøjnəṣkə]
bohémien (adj)	sigøynersk	[si'gøjnəṣk]

empire (m)	imperium, keiserrike (n)	['im'perium], ['kæjsə‚rike]
colonie (f)	koloni (m)	[kʉlu'ni]
esclavage (m)	slaveri (n)	[slɑvɛ'ri]
invasion (f)	invasjon (m)	[invɑ'ṣʉn]
famine (f)	hungersnød (m/f)	['hʉŋɛṣ‚nød]

246. Les groupes religieux. Les confessions

| religion (f) | religion (m) | [religi'ʉn] |
| religieux (adj) | religiøs | [reli'gjøs] |

foi (f)	tro (m)	['truː]
croire (en Dieu)	å tro	[ɔ 'truː]
croyant (m)	troende (m)	['truɛnə]
athéisme (m)	ateisme (m)	[ate'ismə]
athée (m)	ateist (m)	[ate'ist]
christianisme (m)	kristendom (m)	['kristən‚dɔm]
chrétien (m)	kristen (m)	['kristən]
chrétien (adj)	kristelig	['kristəli]
catholicisme (m)	katolisisme (m)	[katuli'sismə]
catholique (m)	katolikk (m)	[katu'lik]
catholique (adj)	katolsk	[ka'tulsk]
protestantisme (m)	protestantisme (m)	[prutɛstan'tismə]
Église (f) protestante	den protestantiske kirke	[den prutɛ'stantiskə ‚çirkə]
protestant (m)	protestant (m)	[prutɛ'stant]
Orthodoxie (f)	ortodoksi (m)	[ɔ:tuduk'si]
Église (f) orthodoxe	den ortodokse kirke	[den ɔ:tu'dɔksə ‚çirkə]
orthodoxe (m)	ortodoks (n)	[ɔ:tu'dɔks]
Presbytérianisme (m)	presbyterianisme (m)	[prɛsbytæria'nismə]
Église (f) presbytérienne	den presbyterianske kirke	[den prɛsbyteri'anskə ‚çirkə]
presbytérien (m)	presbyterianer (m)	[prɛsbytæri'anər]
Église (f) luthérienne	lutherdom (m)	[lʉtər'dɔm]
luthérien (m)	lutheraner (m)	[lʉtə'ranər]
Baptisme (m)	baptisme (m)	[bap'tismə]
baptiste (m)	baptist (m)	[bap'tist]
Église (f) anglicane	den anglikanske kirke	[den aŋli'kanskə ‚çirkə]
anglican (m)	anglikaner (m)	[aŋli'kanər]
Mormonisme (m)	mormonisme (m)	[mɔrmo'nismə]
mormon (m)	mormon (m)	[mur'mun]
judaïsme (m)	judaisme (m)	['jʉda‚ismə]
juif (m)	judeer (m)	['jʉ'deər]
Bouddhisme (m)	buddhisme (m)	[bʉ'dismə]
bouddhiste (m)	buddhist (m)	[bʉ'dist]
hindouisme (m)	hinduisme (m)	[hindʉ'ismə]
hindouiste (m)	hindu (m)	['hindʉ]
islam (m)	islam	['islam]
musulman (m)	muslim (m)	[mʉ'slim]
musulman (adj)	muslimsk	[mʉ'slimsk]
Chiisme (m)	sjiisme (m)	[ʂi'ismə]
chiite (m)	sjiitt (m)	[ʂi'it]
Sunnisme (m)	sunnisme (m)	[sʉ'nismə]
sunnite (m)	sunnimuslim (m)	['sʉni mʉs‚lim]

247. Les principales religions. Le clergé

prêtre (m)	prest (m)	['prɛst]
Pape (m)	Paven	['pɑvən]
moine (m)	munk (m)	['mʉnk]
bonne sœur (f)	nonne (m/f)	['nɔnə]
pasteur (m)	pastor (m)	['pɑstʉr]
abbé (m)	abbed (m)	['ɑbed]
vicaire (m)	sogneprest (m)	['sɔŋnəˌprɛst]
évêque (m)	biskop (m)	['biskɔp]
cardinal (m)	kardinal (m)	[kɑːdʲi'nɑl]
prédicateur (m)	predikant (m)	[prɛdi'kɑnt]
sermon (m)	preken (m)	['prɛkən]
paroissiens (m pl)	menighet (m/f)	['meniˌhet]
croyant (m)	troende (m)	['trʉenə]
athée (m)	ateist (m)	[ɑte'ist]

248. La foi. Le Christianisme. L'Islam

Adam	Adam	['ɑdɑm]
Ève	Eva	['ɛvɑ]
Dieu (m)	Gud (m)	['gʉd]
le Seigneur	Herren	['hæərən]
le Tout-Puissant	Den Allmektige	[den ɑl'mɛktiə]
péché (m)	synd (m/f)	['sʏn]
pécher (vi)	å synde	[ɔ 'sʏnə]
pécheur (m)	synder (m)	['sʏnər]
pécheresse (f)	synderinne (m)	['sʏnəˌrinə]
enfer (m)	helvete (n)	['hɛlvetə]
paradis (m)	paradis (n)	['pɑrɑˌdis]
Jésus	Jesus	['jesʉs]
Jésus Christ	Jesus Kristus	['jesʉs ˌkristus]
le Saint-Esprit	Den Hellige Ånd	[dən 'hɛliə ˌon]
le Sauveur	Frelseren	['frelserən]
la Sainte Vierge	Jomfru Maria	['jɔmfrʉ mɑˌriɑ]
le Diable	Djevel (m)	['djevəl]
diabolique (adj)	djevelsk	['djevəlsk]
Satan	Satan	['sɑtɑn]
satanique (adj)	satanisk	[sɑ'tɑnisk]
ange (m)	engel (m)	['ɛŋəl]
ange (m) gardien	skytsengel (m)	['sʏtsˌɛŋəl]
angélique (adj)	engle-	['ɛŋlə-]

apôtre (m)	apostel (m)	[a'pɔstəl]
archange (m)	erkeengel (m)	['ærkə,æŋəl]
antéchrist (m)	Antikrist	['anti,krist]

Église (f)	kirken (m)	['çirkən]
Bible (f)	bibel (m)	['bibəl]
biblique (adj)	bibelsk	['bibəlsk]

Ancien Testament (m)	Det Gamle Testamente	[de 'gamlə tɛsta'mentə]
Nouveau Testament (m)	Det Nye Testamente	[de 'nye tɛsta'mentə]
Évangile (m)	evangelium (n)	[ɛvan'gelium]
Sainte Écriture (f)	Den Hellige Skrift	[dən 'hɛliə ,skrift]
Cieux (m pl)	Himmerike (n)	['himə,rikə]

commandement (m)	bud (n)	['bʉd]
prophète (m)	profet (m)	[prʉ'fet]
prophétie (f)	profeti (m)	[prʉfe'ti]

Allah	Allah	['ala]
Mahomet	Muhammed	[mʉ'hamed]
le Coran	Koranen	[kʉ'ranən]

mosquée (f)	moské (m)	[mʉ'ske]
mulla (m)	mulla (m)	['mʉla]
prière (f)	bønn (m)	['bœn]
prier (~ Dieu)	å be	[ɔ 'be]

pèlerinage (m)	pilegrimsreise (m/f)	['piləgrims,ræjsə]
pèlerin (m)	pilegrim (m)	['piləgrim]
La Mecque	Mekka	['mɛka]

église (f)	kirke (m/f)	['çirkə]
temple (m)	tempel (n)	['tɛmpəl]
cathédrale (f)	katedral (m)	[kate'dral]
gothique (adj)	gotisk	['gɔtisk]
synagogue (f)	synagoge (m)	[syna'gʉgə]
mosquée (f)	moské (m)	[mʉ'ske]

chapelle (f)	kapell (n)	[ka'pɛl]
abbaye (f)	abbedi (n)	['abedi]
couvent (m)	kloster (n)	['klɔstər]
monastère (m)	kloster (n)	['klɔstər]

cloche (f)	klokke (m/f)	['klɔkə]
clocher (m)	klokketårn (n)	['klɔkə,to:n]
sonner (vi)	å ringe	[ɔ 'riŋə]

croix (f)	kors (n)	['kɔ:ʂ]
coupole (f)	kuppel (m)	['kʉpəl]
icône (f)	ikon (m/n)	[i'kʉn]

âme (f)	sjel (m)	['ʂɛl]
sort (m) (destin)	skjebne (m)	['ʂɛbnə]
mal (m)	ondskap (n)	['ʉn,skap]
bien (m)	godhet (m)	['gʉ,het]
vampire (m)	vampyr (m)	[vam'pyr]

224

sorcière (f)	heks (m)	['hɛks]
démon (m)	demon (m)	[de'mʊn]
esprit (m)	ånd (m)	['ɔn]

| rachat (m) | forløsning (m/f) | [fɔ:'[løsniŋ] |
| racheter (pécheur) | å sone | [ɔ 'sʊnə] |

office (m), messe (f)	gudstjeneste (m)	['gʉts,tjenɛstə]
dire la messe	å holde gudstjeneste	[ɔ 'hɔldə 'gʉts,tjenɛstə]
confession (f)	skriftemål (n)	['skriftə,mɔl]
se confesser (vp)	å skrifte	[ɔ 'skriftə]

saint (m)	helgen (m)	['hɛlgən]
sacré (adj)	hellig	['hɛli]
l'eau bénite	vievann (n)	['viə,vɑn]

rite (m)	ritual (n)	[ritʉ'ɑl]
rituel (adj)	rituell	[ritʉ'ɛl]
sacrifice (m)	ofring (m/f)	['ɔfriŋ]

superstition (f)	overtro (m)	['ɔvə,trʊ]
superstitieux (adj)	overtroisk	['ɔvə,trʊisk]
vie (f) après la mort	livet etter dette	['livə ,ɛtər 'dɛtə]
vie (f) éternelle	det evige liv	[de ,eviə 'liv]

DIVERS

249. Quelques mots et formules utiles

aide (f)	hjelp (m)	['jɛlp]
arrêt (m) (pause)	stopp (m), hvile (m/f)	['stɔp], ['vilə]
balance (f)	balanse (m)	[ba'lansə]
barrière (f)	hinder (n)	['hindər]
base (f)	basis (n)	['basis]
catégorie (f)	kategori (m)	[kategu'ri]
cause (f)	årsak (m/f)	['oːˌʂak]
choix (m)	valg (n)	['valg]
chose (f) (objet)	ting (m)	['tiŋ]
coïncidence (f)	sammenfall (n)	['samənˌfal]
comparaison (f)	sammenlikning (m)	['samənˌlikniŋ]
compensation (f)	kompensasjon (m)	[kʊmpɛnsa'ʂʊn]
confortable (adj)	bekvem	[be'kvem]
croissance (f)	vekst (m)	['vɛkst]
début (m)	begynnelse (m)	[be'jinəlsə]
degré (m) (~ de liberté)	grad (m)	['grad]
développement (m)	utvikling (m/f)	['ʉtˌvikliŋ]
différence (f)	skilnad, forskjell (m)	['ʂilnad], ['foːʂɛl]
d'urgence (adv)	omgående	['ɔmˌgɔːnə]
effet (m)	effekt (m)	[ɛ'fɛkt]
effort (m)	anstrengelse (m)	['anˌstrɛŋəlsə]
élément (m)	element (n)	[ɛle'mɛnt]
exemple (m)	eksempel (n)	[ɛk'sɛmpəl]
fait (m)	faktum (n)	['faktum]
faute, erreur (f)	feil (m)	['fæjl]
fin (f)	slutt (m)	['ʂlʉt]
fond (m) (arrière-plan)	bakgrunn (m)	['bakˌgrʉn]
forme (f)	form (m/f)	['fɔrm]
fréquent (adj)	hyppig	['hʏpi]
genre (m) (type, sorte)	type (m)	['typə]
idéal (m)	ideal (n)	[ide'al]
labyrinthe (m)	labyrint (m)	[laby'rint]
mode (m) (méthode)	måte (m)	['moːtə]
moment (m)	moment (n)	[mɔ'mɛnt]
objet (m)	objekt (n)	[ɔb'jɛkt]
obstacle (m)	hindring (m/f)	['hindriŋ]
original (m)	original (m)	[ɔrigi'nal]
part (f)	del (m)	['del]
particule (f)	partikel (m)	[pɑː'ʈikəl]

pause (f)	pause (m)	['pausə]
position (f)	posisjon (m)	[pɔsi'ʂʊn]
principe (m)	prinsipp (n)	[prin'sip]
problème (m)	problem (n)	[prɪ'hlɐm]
processus (m)	prosess (m)	[prʊ'sɛs]
progrès (m)	fremskritt (n)	['frɛm‚skrit]
propriété (f) (qualité)	egenskap (m)	['ɛgən‚skap]
réaction (f)	reaksjon (m)	[rɛak'ʂʊn]
risque (m)	risiko (m)	['risikʊ]
secret (m)	hemmelighet (m/f)	['hɛmeli‚het]
série (f)	serie (m)	['seriə]
situation (f)	situasjon (m)	[sitʉa'ʂʊn]
solution (f)	løsning (m)	['løsniŋ]
standard (adj)	standard-	['stan‚dar-]
standard (m)	standard (m)	['stan‚dar]
style (m)	stil (m)	['stil]
système (m)	system (n)	[sʏ'stem]
tableau (m) (grille)	tabell (m)	[ta'bɛl]
tempo (m)	tempo (n)	['tɛmpʊ]
terme (m)	term (m)	['tɛrm]
tour (m) (attends ton ~)	tur (m)	['tʉr]
type (m) (~ de sport)	slags (n)	['ʂlaks]
urgent (adj)	omgående	['ɔm‚gɔ:nə]
utilité (f)	nytte (m/f)	['nʏtə]
vérité (f)	sannhet (m)	['san‚het]
version (f)	variant (m)	[vari'ant]
zone (f)	sone (m/f)	['sʊnə]

250. Les adjectifs. Partie 1

affamé (adj)	sulten	['sʉltən]
agréable (la voix)	trivelig, behagelig	['trivli], [be'hagli]
aigre (fruits ~s)	sur	['sʉr]
amer (adj)	bitter	['bitər]
ancien (adj)	oldtidens, antikkens	['ɔl‚tidəns], [an'tikəns]
arrière (roue, feu)	bak-	['bak-]
artificiel (adj)	kunstig	['kʉnsti]
attentionné (adj)	omsorgsfull	['ɔm‚sɔrgsfʉl]
aveugle (adj)	blind	['blin]
bas (voix ~se)	lav	['lav]
basané (adj)	mørkhudet	['mœrk‚hʉdət]
beau (homme)	vakker	['vakər]
beau, magnifique (adj)	vakker	['vakər]
bien affilé (adj)	skarp	['skarp]
bon (~ voyage!)	bra	['bra]
bon (au bon cœur)	god	['gʊ]

bon (savoureux)	lekker	['lekər]
bon marché (adj)	billig	['bili]
bronzé (adj)	solbrent	['sʊlˌbrɛnt]
calme (tranquille)	rolig	['rʊli]
central (adj)	sentral	[sɛn'trɑl]
chaud (modérément)	varm	['vɑrm]
cher (adj)	dyr	['dyr]
civil (droit ~)	sivil	[si'vil]
clair (couleur)	lys	['lys]
clair (explication ~e)	klar	['klɑr]
clandestin (adj)	hemmelig	['hɛməli]
commun (projet ~)	felles	['fɛləs]
compatible (adj)	forenelig	[fo'renli]
considérable (adj)	betydelig	[be'tydəli]
content (adj)	nøgd, tilfreds	['nøgd], [til'frɛds]
continu (incessant)	uavbrutt	[ʉːˈavˌbrʉt]
continu (usage ~)	langvarig	['lɑŋˌvɑri]
convenu (approprié)	egnet	['æjnət]
court (de taille)	kort	['kʊːt]
court (en durée)	kortvarig	['kʊːtˌvɑri]
cru (non cuit)	rå	['rɔ]
d'à côté, voisin	nær	['nær]
dangereux (adj)	farlig	['fɑːli]
d'enfant (adj)	barne-	['bɑːɳə-]
dense (brouillard ~)	tykk	['tʏk]
dernier (final)	sist	['sist]
différent (adj)	ulike	['ʉlikə]
difficile (complexe)	komplisert	[kʊmpli'sɛːt]
difficile (décision)	svær	['svær]
divers (adj)	forskjellig	[fo'ʂɛli]
d'occasion (adj)	brukt, secondhand	['brʉkt], ['sekɔnˌhɛn]
douce (l'eau ~)	fersk-	['fæʂk-]
droit (pas courbe)	rett	['rɛt]
droit (situé à droite)	høyre	['højrə]
dur (pas mou)	hard	['hɑr]
éloigné (adj)	fjern	['fjæːɳ]
ensoleillé (jour ~)	solrik	['sʊlˌrik]
entier (adj)	hel	['hel]
épais (brouillard ~)	tykk	['tʏk]
épais (mur, etc.)	tykk	['tʏk]
étranger (adj)	utenlandsk	['ʉtənˌlɑnsk]
étroit (passage, etc.)	smal	['smɑl]
excellent (adj)	utmerket	['ʉtˌmærkət]
excessif (adj)	overdreven	['ɔvəˌdrevən]
extérieur (adj)	ytre	['ytrə]
facile (adj)	lett	['let]
faible (lumière)	svak	['svɑk]

fatiguant (adj)	trøttende	['trœtɛnə]
fatigué (adj)	trett	['trɛt]
fermé (adj)	stengt	['stɛŋt]
fertile (le sol ~)	fruktbar	['frʉkt,bɑr]

fort (homme ~)	sterk	['stærk]
fort (voix ~e)	høy	['høj]
fragile (vaisselle, etc.)	skjør	['şør]
frais (adj) (légèrement froid)	kjølig	['çœli]
frais (du pain ~)	fersk	['fæşk]

froid (boisson ~e)	kald	['kɑl]
gauche (adj)	venstre	['vɛnstrə]
géant (adj)	enorm	[ɛ'nɔrm]
gentil (adj)	snill	['snil]
grand (dimension)	stor	['stʊr]

gras (repas ~)	fet	['fet]
gratuit (adj)	gratis	['grɑtis]
heureux (adj)	lykkelig	['lʏkəli]
hostile (adj)	fiendtlig	['fjɛntli]
humide (adj)	fuktig	['fʉkti]

immobile (adj)	ubevegelig, urørlig	[ʉbe'vɛgli], [ʉ'rø:[i]
important (adj)	viktig	['vikti]
impossible (adj)	umulig	[ʉ'mʉli]
indéchiffrable (adj)	uforståelig	[ʉfɔ'ştɔəli]
indispensable (adj)	nødvendig	['nød,vɛndi]

intelligent (adj)	klok	['klʊk]
intérieur (adj)	indre	['indrə]
jeune (adj)	ung	['ʉŋ]
joyeux (adj)	glad, munter	['glɑ], ['mʉntər]
juste, correct (adj)	riktig	['rikti]

251. Les adjectifs. Partie 2

large (~ route)	bred	['bre]
le même, pareil (adj)	samme, lik	['sɑmə], ['lik]
le plus important	viktigste	['viktigstə]
le plus proche	nærmeste	['nærmɛstə]
légal (adj)	lovlig	['lovli]

léger (pas lourd)	lett	['let]
libre (accès, etc.)	fri	['fri]
limité (adj)	begrenset	[be'grɛnsət]
liquide (adj)	flytende	['flytnə]
lisse (adj)	glatt	['glɑt]

lointain (adj)	fjern	['fjæ:ɳ]
long (~ chemin)	lang	['lɑŋ]
lourd (adj)	tung	['tʉŋ]
maigre (adj)	slank, tynn	['şlɑnk], ['tʏn]
malade (adj)	syk	['syk]

mat (couleur)	matt	['mat]
mauvais (adj)	dårlig	['do:[i]
méticuleux (~ travail)	nøyaktig	['nøjakti]

miséreux (adj)	utfattig	['ʉt‚fati]
mort (adj)	død	['dø]
mou (souple)	bløt	['bløt]
mûr (fruit ~)	moden	['mʊdən]
myope (adj)	nærsynt	['næ‚sʏnt]

mystérieux (adj)	mystisk	['mʏstisk]
natal (ville, pays)	hjem-	['jɛm-]
nécessaire (adj)	nødvendig	['nød‚vɛndi]
négatif (adj)	negativ	['nega‚tiv]
négligent (adj)	slurvet	['ʂlʉrvət]

nerveux (adj)	nervøs	[nær'vøs]
neuf (adj)	ny	['ny]
normal (adj)	normal	[nɔr'mal]
obligatoire (adj)	obligatorisk	[ɔbliga'tʉrisk]
opposé (adj)	motsatt	['mʊt‚sat]

ordinaire (adj)	vanlig	['vanli]
original (peu commun)	original	[ɔrigi'nal]
ouvert (adj)	åpen	['ɔpən]
parfait (adj)	utmerket	['ʉt‚mærkət]
pas clair (adj)	uklar	['ʉ‚klar]

pas difficile (adj)	lett	['let]
pas grand (adj)	liten, ikke stor	['litən], [‚ikə 'stʉr]
passé (le mois ~)	forrige	['fɔriə]
passé (participe ~)	forrige	['fɔriə]
pauvre (adj)	fattig	['fati]

permanent (adj)	fast, permanent	['fast], ['pɛrma‚nɛnt]
personnel (adj)	personlig	[pæ'ʂʊnli]
petit (adj)	liten	['litən]
peu expérimenté (adj)	uerfaren	[ʉer'farən]
peu important (adj)	ubetydelig	[ʉbe'tydəli]

peu profond (adj)	grunn	['grʉn]
plat (l'écran ~)	flat	['flat]
plat (surface ~e)	jevn	['jɛvn]
plein (rempli)	full	['fʉl]

poli (adj)	høflig	['høfli]
ponctuel (adj)	punktlig	['pʉnktli]
possible (adj)	mulig	['mʉli]
précédent (adj)	foregående	['fɔrə‚go:ŋə]
précis, exact (adj)	presis, eksakt	[prɛ'sis], [ɛk'sakt]

présent (moment ~)	nåværende	['nɔ‚værenə]
principal (adj)	hoved-	['hʊvəd-]
principal (idée ~e)	hoved-, prinsipal	['hʊvəd-], ['prinsi‚pal]
privé (réservé)	privat	[pri'vat]
probable (adj)	sannsynlig	[san'sʏnli]

230

proche (pas lointain)	nær	['nær]
propre (chemise ~)	ren	['ren]
public (adj)	offentlig	['ɔfentli]
rapide (adj)	hastig	['hɑsti]

rare (adj)	sjelden	['ʂɛlən]
reconnaissant (adj)	takknemlig	[tak'nɛmli]
risqué (adj)	risikabel	[risi'kabəl]
salé (adj)	salt	['salt]
sale (pas propre)	skitten	['ʂitən]

sans nuages (adj)	skyfri	['ʂy‚fri]
satisfait (client, etc.)	fornøyd, tilfreds	[for'nøjd], [til'frɛds]
sec (adj)	tørr	['tœr]
serré, étroit (vêtement)	trange	['trɑŋə]
similaire (adj)	lik	['lik]

simple (adj)	enkel	['ɛnkəl]
solide (bâtiment, etc.)	solid, holdbar	[su'lid], ['hɔl‚bɑr]
sombre (paysage ~)	mørk	['mœrk]
sombre (pièce ~)	mørk	['mœrk]
spacieux (adj)	rommelig	['rumeli]

spécial (adj)	spesial	[spesi'al]
stupide (adj)	dum	['dum]
sucré (adj)	søt	['søt]
suivant (vol ~)	neste	['nɛstə]
supplémentaire (adj)	ytterligere	['ytə‚liərə]

suprême (adj)	høyest	['højɛst]
sûr (pas dangereux)	sikker	['sikər]
surgelé (produits ~s)	frossen, dypfryst	['frɔsən], ['dyp‚frʏst]
tendre (affectueux)	øm	['øm]
tranquille (adj)	rolig	['ruli]

transparent (adj)	transparent	['trɑnspɑ‚rɑŋ]
trempé (adj)	våt	['vɔt]
très chaud (adj)	het, varm	['het], ['vɑrm]
triste (adj)	sørgmodig	[sør'mudi]
triste (regard ~)	trist	['trist]

trop maigre (émacié)	benete, mager	['benetə], ['mɑgər]
unique (exceptionnel)	unik	[ʉ'nik]
vide (bouteille, etc.)	tom	['tɔm]
vieux (bâtiment, etc.)	gammel	['gaməl]
voisin (maison ~e)	nabo-	['nɑbu-]

LES 500 VERBES LES PLUS UTILISÉS

252. Les verbes les plus courants (de A à C)

abaisser (vt)	å heise ned	[ɔ 'hæjsə ne]
accompagner (vt)	å følge	[ɔ 'følə]
accoster (vi)	å fortøye	[ɔ fɔ:'tøjə]
accrocher (suspendre)	å henge	[ɔ 'hɛŋe]
accuser (vt)	å anklage	[ɔ 'an,klagə]
acheter (vt)	å kjøpe	[ɔ 'çœ:pə]
admirer (vt)	å beundre	[ɔ be'ʉndrə]
affirmer (vt)	å påstå	[ɔ 'pɔ,stɔ]
agir (vi)	å handle	[ɔ 'handlə]
agiter (les bras)	å vinke	[ɔ 'vinkə]
aider (vt)	å hjelpe	[ɔ 'jɛlpə]
aimer (apprécier)	å elske	[ɔ 'ɛlskə]
aimer (qn)	å elske	[ɔ 'ɛlskə]
ajouter (vt)	å tilføye	[ɔ 'til,føjə]
aller (à pied)	å gå	[ɔ 'gɔ]
aller (en voiture, etc.)	å kjøre	[ɔ 'çœ:rə]
aller bien (robe, etc.)	å passe	[ɔ 'pasə]
aller se coucher	å gå til sengs	[ɔ 'gɔ til 'sɛŋs]
allumer (~ la cheminée)	å tenne	[ɔ 'tɛnə]
allumer (la radio, etc.)	å slå på	[ɔ 'şlɔ pɔ]
amener, apporter (vt)	å bringe	[ɔ 'briŋə]
amputer (vt)	å amputere	[ɔ ampʉ'terə]
amuser (vt)	å underholde	[ɔ 'ʉnər,hɔlə]
annoncer (qch a qn)	å meddele	[ɔ 'mɛd,delə]
annuler (vt)	å avlyse, å annullere	[ɔ 'av,lysə], [ɔ anʉ'lerə]
apercevoir (vt)	å bemerke	[ɔ be'mærkə]
apparaître (vi)	å dukke opp	[ɔ 'dʉkə ɔp]
appartenir à ...	å tilhøre ...	[ɔ 'til,hørə ...]
appeler (au secours)	å tilkalle	[ɔ 'til,kalə]
appeler (dénommer)	å kalle	[ɔ 'kalə]
appeler (vt)	å kalle	[ɔ 'kalə]
applaudir (vi)	å applaudere	[ɔ aplaʉ'derə]
apprendre (qch à qn)	å undervise	[ɔ 'ʉnər,visə]
arracher (vt)	å rive av	[ɔ 'rivə a:]
arriver (le train)	å ankomme	[ɔ 'an,kɔmə]
arroser (plantes)	å vanne	[ɔ 'vanə]
aspirer à ...	å aspirere	[ɔ aspi'rerə]
assister (vt)	å assistere	[ɔ asi'sterə]

attacher à …	å binde fast	[ɔ 'binə 'fast]
attaquer (mil.)	å angripe	[ɔ 'anˌgripə]
atteindre (lieu)	å nå	[ɔ 'nɔ:]
atteindre (objectif)	å oppnå	[ɔ 'ɔpnɔ]
attendre (vt)	å vente	[ɔ 'vɛntə]
attraper (vt)	å fange	[ɔ 'faŋə]
attraper … (maladie)	å bli smittet	[ɔ 'bli 'smitət]
augmenter (vi)	å øke	[ɔ 'økə]
augmenter (vt)	å øke	[ɔ 'økə]
autoriser (vt)	å tillate	[ɔ 'tiˌlatə]
avertir (du danger)	å advare	[ɔ 'adˌvarə]
aveugler (par les phares)	å blende	[ɔ 'blenə]
avoir (vt)	å ha	[ɔ 'ha]
avoir confiance	å stole på	[ɔ 'stʉlə pɔ]
avoir peur	å frykte	[ɔ 'frʏktə]
avouer (vi, vt)	å tilstå	[ɔ 'tilˌstɔ]
baigner (~ les enfants)	å bade	[ɔ 'badə]
battre (frapper)	å slå	[ɔ 'ʂlɔ]
boire (vt)	å drikke	[ɔ 'drikə]
briller (vi)	å skinne	[ɔ 'ʂinə]
briser, casser (vt)	å bryte	[ɔ 'brytə]
brûler (des papiers)	å brenne	[ɔ 'brɛnə]
cacher (vt)	å gjemme	[ɔ 'jɛmə]
calmer (enfant, etc.)	å berolige	[ɔ be'rʉliə]
caresser (vt)	å stryke	[ɔ 'strykə]
céder (vt)	å gi etter	[ɔ 'ji 'ɛtər]
cesser (vt)	å slutte	[ɔ 'ʂlʉtə]
changer (~ d'avis)	å endre	[ɔ 'ɛndrə]
changer (échanger)	å veksle	[ɔ 'vɛkslə]
charger (arme)	å lade	[ɔ 'ladə]
charger (véhicule, etc.)	å laste	[ɔ 'lastə]
charmer (vt)	å sjarmere	[ɔ 'ʂarˌmerə]
chasser (animaux)	å jage	[ɔ 'jagə]
chasser (faire partir)	å jage bort	[ɔ 'jagə 'bʉːt]
chauffer (vt)	å varme	[ɔ 'varmə]
chercher (vt)	å søke …	[ɔ 'søkə …]
choisir (vt)	å velge	[ɔ 'vɛlgə]
citer (vt)	å sitere	[ɔ si'terə]
combattre (vi)	å kjempe	[ɔ 'çɛmpə]
commander (~ le menu)	å bestille	[ɔ be'stilə]
commencer (vt)	å begynne	[ɔ be'jinə]
comparer (vt)	å sammenlikne	[ɔ 'samənˌliknə]
compenser (vt)	å kompensere	[ɔ kʉmpen'serə]
compliquer (vt)	å komplisere	[ɔ kʉmpli'serə]
composer (musique)	å komponere	[ɔ kʉmpʉ'nerə]
comprendre (vt)	å forstå	[ɔ fɔ'ʂtɔ]

233

compromettre (vt)	à kompromittere	[ɔ kʊmprʊmi'terə]
compter (l'argent, etc.)	à telle	[ɔ 'tɛlə]
compter sur ...	à regne med ...	[ɔ 'rɛjnə me ...]
concevoir (créer)	à prosjektere	[ɔ prʊʂɛk'terə]
concurrencer (vt)	à konkurrere	[ɔ kʊnkʉ'rerə]
condamner (vt)	à dømme	[ɔ 'dœmə]

conduire une voiture	à kjøre bil	[ɔ 'çœːrə ˌbil]
confondre (vt)	à forveksle	[ɔ for'vɛkʂlə]
connaître (qn)	à kjenne	[ɔ 'çɛnə]
conseiller (vt)	à råde	[ɔ 'roːdə]
consulter (docteur, etc.)	à konsultere	[ɔ kʊnsʉl'terə]

contaminer (vt)	à smitte	[ɔ 'smitə]
continuer (vt)	à fortsette	[ɔ 'fortˌsɛtə]
contrôler (vt)	à kontrollere	[ɔ kʊntrɔ'lerə]
convaincre (vt)	à overbevise	[ɔ 'ɔvərbeˌvisə]

coopérer (vi)	à samarbeide	[ɔ 'samarˌbæjdə]
coordonner (vt)	à koordinere	[ɔ kɔːdi'nerə]
corriger (une erreur)	à rette	[ɔ 'rɛtə]
couper (avec une hache)	à hugge av	[ɔ 'hʉgə ɑː]

couper (un doigt, etc.)	à skjære av	[ɔ 'ʂæːrə ɑː]
courir (vi)	à løpe	[ɔ 'løpə]
coûter (vt)	à koste	[ɔ 'kɔstə]
cracher (vi)	à spytte	[ɔ 'spʏtə]
créer (vt)	à opprette	[ɔ 'ɔpˌrɛtə]

creuser (vt)	à grave	[ɔ 'grɑvə]
crier (vi)	à skrike	[ɔ 'skrikə]
croire (vi, vt)	à tro	[ɔ 'trʊ]
cueillir (fleurs, etc.)	à plukke	[ɔ 'plʉkə]
cultiver (plantes)	à avle	[ɔ 'ɑvlə]

253. Les verbes les plus courants (de D à E)

dater de ...	à datere seg	[ɔ dɑ'terə sæj]
décider (vt)	à beslutte	[ɔ be'ʂlʉtə]
décoller (avion)	à løfte	[ɔ 'lœftə]
décorer (~ la maison)	à pryde	[ɔ 'prydə]

décorer (de la médaille)	à belønne	[ɔ be'lœnə]
découvrir (vt)	à oppdage	[ɔ 'ɔpˌdɑgə]
dédier (vt)	à tilegne	[ɔ 'tilˌɛgnə]
défendre (vt)	à forsvare	[ɔ fo'ʂvɑrə]
déjeuner (vi)	à spise lunsj	[ɔ 'spisə ˌlʉnʂ]

demander (de faire qch)	à be	[ɔ 'be]
dénoncer (vt)	à angi	[ɔ 'ɑnˌji]
dépasser (village, etc.)	à passere	[ɔ pɑ'serə]
dépendre de ...	à avhenge av ...	[ɔ 'ɑvˌheŋə ɑː ...]
déplacer (des meubles)	à flytte	[ɔ 'flʏtə]
déranger (vt)	à forstyrre	[ɔ fo'ʂtʏrə]

descendre (vi)	å gå ned	[ɔ 'gɔ ne]
désirer (vt)	å ønske	[ɔ 'ønskə]
détacher (vt)	å løse opp	[ɔ 'løsə ɔp]
détruire (~ des preuves)	å ødelegge	[ɔ 'ødə‚legə]
devenir (vi)	å bli	[ɔ 'bli]
devenir pensif	å gruble	[ɔ 'grublə]
deviner (vt)	å gjette	[ɔ 'jɛtə]
devoir (v aux)	å måtte	[ɔ 'moːtə]
diffuser (distribuer)	å dele ut	[ɔ 'delə ut]
diminuer (vt)	å minske	[ɔ 'minskə]
dîner (vi)	å spise middag	[ɔ 'spisə 'mi‚dɑ]
dire (vt)	å si	[ɔ 'si]
diriger (~ une usine)	å styre, å lede	[ɔ 'styrə], [ɔ 'ledə]
diriger (vers …)	å vise vei	[ɔ 'visə væj]
discuter (vt)	å diskutere	[ɔ disku'terə]
disparaître (vi)	å forsvinne	[ɔ fɔ'ʂvinə]
distribuer (bonbons, etc.)	å dele ut	[ɔ 'delə ut]
diviser (~ par 2)	å dividere	[ɔ divi'derə]
dominer (château, etc.)	å rage over	[ɔ 'rɑgə 'ɔvər]
donner (qch à qn)	å gi	[ɔ 'ji]
doubler (la mise, etc.)	å fordoble	[ɔ fɔr'dɔblə]
douter (vt)	å tvile	[ɔ 'tvilə]
dresser (~ une liste)	å sammenstille	[ɔ 'samən‚stilə]
dresser (un chien)	å dressere	[ɔ drɛ'serə]
éclairer (soleil)	å belyse	[ɔ be'lysə]
écouter (vt)	å lye, å lytte	[ɔ 'lye], [ɔ 'lytə]
écouter aux portes	å tyvlytte	[ɔ 'tyv‚lytə]
écraser (cafard, etc.)	å knuse	[ɔ 'knusə]
écrire (vt)	å skrive	[ɔ 'skrivə]
effacer (vt)	å viske ut	[ɔ 'viskə ut]
éliminer (supprimer)	å fjerne	[ɔ 'fjæːɲə]
embaucher (vt)	å ansette	[ɔ 'ɑn‚sɛtə]
employer (utiliser)	å anvende	[ɔ 'ɑn‚vɛnə]
emporter (vt)	å fjerne	[ɔ 'fjæːɲə]
emprunter (vt)	å låne	[ɔ 'loːnə]
enlever (~ des taches)	å fjerne	[ɔ 'fjæːɲə]
enlever (un objet)	å ta ned	[ɔ 'tɑ ne]
enlever la boue	å rengjøre	[ɔ rɛn'jørə]
entendre (bruit, etc.)	å høre	[ɔ 'hørə]
entraîner (vt)	å trene	[ɔ 'trenə]
entreprendre (vt)	å foreta	[ɔ 'forə‚tɑ]
entrer (vi)	å komme inn	[ɔ 'kɔmə in]
envelopper (vt)	å pakke inn	[ɔ 'pɑkə in]
envier (vt)	å misunne	[ɔ 'mis‚unə]
envoyer (vt)	å sende	[ɔ 'sɛnə]
épier (vt)	å kikke	[ɔ 'çikə]

235

équiper (vt)	å utstyre	[ɔ 'ʉtˌstyrə]
espérer (vi)	å håpe	[ɔ 'hoːpə]
essayer (de faire qch)	å prøve	[ɔ 'prøvə]
éteindre (~ la lumière)	å slokke	[ɔ 'ʂløkə]

| éteindre (incendie) | å slokke | [ɔ 'ʂløkə] |
| étonner (vt) | å forundre | [ɔ fo'rʉndrə] |

être (vi)	å være	[ɔ 'værə]
être allongé (personne)	å ligge	[ɔ 'ligə]
être assez (suffire)	å være nok	[ɔ 'værə ˌnɔk]
être assis	å sitte	[ɔ 'sitə]

être basé (sur ...)	å være basert på ...	[ɔ 'værə bɑ'sɛːɽ pɔ ...]
être convaincu de ...	å være overbevist	[ɔ 'værə 'ɔvərbeˌvist]
être d'accord	å samtykke	[ɔ 'samˌtʏkə]
être différent	å skille seg fra ...	[ɔ 'ʂilə sæj frɑ ...]

être en tête (de ...)	å lede	[ɔ 'ledə]
être fatigué	å bli trett	[ɔ 'bli 'trɛt]
être indispensable	å være nødvendig	[ɔ 'værə 'nødˌvɛndi]
être la cause de ...	å forårsake	[ɔ forɔː'ʂakə]

être nécessaire	å være behøv	[ɔ 'værə be'høv]
être perplexe	å være forvirret	[ɔ 'værə for'virət]
être pressé	å skynde seg	[ɔ 'ʂynə sæj]
étudier (vt)	å studere	[ɔ stʉ'derə]

éviter (~ la foule)	å unngå	[ɔ 'ʉŋˌgɔ]
examiner (une question)	å undersøke	[ɔ 'ʉnəˌsøkə]
exclure, expulser (vt)	å uteslutte	[ɔ 'ʉtəˌʂlʉtə]
excuser (vt)	å unnskylde	[ɔ 'ʉnˌsylə]

exiger (vt)	å kreve	[ɔ 'krevə]
exister (vi)	å eksistere	[ɔ ɛksi'sterə]
expliquer (vt)	å forklare	[ɔ for'klarə]
exprimer (vt)	å uttrykke	[ɔ 'ʉtˌrʏkə]

254. Les verbes les plus courants (de F à N)

fâcher (vt)	å gjøre sint	[ɔ 'jørə ˌsint]
faciliter (vt)	å lette	[ɔ 'letə]
faire (vt)	å gjøre	[ɔ 'jørə]
faire allusion	å insinuere	[ɔ insinʉ'erə]

faire connaissance	å stifte bekjentskap med ...	[ɔ 'stiftə be'çɛnˌskap me ...]
faire de la publicité	å reklamere	[ɔ rɛklɑ'merə]
faire des copies	å kopiere	[ɔ kʉ'pjerə]
faire la guerre	å være i krig	[ɔ 'værə i ˌkrig]

faire la lessive	å vaske	[ɔ 'vaskə]
faire le ménage	å rydde	[ɔ 'rʏdə]
faire surface (sous-marin)	å dykke opp	[ɔ 'dʏkə ɔp]
faire tomber	å tappe	[ɔ 'tɑpə]

faire un rapport	à rapportere	[ɔ rapɔ:'tɛrə]
fatiguer (vt)	à trette	[ɔ 'trɛtə]
féliciter (vt)	à gratulere	[ɔ gratʉ'lerə]
fermer (vt)	à lukke	[ɔ 'lʉkə]

finir (vt)	à slutte	[ɔ 'şlʉtə]
flatter (vt)	à smigre	[ɔ 'smigrə]
forcer (obliger)	à tvinge	[ɔ 'tviŋə]
former (composer)	à danne, å forme	[ɔ 'danə], [ɔ 'fɔrmə]

frapper (~ à la porte)	à knakke	[ɔ 'knakə]
garantir (vt)	à garantere	[ɔ garan'terə]
garder (lettres, etc.)	à beholde	[ɔ be'hɔlə]
garder le silence	à tie	[ɔ 'tie]

griffer (vt)	à klore	[ɔ 'klɔrə]
gronder (qn)	à skjelle	[ɔ 'şɛ:lə]
habiter (vt)	à bo	[ɔ 'bʉ]
hériter (vt)	à arve	[ɔ 'arvə]

imaginer (vt)	à forestille seg	[ɔ 'fɔrə,stilə sæj]
imiter (vt)	à imitere	[ɔ imi'terə]
importer (vt)	à importere	[ɔ impɔ:'tɛrə]
indiquer (le chemin)	à peke	[ɔ 'pekə]

influer (vt)	à påvirke	[ɔ 'pɔ,virkə]
informer (vt)	à informere	[ɔ infɔr'merə]
inquiéter (vt)	à bekymre, å uroe	[ɔ be'çymrə], [ɔ 'ʉ:rʉə]
inscrire (sur la liste)	à skrive inn	[ɔ 'skrivə in]
insérer (~ la clé)	à sette inn	[ɔ 'sɛtə in]

insister (vi)	à insistere	[ɔ insi'sterə]
inspirer (vt)	à inspirere	[ɔ inspi'rerə]
instruire (vt)	à instruere	[ɔ instrʉ'erə]
insulter (vt)	à fornærme	[ɔ fɔ:'ŋærmə]

interdire (vt)	à forby	[ɔ fɔr'by]
intéresser (vt)	à interessere	[ɔ intəre'serə]
intervenir (vi)	à intervenere	[ɔ intərve'nerə]
inventer (machine, etc.)	à oppfinne	[ɔ 'ɔp,finə]

inviter (vt)	à innby, å invitere	[ɔ 'inby], [ɔ invi'terə]
irriter (vt)	à irritere	[ɔ iri'terə]
isoler (vt)	à isolere	[ɔ isʉ'lerə]
jeter (une pierre)	à kaste	[ɔ 'kastə]

jouer (acteur)	à spille	[ɔ 'spilə]
jouer (s'amuser)	à leke	[ɔ 'lekə]
laisser (oublier)	à glemme	[ɔ 'glemə]
lancer (un projet)	à starte	[ɔ 'sta:ţə]
larguer les amarres	à kaste loss	[ɔ 'kastə lɔs]

laver (vt)	à vaske	[ɔ 'vaskə]
libérer (ville, etc.)	à befri	[ɔ be'fri]
ligoter (vt)	à binde	[ɔ 'binə]
limiter (vt)	à begrense	[ɔ be'grɛnsə]

lire (vi, vt)	å lese	[ɔ 'lesə]
louer (barque, etc.)	å leie	[ɔ 'læjə]
louer (prendre en location)	å leie	[ɔ 'læjə]
lutter (contre …)	å kjempe	[ɔ 'çɛmpə]

lutter (sport)	å bryte	[ɔ 'brytə]
manger (vi, vt)	å spise	[ɔ 'spisə]
manquer (l'école)	å skulke	[ɔ 'skʉlkə]
marquer (sur la carte)	å markere	[ɔ mar'kerə]

mélanger (vt)	å blande	[ɔ 'blɑnə]
mémoriser (vt)	å memorere	[ɔ memʉ'rerə]
menacer (vt)	å true	[ɔ 'trʉə]
mentionner (vt)	å omtale, å nevne	[ɔ 'ɔm,tɑlə], [ɔ 'nɛvnə]
mentir (vi)	å lyve	[ɔ 'lyvə]

mépriser (vt)	å forakte	[ɔ fɔ'rɑktə]
mériter (vt)	å fortjene	[ɔ fɔ'tjenə]
mettre (placer)	å legge	[ɔ 'legə]
montrer (vt)	å vise	[ɔ 'visə]

multiplier (math)	å multiplisere	[ɔ mʉltipli'serə]
nager (vi)	å svømme	[ɔ 'svœmə]
négocier (vi)	å forhandle	[ɔ for'hɑndlə]
nettoyer (vt)	å rense	[ɔ 'rɛnsə]

nier (vt)	å fornekte	[ɔ fɔː'ŋɛktə]
nommer (à une fonction)	å utnevne	[ɔ 'ʉt,nɛvnə]
noter (prendre en note)	å notere	[ɔ nʉ'terə]
nourrir (vt)	å mate	[ɔ 'mɑtə]

255. Les verbes les plus courants (de O à R)

obéir (vt)	å underordne seg	[ɔ 'ʉnər,ɔrdnə sæj]
objecter (vt)	å innvende	[ɔ 'in,vɛnə]
observer (vt)	å observere	[ɔ ɔbsɛr'verə]
offenser (vt)	å fornærme	[ɔ fɔː'ŋærmə]

omettre (vt)	å utelate	[ɔ 'ʉtə,lɑtə]
ordonner (mil.)	å beordre	[ɔ be'ɔrdrə]
organiser (concert, etc.)	å arrangere	[ɔ arɑŋ'ʂerə]
oser (vt)	å våge	[ɔ 'voːgə]

oublier (vt)	å glemme	[ɔ 'glemə]
ouvrir (vt)	å åpne	[ɔ 'ɔpnə]
paraître (livre)	å komme ut	[ɔ 'kɔmə ʉt]
pardonner (vt)	å tilgi	[ɔ 'til,ji]
parler avec …	å tale med …	[ɔ 'tɑlə me …]

participer à …	å delta	[ɔ 'dɛltɑ]
partir (~ en voiture)	å afrejse	[ɔ 'af,ræjsə]
payer (régler)	å betale	[ɔ be'tɑlə]
pécher (vi)	å synde	[ɔ 'synə]
pêcher (vi)	å fiske	[ɔ 'fiskə]

pénétrer (vt)	à trenge inn	[ɔ 'trɛŋə in]
penser (croire)	à tro	[ɔ 'tru]
penser (vi, vt)	à tenke	[ɔ 'tɛnkə]
perdre (les clefs, etc.)	à miste	[ɔ 'mistə]
permettre (vt)	à tillate	[ɔ 'ti‚latə]
peser (~ 100 kilos)	à veie	[ɔ 'væje]
photographier (vt)	à fotografere	[ɔ fɔtɔgra'ferə]
placer (mettre)	à plassere	[ɔ pla'serə]
plaire (être apprécié)	à like	[ɔ 'likə]
plaisanter (vi)	à spøke	[ɔ 'spøkə]
planifier (vt)	à planlegge	[ɔ 'plan‚legə]
pleurer (vi)	à gråte	[ɔ 'gro:tə]
plonger (vi)	à dykke	[ɔ 'dʏkə]
posséder (vt)	à besidde, à eie	[ɔ bɛ'sidə], [ɔ 'æje]
pousser (les gens)	à skubbe, à støte	[ɔ 'skubə], [ɔ 'støtə]
pouvoir (v aux)	à kunne	[ɔ 'kʉnə]
prédominer (vi)	à dominere	[ɔ dumi'nerə]
préférer (vt)	à foretrekke	[ɔ 'fɔrə‚trɛkə]
prendre (vt)	à ta	[ɔ 'ta]
prendre en note	à skrive ned	[ɔ 'skrivə ne]
prendre le petit déjeuner	à spise frokost	[ɔ 'spisə ‚frukɔst]
prendre un risque	à risikere	[ɔ risi'kerə]
préparer (le dîner)	à lage	[ɔ 'lagə]
préparer (vt)	à forberede	[ɔ 'fɔrbə‚redə]
présenter (faire connaître)	à presentere	[ɔ presen'terə]
présenter (qn)	à presentere	[ɔ presen'terə]
préserver (~ la paix)	à bevare	[ɔ be'varə]
pressentir (le danger)	à kjenne	[ɔ 'çɛnə]
presser (qn)	à skynde	[ɔ 'ʂynə]
prévoir (vt)	à forutse	[ɔ 'fɔrʉt‚sə]
prier (~ Dieu)	à be	[ɔ 'be]
priver (vt)	à berøve	[ɔ be'røvə]
progresser (vi)	à gå framover	[ɔ 'gɔ ‚fram'ɔvər]
promettre (vt)	à love	[ɔ 'lɔvə]
prononcer (vt)	à uttale	[ɔ 'ʉt‚talə]
proposer (vt)	à foreslå	[ɔ 'fɔrə‚ʂlɔ]
protéger (la nature)	à beskytte	[ɔ be'ʂytə]
protester (vi, vt)	à protestere	[ɔ prute'sterə]
prouver (une théorie, etc.)	à bevise	[ɔ be'visə]
provoquer (vt)	à provosere	[ɔ pruvu'serə]
punir (vt)	à straffe	[ɔ 'strafə]
quitter (famille, etc.)	à forlate, à etterlate	[ɔ fɔ'latə], [ɔ ɛtə'latə]
raconter (une histoire)	à fortelle	[ɔ fɔ:'tɛlə]
ranger (jouets, etc.)	à stue unna	[ɔ 'stʉə 'ʉna]
rappeler (évoquer un souvenir)	à påminne	[ɔ 'pɔ‚minə]

réaliser (vt)	å realisere	[ɔ reali'serə]
recommander (vt)	å anbefale	[ɔ 'anbe,falə]
reconnaître (erreurs)	å erkjenne	[ɔ ær'çɛnə]
reconnaître (qn)	å gjenkjenne	[ɔ 'jen,çɛnə]
refaire (vt)	å gjøre om	[ɔ 'jørə ɔm]
refuser (vt)	å avslå	[ɔ 'af,slɔ]
regarder (vi, vt)	å se	[ɔ 'se]
régler (~ un conflit)	å løse	[ɔ 'løsə]
regretter (vt)	å beklage	[ɔ be'klagə]
remarquer (qn)	å bemerke	[ɔ be'mærkə]
remercier (vt)	å takke	[ɔ 'takə]
remettre en ordre	å bringe orden	[ɔ 'briŋə 'ɔrdən]
remplir (une bouteille)	å fylle	[ɔ 'fʏlə]
renforcer (vt)	å styrke	[ɔ 'styrkə]
renverser (liquide)	å spille	[ɔ 'spilə]
renvoyer (colis, etc.)	å sende tilbake	[ɔ 'sɛnə til'bakə]
répandre (odeur)	å spre, å sprede	[ɔ 'spre], [ɔ 'spredə]
réparer (vt)	å reparere	[ɔ repa'rerə]
repasser (vêtement)	å stryke	[ɔ 'strykə]
répéter (dire encore)	å gjenta	[ɔ 'jɛnta]
répondre (vi, vt)	å svare	[ɔ 'svarə]
reprocher (qch à qn)	å bebreide	[ɔ be'bræjdə]
réserver (une chambre)	å reservere	[ɔ resɛr'verə]
résoudre (le problème)	å løse	[ɔ 'løsə]
respirer (vi)	å ånde	[ɔ 'ɔndə]
ressembler à ...	å ligne, å likne	[ɔ 'linə], [ɔ 'liknə]
retenir (empêcher)	å avholde	[ɔ 'av,holə]
retourner (pierre, etc.)	å vende	[ɔ 'vɛnə]
réunir (regrouper)	å forene	[ɔ fo'renə]
réveiller (vt)	å vekke	[ɔ 'vɛkə]
revenir (vi)	å komme tilbake	[ɔ 'kɔmə til'bakə]
rêver (en dormant)	å drømme	[ɔ 'drœmə]
rêver (faut pas ~!)	å drømme	[ɔ 'drœmə]
rire (vi)	å le, å skratte	[ɔ 'le], [ɔ 'skratə]
rougir (vi)	å rødme	[ɔ 'rødmə]

256. Les verbes les plus courants (de S à V)

s'adresser (vp)	å tiltale	[ɔ 'til,talə]
saluer (vt)	å hilse	[ɔ 'hilsə]
s'amuser (vp)	å more seg	[ɔ 'mʊrə sæj]
s'approcher (vp)	å nærme seg	[ɔ 'nærmə sæj]
s'arrêter (vp)	å stoppe	[ɔ 'stɔpə]
s'asseoir (vp)	å sette seg	[ɔ 'sɛtə sæj]
satisfaire (vt)	å tilfredsstille	[ɔ 'tilfrɛds,stilə]
s'attendre (vp)	å forvente	[ɔ for'vɛntə]

sauver (la vie à qn)	å redde	[ɔ 'rɛdə]
savoir (qch)	å vite	[ɔ 'vitə]
se baigner (vp)	å bade	[ɔ 'bɑdə]
se battre (vp)	å slåss	[ɔ 'şlɔs]
se concentrer (vp)	å konsentrere seg	[ɔ kʉnsen'trerə sæj]
se conduire (vp)	å oppføre seg	[ɔ 'ɔp,førə sæj]
se conserver (vp)	å bevares	[ɔ be'vɑrəs]
se débarrasser de …	å bli kvitt …	[ɔ 'bli 'kvit …]
se défendre (vp)	å forsvare seg	[ɔ fɔ'şvɑrə sæj]
se détourner (vp)	å vende seg bort	[ɔ 'vɛnə sæj bʉːt]
se fâcher (contre …)	å være vred på …	[ɔ 'værə vred pɔ …]
se fendre (mur, sol)	å sprekke	[ɔ 'sprɛkə]
se joindre (vp)	å tilslutte seg …	[ɔ 'til,şlʉtə sæj …]
se laver (vp)	å vaske seg	[ɔ 'vɑskə sæj]
se lever (tôt, tard)	å stå opp	[ɔ 'stɔː ɔp]
se marier (prendre pour épouse)	å gifte seg	[ɔ 'jiftə sæj]
se moquer (vp)	å håne	[ɔ 'hoːnə]
se noyer (vp)	å drukne	[ɔ 'drʉknə]
se peigner (vp)	å kamme	[ɔ 'kɑmə]
se plaindre (vp)	å klage	[ɔ 'klɑgə]
se préoccuper (vp)	å bekymre seg	[ɔ be'çymrə sæj]
se rappeler (vp)	å huske	[ɔ 'hʉskə]
se raser (vp)	å barbere seg	[ɔ bɑr'berə sæj]
se renseigner (sur …)	å få vite	[ɔ 'fɔ 'vitə]
se renverser (du sucre)	å bli spilt	[ɔ 'bli 'spilt]
se reposer (vp)	å hvile	[ɔ 'vilə]
se rétablir (vp)	å bli frisk	[ɔ 'bli 'frisk]
se rompre (la corde)	å gå i stykker	[ɔ 'gɔ i 'stykər]
se salir (vp)	å skitne seg til	[ɔ 'şitnə sæj til]
se servir de …	å anvende	[ɔ 'ɑn,vɛnə]
se souvenir (vp)	å huske	[ɔ 'hʉskə]
se taire (vp)	å slutte å snakke	[ɔ 'şlʉtə ɔ 'snɑkə]
se tromper (vp)	å gjøre feil	[ɔ 'jørə ,fæjl]
se trouver (sur …)	å ligge	[ɔ 'ligə]
se vanter (vp)	å prale	[ɔ 'prɑlə]
se venger (vp)	å hevne	[ɔ 'hɛvnə]
s'échanger (des …)	å utveksle	[ɔ 'ʉt,vɛkslə]
sécher (vt)	å tørke	[ɔ 'tœrkə]
secouer (vt)	å riste	[ɔ 'ristə]
sélectionner (vt)	å velge ut	[ɔ 'vɛlgə ʉt]
semer (des graines)	å så	[ɔ 'sɔ]
s'ennuyer (vp)	å kjede seg	[ɔ 'çedə sæj]
sentir (~ les fleurs)	å lukte	[ɔ 'lʉktə]
sentir (avoir une odeur)	å lukte	[ɔ 'lʉktə]
s'entraîner (vp)	å trene	[ɔ 'trenə]

| serrer dans ses bras | å omfavne | [ɔ 'ɔmˌfɑvnə] |
| servir (au restaurant) | å betjene | [ɔ be'tjenə] |

s'étonner (vp)	å bli forundret	[ɔ 'bli fɔ'rʉndrət]
s'excuser (vp)	å unnskylde seg	[ɔ 'ʉnˌsylə sæj]
signer (vt)	å underskrive	[ɔ 'ʉnəˌskrivə]
signifier (avoir tel sens)	å bety	[ɔ 'bety]

signifier (vt)	å bety	[ɔ 'bety]
simplifier (vt)	å forenkle	[ɔ fo'rɛnklə]
s'indigner (vp)	å bli indignert	[ɔ 'bli indi'gnɛːt]
s'inquiéter (vp)	å uroe seg	[ɔ 'ʉːrʉə sæj]

s'intéresser (vp)	å interessere seg	[ɔ intərə'serə sæj]
s'irriter (vp)	å bli irritert	[ɔ 'bli iri'tɛːt]
soigner (traiter)	å behandle	[ɔ be'hɑndlə]
sortir (aller dehors)	å gå ut	[ɔ 'gɔ ʉt]

souffler (vent)	å blåse	[ɔ 'bloːsə]
souffrir (vi)	å lide	[ɔ 'lidə]
souligner (vt)	å understreke	[ɔ 'ʉnəˌstrekə]
soupirer (vi)	å sukke	[ɔ 'sʉkə]

sourire (vi)	å smile	[ɔ 'smilə]
sous-estimer (vt)	å undervurdere	[ɔ 'ʉnərvʉːˌderə]
soutenir (vt)	å støtte	[ɔ 'stœtə]
suivre … (suivez-moi)	å følge etter …	[ɔ 'følə 'ɛtər …]
supplier (vt)	å bønnefalle	[ɔ 'bœnəˌfɑlə]

supporter (la douleur)	å tåle	[ɔ 'toːlə]
supposer (vt)	å anta, å formode	[ɔ 'ɑnˌtɑ], [ɔ fɔr'mʉdə]
surestimer (vt)	å overvurdere	[ɔ 'ɔvərvʉːˌderə]
suspecter (vt)	å mistenke	[ɔ 'misˌtɛnkə]

tenter (vt)	å forsøke	[ɔ fɔ'søkə]
tirer (~ un coup de feu)	å skyte	[ɔ 'ʂytə]
tirer (corde)	å trekke	[ɔ 'trɛkə]
tirer une conclusion	å konkludere	[ɔ kʊnklʉ'derə]

tomber amoureux	å forelske seg i …	[ɔ fɔ'rɛlskə sæj i …]
toucher (de la main)	å røre	[ɔ 'rørə]
tourner (~ à gauche)	å svinge	[ɔ 'sviŋə]
traduire (vt)	å oversette	[ɔ 'ɔvəˌsɛtə]

transformer (vt)	å transformere	[ɔ trɑnsfɔr'merə]
travailler (vi)	å arbeide	[ɔ 'ɑrˌbæjdə]
trembler (de froid)	å skjelve	[ɔ 'ʂɛlvə]
tressaillir (vi)	å gyse	[ɔ 'jisə]

tromper (vt)	å fuske	[ɔ 'fʉskə]
trouver (vt)	å finne	[ɔ 'finə]
tuer (vt)	å døde, å myrde	[ɔ 'dødə], [ɔ 'myːdə]
vacciner (vt)	å vaksinere	[ɔ vɑksi'nerə]

| vendre (vt) | å selge | [ɔ 'sɛlə] |
| verser (à boire) | å helle opp | [ɔ 'hɛlə ɔp] |

| viser ... (cible) | à sikte på ... | [ɔ 'siktə pɔ ...] |
| vivre (vi) | à leve | [ɔ 'levə] |

voler (avion, oiseau)	à fly	[ɔ 'flʏ]
voler (qch à qn)	à stjele	[ɔ 'stjelə]
voter (vi)	à stemme	[ɔ 'stɛmə]
vouloir (vt)	à ville	[ɔ 'vilə]

33980469R00136

Printed in Great Britain
by Amazon